U0916941

教育部政策法规司委托重大课题“‘十三五’中国教育政策前瞻性研究”阶段性成果

中国教育政策前瞻性研究

——基于教育政策内容、过程、环境和价值的分析

孙绵涛　等著

A Prospective Study on Educational Policies in China
Based on the Contents, Processes, Environment and Value
Analysis of Educational Policies

科学出版社

北京

内 容 简 介

本书阐释了专业化教育政策分析理论与教育政策未来展望研究理论；从内容、过程、环境、价值四个方面分析了我国"十二五"期间教育政策的现状、经验与问题，并为"十三五"期间我国教育政策改革提供了具体建议；探讨了"十三五"期间乃至到2030年我国教育事业的发展趋势，并分别从内容、过程、环境、价值四个方面对教育政策的未来发展进行了展望。

本书对从事教育研究的学者、教师、学生，特别是对教育政策领域的研究人员及其他对教育和教育政策感兴趣的人员具有重要参考价值。

图书在版编目（CIP）数据

中国教育政策前瞻性研究：基于教育政策内容、过程、环境和价值的分析 / 孙绵涛等著. —北京：科学出版社，2018.7

ISBN 978-7-03-056417-7

Ⅰ. ①中…　Ⅱ. ①孙…　Ⅲ. ①教育政策–研究–中国　Ⅳ. ①G520

中国版本图书馆CIP数据核字（2018）第012982号

责任编辑：孙文影　王志兰 / 责任校对：何艳萍

责任印制：张克忠 / 封面设计：润一文化

联系电话：010-64033934

E-mail：edu_psy@mail.sciencep.com

科 学 出 版 社 出版

北京东黄城根北街16号

邮政编码：100717

http://www.sciencep.com

北京凌奇印刷有限责任公司印刷

科学出版社发行　各地新华书店经销

*

2018年7月第 一 版　开本：720×1000　1/16

2018年7月第一次印刷　印张：19

字数：335 000

POD定价：99.00元

（如有印装质量问题，我社负责调换）

前　言

《中国教育政策前瞻性研究——基于教育政策内容、过程、环境和价值的分析》，是教育部政策法规司2016年9月委托沈阳师范大学教育经济与管理研究所暨教育部设立并与沈阳师范大学共建的“教育法制与教育政策调研协作基地”完成的重大课题“‘十三五’中国教育政策前瞻性研究”的阶段性研究成果。

本书分绪论、教育政策前瞻性研究的理论基础、“十三五”中国教育政策的问题与对策建议三个部分。绪论部分主要简述了中国教育政策前瞻性研究的研究背景、研究目的、研究意义、研究思路、研究内容与研究方法等。教育政策前瞻性研究的理论基础部分主要探讨了专业化教育政策分析理论与教育政策未来研究理论。之所以探讨这两个方面的理论，是因为本书是对中国教育政策内容、过程、环境及价值所做的研究，首先要弄清楚对教育政策的这四个方面进行专业化分析的教育政策分析理论。同时，本书是一种前瞻性研究，因此还要明晰教育政策未来研究理论。“十三五”中国教育政策的问题与对策建议部分主要包括教育政策内容的前瞻性研究、教育政策过程的前瞻性研究、教育政策环境的前瞻性研究、教育政策价值的前瞻性研究及教育政策未来的前瞻性研究五个方面。其中，内容研究方面总结了“十二五”期间我国教育政策内容存在的问题，明确了“十三五”期间我国教育政策改革的重点与难点，并提出了具体的政策建议；过程研究方面在对“十二五”期间我国教育政策过程进行分析的基础上，总结了这一时期教育政策过程存在的问题，并为“十三五”期间我国教育政策过程的改革与发展提供了具体建议；环境研究方面总结与分析了“十二五”期间我国教育政策所处环境的问题与不足，并为“十三五”期间改进我国教育政策环境提出了具体的对策建议；价值研究方面主要对“十二五”期间我国教育政策价值方面存在的问题进行了梳理与分析，为“十三五”期间乃至未来一段时期内我国教育政策价值的提升提出了对策建议；未来研究方面重点探讨了“十三五”期间到 2030 年我国教育事业的发展趋势，并分别从内容、过程、环境、价值四个方面对教育政策的未来发展进行了展望。这里需要说明的是，“‘十三五’中国教育政策前瞻性研究”课题总报告上交教育部政策法规司后，得到了有关司领导的认可，所提出的问题与对策建议将会作为有关政策制定或修订的重要参考。我们相信，在学习贯彻有关新的教育政策时，如果全国教育系统的有关领导及学者有机会读到这本书，会对正确理解和全面贯彻这些新的教育政策有所助益。

在这里笔者想重点谈谈专业化教育政策分析理论。20 世纪 80 年代至今，教育政策一直是笔者研究的一个重要领域。笔者曾多次主持全国教育科学规划教育政策研究方面的课题，发表了大量教育政策方面的论文，出版了一系列教育政策学著作，并且指导大批硕士和博士研究生完成了教育政策研究方面的论文。一直以来，笔者倡导的都是教育政策分析研究要由一般的教育政策分析研究走向教育政策专业化分析研究，这既是教育政策学本身建设的需要，也是教育政策改革与发展实践的需要。2011 年，笔者出版了中国第一本论述教育政策分析的专著《教育政策分析——理论与实务》，该书是对 20 多年长期思考教育政策分析的一个比较系统的总结，它对专业化教育政策分析的理论做了较为系统的建构，并利用专业化教育政策分析理论对一些教育政策实践及教育政策分析的实践进行了反思。现如今，7 年过去了，笔者对专业化教育政策分析的理解不断深入，所构建的理论也逐渐丰满，特别是此次“‘十三五’中国教育政策前瞻性研究”课题获批后，笔者又对这一理论重新进行了思考。本书第二章的内容就是笔者对专业化教育政策分析理论的最新研究成果，这一章详细论述了什么是专业化教育政策分析、专业化教育政策分析分析什么，以及如何进行专业化的教育政策分析等。读者若能详细阅读本书，就会发现笔者所构建的专业化教育政策分析理论在本书中所发挥的理论支撑作用。

本书是在笔者所提出的研究思路、框架及主要观点的基础上完成的，各部分执笔人如下：绪论为王刚、许航，第一篇为孙绵涛（专业化教育政策分析的理论研究）、杨克瑞（教育政策未来研究的理论研究），第二篇为孙绵涛、袁晖光、王刚、祁型雨、杨克瑞、邓旭、吴云勇、李广海、马敬华、李春光、金丹、冯宏岩、王尧、王天崇、李莎、郭玲、马春晓、许航等。本书由王刚、许航统校，最后由孙绵涛对书稿进行了修改和审定。

本书得以出版，要感谢教育部政策法规司领导的关心和支持，感谢科学出版社将本书纳入出版计划，感谢孙文影编辑、乔宇尚编辑的辛勤劳动，同时也要对“‘十三五’中国教育政策前瞻性研究”课题研究中为我们提供帮助的有关领导、学者及文中参考文献的作者致以衷心的谢意。

孙绵涛

谨识于沈阳师范大学教育经济与管理研究所

目　录

第二篇　“十三五”中国教育政策的问题与对策建议

第一章　绪　　论

第一节　中国教育政策前瞻性研究的重要意义

一、教育政策前瞻性研究的重要性

党的十八届五中全会提出，“‘十三五’时期是全面建成小康社会决胜阶段”，“坚持全面建成小康社会、全面深化改革、全面依法治国、全面从严治党的战略布局，坚持发展第一要务”，“统筹推进经济建设、政治建设、文化建设、社会建设、生态文明建设和党的建设，确保如期全面建成小康社会，为实现第二个百年奋斗目标、实现中华民族伟大复兴的中国梦奠定更加坚实的基础”①。“十三五”时期是我国发展处于可以大有作为的重要战略机遇期，同时也是面临诸多矛盾叠加、风险隐患增多的严峻挑战的时期。如何有效应对各种风险和挑战，不断开拓发展新境界，对实现教育现代化提出了前所未有的新任务、新要求。从国际上看，随着世界多极化、经济全球化、文化多样化、社会信息化深入发展，国际金融危机的深层次影响在很长时期内依然存在，新一轮科技革命和产业变革蓄势待发，互联网、云计算、大数据等现代技术深刻改变着人类的思维、生产、生活和学习方式，国际竞争日趋激烈，人才培养与争夺成为焦点。优先发展教育，构建现代教育体系，建设学习型社会，培养大批创新人才，已成为人类共同面临的重大课题和应对诸多复杂挑战、实现可持续发展的关键。

① 授权发布：中国共产党第十八届中央委员会第五次全体会议公报. 新华网. http://www.xinhuanet.com/politics/2015-10/29/c_1116983078.htm[2016-10-29].

教育事业的发展依赖于教育政策的规范与指导，随着教育政策在现代社会政治、经济、文化生活中的地位逐步提升，其功能也日益增强，成为影响教育系统乃至整个社会能否持续、健康、有效发展的重要条件。“十二五”期间，为了指导与促进我国各级各类教育事业发展，我国政府出台了大量教育政策，内容涉及家庭教育、基础教育、职业教育、普通高等教育、成人教育、特殊教育等各个领域。总体来看，“十二五”期间我国教育政策效果显著，教育事业发展迅速，社会主义核心价值观教育深入推进，立德树人根本任务有效落实，学生思想道德素质持续向好，教育现代化取得新进展，为促进经济发展、社会和谐、文化繁荣作出了重要贡献。然而，值得注意的是，“十二五”期间我国教育政策活动中还存在着一定的问题，如某些政策的出台往往滞后于形势发展的需要；或政策不配套，效力难以发挥；或政出多门，彼此掣肘；或政策不够严密，朝令夕改；或政策倾斜不当，造成新的利益冲突等。随着我国第一个百年奋斗目标进入收官阶段，教育事业的发展也进入了一个新的历史时期，发现并解决当前教育政策中出现的问题，建立全面、科学、创新的教育政策体系，引领教育事业健康发展无疑是我们的首要任务。

在这一背景下，教育部政策法规司委托沈阳师范大学教育经济与管理研究所开展专项研究课题——“‘十三五’中国教育政策前瞻性研究”，确定这一研究主题主要基于以下两个方面。

一方面，充分了解教育政策的现状与存在问题是积极推进教育政策改革的基础。总体来看，“十二五”期间我国教育政策建设取得了卓越成就，同时也存在一定的问题。发展理念是发展行动的先导，是发展思路、发展方向、发展着力点的集中体现。要认真总结经验、深入分析问题，把发展理念梳理好、讲清楚。由此，在进行教育政策改革时，以问题为导向，通过结合理论、政策现状、教育实践三个方面的分析，找出教育政策内容、过程、环境、价值存在的问题，并深入地分析探讨这些问题，总结经验，才能为教育政策改革发展提供对策建议。

另一方面，教育政策前瞻性研究是科学指导教育政策改革的关键。“十三五”期间，教育政策改革需要明确的问题是，在现有教育政策环境下，国家需要针对哪些问题制定何种政策，制定政策的价值取向是怎样的，应有怎样的政策内容，实现何种预期效果，以及用怎样的方式去落实与执行等，解答这些问题就需要进行系统、规范的教育政策前瞻性研究。故而，运用教育政策分析技术及教育预测与规划理论，在对“十二五”期间教育政策进行科学分析的基础上，对“十三五”教育政策的内容、过程、环境、价值及未来进行展望和预测性研究，对总结教育政策问题，提供教育政策改革建议，提升教育政策质量至关重要。

二、教育政策前瞻性研究的必要性

教育政策前瞻性研究具有重要意义，从目前来看，虽然关于教育政策的研究成果颇多且研究内容涉及面很广，但涉及教育政策前瞻性研究的成果极少。本部分着重对与本书密切相关的、在学界影响较大的主要文献进行了梳理并举例说明，具体包括教育政策内容研究、教育政策过程研究、教育政策环境研究、教育政策价值研究及教育政策未来研究五个方面。

（一）教育政策内容研究

总体来说，这部分研究可以分为宏观与微观两个层面。从宏观层面来看，已有研究基本是围绕我国教育政策的体系研究展开的。例如，有学者借用一般政策的分类方法，将教育政策分成总政策、基本政策和具体政策三部分。教育的总政策指的是《中华人民共和国宪法》中有关教育的政策规范和教育方针；基本政策指的是《中国教育改革和发展纲要》和《中华人民共和国教育法》中的政策规范；具体政策指的是一些具体的法规中的政策规范。①也有学者认为，国家基本教育政策应是教育质量政策、教育体制政策、教育经费政策和教师政策，并从逻辑与事实两方面进行了论证。②从微观层面来看，学者基本是围绕某一具体的教育政策的内容展开研究。例如，石长林在其博士论文中从教育政策内容的视角切入，对中华人民共和国成立以来尤其是改革开放以来我国教师政策进行考察和分析，在此基础上总结我国教师政策制定的成败得失，最终提出解决这些问题的对策，构建了较为完善的教师政策体系。③郭勇运用教育政策分析的相关理论对转型时期我国基础教育经费政策的内容进行了分析，并为其完善提出了对策建议。④王佳方以教育政策内容分析的视角研究义务教育阶段城乡教师交流政策，系统分析了城乡教师交流政策的政策文本，从政策的文本方面来分析其存在的问题，最后以政策文本为基础，结合我国的实际情况，提出了完善城乡教师交流政策制定的建议。⑤

---

① 曹喆. 政策分析的三个维度. 理论探讨，1993，(3)：49-53.

② 孙绵涛. 关于国家教育政策体系的探讨. 教育研究，2001，(3)：8-10，58.

③ 石长林. 中国教师政策研究. 华中师范大学博士学位论文，2005.

④ 郭勇. 转型时期我国基础教育经费政策的内容分析. 华中师范大学硕士学位论文，2004.

⑤ 王佳方. 我国城乡教师交流政策的内容分析. 沈阳师范大学硕士学位论文，2016.

（二）教育政策过程研究

这方面的研究基本是围绕教育政策的决策、执行与评价三个方面展开的。比如，在教育政策决策方面，常为等深入地研究了教育政策制定者个人因素对政策制定的影响。其研究分为三个方面：情感因素对政策制定的影响，包括情感的方向性、情感的动力性、情感的感染力；能力对政策制定的影响，包括组织能力、决策能力、反思能力、预见能力；个人利益对政策制定的影响。[①]祁型雨在其研究中阐述了教育政策决策模式，即输入与支持范畴决策模式；运筹与磨合范畴决策模式；输出与反馈范畴决策模式。[②]在教育政策执行方面，袁振国系统地阐述了对教育政策执行步骤的理解，形成了教育政策执行的逻辑顺序，构建了教育政策执行的模型。[③]在教育政策评价方面，李伟涛在其研究中列出了教育政策信息难以收集、教育政策评价标准难以确定、教育政策评价态度不积极三个难题，并提出了有针对性的三个对策：建立教育政策信息数据库、确立符合大多数当事人利益的教育政策评价标准、树立积极的教育政策评价态度。[④]

（三）教育政策环境研究

这部分研究基本集中于对某一具体教育政策的宏观环境研究。比如，袁明旭、田景春从政治环境、经济环境、社会文化环境和自然环境四个方面对我国少数民族地区教育政策环境进行了分析，并阐述了这些政策环境对少数民族教育政策的影响。[⑤]斯蒂芬·鲍尔运用政策社会学的理论对教育政策制定的政治、经济、文化环境进行了分析。[⑥]牛白琳、王雪娟通过对改革开放以来我国高职教育政策文本的分析，总结了我国高职教育发展的政策环境，透视了教育政策对高职教育公平的影响程度。[⑦]

---

① 常为，杜朝晖，刘仁辉. 论教育政策制定者个人因素对政策制定的影响. 教育探索，2002，(1)：53.

② 祁型雨. 利益表达与整合——教育政策的决策模式研究. 华中师范大学博士学位论文，2003.

③ 袁振国. 教育政策学. 南京：江苏教育出版社，1996.

④ 李伟涛. 我国教育政策评价中的三个难题及其对策. 上海教育科研，2002，(6)：21-22.

⑤ 袁明旭，田景春.西部大开发中的少数民族地区教育政策的环境分析——以云南少数民族地区为例. 内蒙古师范大学学报，2008，(7)：45-49.

⑥ 斯蒂芬·鲍尔. 政治与教育政策制定——政策社会学探索. 王玉秋，孙益译. 上海：华东师范大学出版社，2003.

⑦ 牛白琳，王雪娟. 改革开放以来我国高职教育发展的政策环境. 教育理论与实践，2009，29（27)：26-28.

（四）教育政策价值研究

这方面的文献着重对教育政策的价值取向和教育政策的结果性价值两个方面进行研究。比如，在价值取向研究方面，刘复兴对教育政策的价值问题进行了探讨，指出价值选择应该符合价值主体的共同选择，而且是价值主体利益不断冲突与平衡的过程；价值选择不能是一成不变的，它应该在主体利益的诉求中不断调整以至接近完善。[①]邢利娅、白星瑞从公共价值追求、政策制定者的价值取向及各种利益相关群体的价值三个方面，对中华人民共和国成立后我国学前教育政策价值取向的演变历程进行了分析，并提出了教育政策价值取向的应然状态。[②]在结果性价值研究方面，祁型雨认为教育政策具有政治的价值、社会的价值、教育的价值和人的价值四种表现形式。[③]吴至翔、刘海湘认为，教育福利政策在政治、经济、社会和文化等领域发挥着重要的调节和整合功能，体现了政府发展公共教育服务的责任担当。[④]

（五）教育政策未来研究

总体来看，关于我国教育政策的未来研究较少，且基本以具体教育政策热点问题为依据，在对问题原因梳理与分析的基础上，对教育政策进行的展望研究，主要包括基础教育政策展望、高等教育政策展望、职业教育政策展望等。例如，有学者在研究中提出，在农村学前教育政策方面，存在相关政策城市化取向较重，农村政策数量相对较少；农村学前教育政策目标模糊，政策内容不健全，缺乏配套政策；部分政策法规时间滞后，已不能适应农村学前教育事业发展的新形势；缺乏专门管理机构，政策执行力弱，政策执行缺乏评估和督导，政策目标难以真正落实等问题，并为我国农村教育政策的未来发展提出了对策建议。[⑤]中国高等教育学会会长瞿振元在《2015 年中国高等教育热点透析》中提出，面向“‘十三五’，加强高等教育内涵建设，全面提高高等教育质量，仍是我国高等教育改

---

① 刘复兴. 教育政策的价值分析. 北京：教育科学出版社，2003：23-26.

② 邢利娅，白星瑞. 建国后我国学前教育政策价值取向的演变. 学前教育研究，2008，(3)：13-15，40.

③ 祁型雨. 论教育政策的价值及其评价标准. 教育科学，2003，(2)：7-10.

④ 吴至翔，刘海湘. 我国教育福利政策的功能与价值分析. 福建省社会主义学院学报，2009，(1)：86-89.

⑤ 夏婧. 我国农村学前教育政策：特点、矛盾与新趋势. 现代教育管理，2014，(7)：60-64.

革发展的核心主题”。[①]

从上述五方面来看，已有研究涉及教育政策的内容、过程、环境、价值及未来研究，学者大多将“义务教育”“职业教育”“教师教育”“基础教育”“农村教育”“民族教育”“成人教育”等具体的教育政策作为研究的重点。在研究过程中，学者多注重对教育政策在教育活动中的实践问题进行总结，在问题总结的过程中收集了大量的资料，通过对资料进行细致筛选，以及运用质化或量化的研究方法进行深入分析，找出了问题的症结所在，把握了现实问题背后隐藏的深层次问题，并基于此提出了服务于我国今后教育政策改革的对策建议。

就我国已有的教育政策前瞻性研究及相关研究的分析来看，一方面比较成熟的研究规模较小，另一方面研究得出的结论和对策建议也存在一定的问题。比如，现有研究的理论基础较为薄弱，缺乏专业化的教育政策分析；教育政策研究滞后于客观实际，缺乏预见性；研究主体存在依附性与封闭性，以及研究方法缺乏规范性等。通过研究，本书将教育政策前瞻性研究所涉及的理论加以整合，形成了完整科学的理论体系，建立了一个系统、科学的教育政策前瞻性研究分析框架，构建了一个规范、扎实的教育政策前瞻性研究的方法论体系。同时，本书在研究过程中强调“前瞻性”“纠偏性”“实践性”，即通过“十三五”期间我国教育政策的前瞻性研究，梳理了我国教育政策现状，揭示了教育政策在内容、过程、环境、价值方面存在的问题，为改变不合理现象、解决具体问题提供了对策建议，以期为制定符合我国教育发展形势的教育政策提供参考，为推动我国各级各类教育的健康发展奠定基础。

第二节　中国教育政策前瞻性研究的核心概念

一、教育政策

教育政策是一个有目的、有组织的动态发展过程，是政党、政府等政治实体

① 瞿振元. 2015 年中国高等教育热点透析. 中国教育报，2016-01-04（5）.

在一定的历史时期，为了实现一定的教育目标和任务，平衡各方面利益、协调教育的内外部关系所规定的行动依据和准则。[①]

二、教育政策分析

教育政策分析是指教育政策分析的主体采用专门的分析技术和方法，对教育政策的内容、过程、环境和价值进行判断，从而改进和提升教育政策的一种活动。[②]

三、教育政策前瞻性研究

本书所提到的教育政策前瞻性研究是指运用教育政策分析技术和教育预测规划分析理论，在对“十二五”期间教育政策进行科学分析的基础上，对“十三五”期间教育政策的内容、过程、环境、价值及未来进行的一种展望和预测性研究，并对“十三五”期间教育政策的内容、过程、环境、价值及其发展趋势提出具体的建议。

第三节 中国教育政策前瞻性研究设计

一、研究思路

本书在研究过程中，从实际出发，以专业化教育政策分析理论和教育政策未来展望研究理论为基础，以教育实践问题为导向，以实证调研结果为依据，总结

① 孙绵涛. 教育政策学. 北京：中国人民大学出版社，2010.

② 孙绵涛，等. 教育政策分析——理论与实务. 重庆：重庆大学出版社，2011.

了“十二五”期间我国教育政策在内容、过程、环境、价值中存在的问题并进行了深层次的分析与探讨，为“十三五”期间解决我国教育政策问题，改进教育政策过程，改善教育政策环境，增进教育政策价值提供了具体建议，并对我国教育政策内容、过程、环境、价值的未来发展进行了展望（图 1-1）。

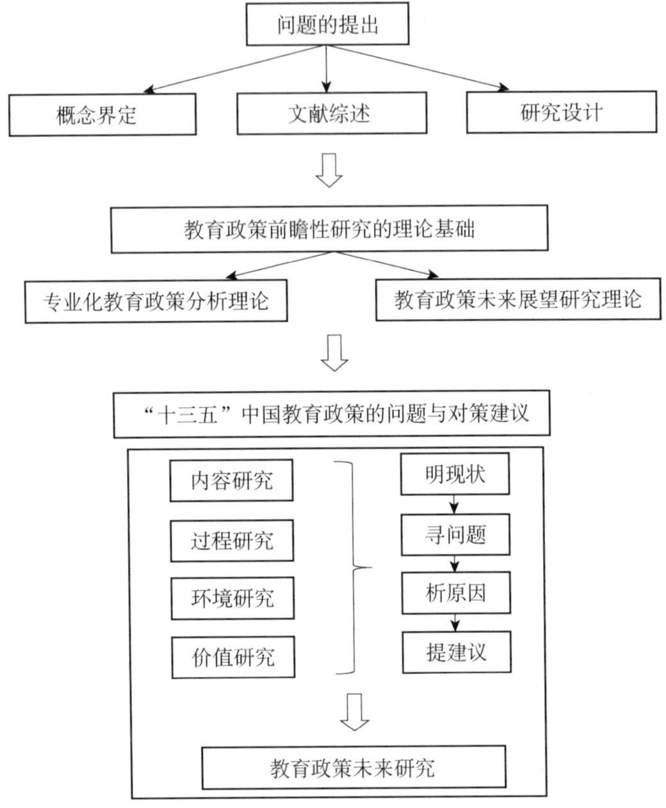

图 1-1 “十三五”中国教育政策前瞻性研究思路图

二、研究内容

（一）教育政策内容的前瞻性研究

这一部分研究总结了“十二五”期间我国教育政策内容存在的问题，明确了“十三五”期间我国教育政策改革的重点，并提出了具体的政策建议。具体细化为以下四个方面：首先，对“十二五”期间我国出台的教育政策进行了系统、全面地收集与整理，总结了“十二五”期间我国教育政策的经验和成就，并找出了“十二五”期间教育政策存在的问题。其次，明确了“十三五”期间党和国家对教育事业发展的基本要求和战略部署，分析了我国教育事业发展的新形势、新挑战和新机遇，明确了教育政策改革的发展方向。再次，在对理论、实践、政策现状进行系统研究的基础上，厘清了当前教育改革的重点、难点和热点，找出了教育政策改革的切入点和关键点。最后，基于以上研究，分横向、纵向两个方面，列出了我国“十三五”期间应修改或制定的政策清单，并按照政策名称、政策依据、政策目标、政策结构、政策内容、政策颁布等几个方面提供了政策建议。

（二）教育政策过程的前瞻性研究

这一部分研究在对“十二五”期间我国教育政策过程（教育政策的决策、执行和评价）分析的基础上，总结了教育政策过程存在的问题，并为“十三五”期间我国教育政策过程的改革与发展提供了具体建议。具体表现：首先，通过对“十二五”期间我国教育政策在决策、执行、评价等方面现状的梳理与分析，总结了在此期间我国教育政策在这几个方面的经验与成就。其次，明确了“十二五”期间教育政策过程存在的问题与不足，并结合案例对其原因进行了探讨。最后，基于问题和不足，提出了完善教育政策决策、执行与评价的创新策略。

（三）教育政策环境的前瞻性研究

这一部分研究总结与分析了“十二五”期间我国教育政策所处环境的问题与不足，并为“十三五”期间改进我国教育政策环境提出了对策建议。具体表现：首先，通过对“十二五”期间我国教育政策所处的政治环境、经济环境、文化环境的分析，总结了在此期间教育政策环境对教育政策产生的影响，以及三大环境各自存在的问题。其次，结合实例，对教育政策环境存在的问题进行了充分的分析与探讨，明确了问题的成因。最后，基于问题，为我国“十三五”期间改善教育政策的经济、政治与文化环境提供了具体的对策建议。

（四）教育政策价值的前瞻性研究

这一部分主要对“十二五”期间我国教育政策价值方面存在的问题进行了梳理与分析，为“十三五”期间乃至未来一段时期内，提升我国教育政策价值提出了对策建议，具体细化为以下三方面：首先，梳理了“十二五”期间我国教育政策形成性价值中主体需要和客体属性的现状，并结合案例对存在的问题进行了呈现与分析；其次，结合案例，对“十二五”期间我国终结性价值存在的问题进行了呈现与分析；最后，结合理论与实际，为提升“十三五”期间乃至未来我国教育政策价值提供了具体对策建议。

（五）教育政策未来的前瞻性研究

这部分重点研究了“十三五”期间到 2030 年我国教育事业的发展趋势，对教育政策的未来发展进行了展望。具体体现：首先，通过对我国的政治、经济、文化、科技、人口等发展趋势进行分析，明确了到 2030 年，我国教育事业发展的战略背景、战略目标和发展特征；其次，根据对前四个方面研究成果的梳理与分析，结合实证调研，对“十三五”期间乃至到 2030 年我国教育政策的未来发展进行了展望。

三、研究方法

一个相对完整的研究过程既包括从具体到抽象的过程，也包括从抽象到具体的过程，在实际研究中，从具体到抽象、抽象到具体的过程并不像形式逻辑归纳那样简单，它需要一些具体的方法来完成这一过程，基于这种认识，本书在研究方法上主要分为收集资料的方法和分析资料的方法，主要研究方法如下所述。

（一）收集资料的方法

1. 文献法

文献法是对文献进行查阅、分析、整理并力图寻找事物本质属性的一种研究方法。文献检索是科学研究工作中一个重要的步骤，它贯穿研究的全过程。基于本书的研究目的与内容，为了尽可能全面地收集政策文献与研究文献，笔者利用中国知网、维普、万方数据库、超星数字图书馆及中国国家图书馆等进行文献资料检索。同时，笔者还登录了全国人民代表大会教育科学文化卫生委员会、中华人民共和国教育部、中国教育三十人论坛、中国教育政策研究院、21 世纪教育研究院、长江教育研究院等多家教育政策研究机构官方网站，查阅了相关政策文本、各类工作计划、工作总结、发展规划、政策咨询报告、中国教育发展报告蓝皮书（2012—2015 年）等政策类文献。通过收集资料，我们获取了大量关于教育政策前瞻性研究的研究类文献与政策类文献。本书运用文献法的目的：确定研究问题的基本范畴，界定研究的核心概念；梳理相关研究成果，建构教育政策发展研究的理论架构，并通过现有的文献把握我国教育政策改革研究的现状、不足，结合教育政策的理论，对问题进行分析与解决，在现有研究的基础上提升本书的高度和深度。

2. 访谈法

访谈法又称晤谈法，是指通过访员和受访人面对面地交谈来了解受访人的心理和行为的基本方法。本书采用半开放式访谈，用于总结教育政策的实际情况，探讨教育政策在内容、过程、环境及价值方面存在的问题，了解我国教育政策乃至教育事业发展的趋势，进而为教育政策改革发展提供具体建议。

本书的访谈调研分为两个阶段，第一阶段是政策问题认定阶段（2016 年 10 月—2016 年 12 月），访谈主要围绕教育政策在内容、过程、环境、价值四个方面存在的问题展开，目的在于通过访谈内容，对政策问题，包括在未来相当一段时间内需要不断改进和完善的重大问题进行筛选与补充。第二阶段是政策问题解决阶段（2016 年 12 月—2017 年 1 月），访谈问题根据已经确定的关键政策问题制定，目的在于了解专家学者对教育政策问题的认识，为教育政策的改革与发展提供对策建议。

3. 问卷调查法

问卷调查法也称“书面调查法”或“填表法”，是通过向调查者发出简明扼要的征询单（表），请示填写对有关问题的意见和建议来间接获得材料和信息的一种方法。本书运用问卷调查法的目的是了解基层教育行政人员及一线教师对教育政策热点问题的认定，通过问卷结果，对所收集的教育政策热点问题进行筛选。

本书的调查问卷主要是通过文献分析所得的政策问题和访谈结果进行编制的，采用的是结构式与开放式相结合的问卷类型。问卷以教育政策分析中的内容分析、过程分析、环境分析和价值分析为基本维度，运用因素分析法将四个维度进一步细化为若干个子维度，列出了 43 个具体问题。本书的调查问卷采用电子问卷的形式，以问卷星系统作为平台，受访者可以通过电脑或手机进行作答。问卷调查参与者包括各省（自治区、直辖市）的高校教师、在读研究生、科研机构研究人员、教育期刊编辑、中小学及幼儿园教师、中小学及幼儿园管理者等。本书在调研过程中，共编制并发放问卷 419 份，回收 394 份，其中 382 份为有效问卷。

（二）分析资料的方法

对于分析资料而言，笔者在全面完整地收集了与研究相关的资料后，对已经收集的文献资料、访谈资料及问卷资料等进行合理分类和筛选，提取出对本书有价值的资料。然后将每类资料进行系统、规范的整合，分析梳理文献之间的联系和逻辑关系，以便有利于接下来的深入研究。本书在分析资料的过程中主要运用了定性与定量相结合的分析方法。

1. 文献资料分析

本研究运用“概念与范畴分析模式”，对通过文献法所收集的资料进行了分析，这项工作分为以下三步。

第一步，对资料进行整理和归类。按照文献资料类型，将资料主要分为两类：一类是研究类文献资料，主要包括学术著作、学术论文和研究报告等。另一类是政策类文献资料，主要包括国家层面出台的教育政策本文。

第二步，对资料进行分析，抽象、提炼出了有关概念和范畴。这项工作又分为了两步，一是从资料中寻找本土概念（资料中抽象出的已有的概念或范畴）；二是从资料中再提炼和抽象出一些资料中没有的理论概念或范畴，即创造性概念或范畴。

第三步，分析本土概念或范畴之间、创造性概念或范畴之间及本土概念或范畴与创造性概念或范畴之间的逻辑关系，从而构建起本研究的理论框架。

2. 数据资料分析

本书访谈数据的分析主要根据扎根理论对访谈所收集的数据进行分析，进而得到研究结果。在征得访谈对象同意的前提下，对所有访谈过程进行了录音，并逐句整理为文本文字。具体分析步骤如下：回收与清点访谈结果；检查与筛选有效数据；对访谈内容进行开放式编码（将数据概念化、范畴化）—主轴式编码（将各个独立范畴联结成一个家族）—选择性编码（串联各个家族形成研究结果）；根据研究结果得出结论。在对访谈数据进行整理与分析后，确定了初步的教育政策关键问题共计 110 个，并按照横、纵向进行了归纳分类，其中横向政策问题包括教育创新政策问题 2 个、教育公平政策问题 2 个、教育体制改革政策问题 3 个和教育未来政策问题 4 个；纵向包括综合性问题 34 个、学前教育问题 9 个、小学教育问题 8 个、初中教育问题 8 个、高中教育问题 7 个、高等教育问题 19 个、职业教育问题 8 个、民办教育问题 3 个和其他问题 3 个（附录二）。

本书主要运用 SPSS 数据分析软件对问卷数据进行描述性分析。数据分析的方式包括两种：频数分析及平均数分析。在对调查问卷的结果进行统计分析后，形成了本书的重点问题清单，并通过综合比对与分析问卷调研结果和访谈调研结果，最终确定了 95 个教育政策核心问题，包括教育政策内容问题 34 个、教育政策过程问题 21 个、教育政策环境问题 27 个、教育政策价值问题 13 个，这些将作为本书着重研究的教育政策问题。

第一篇

教育政策前瞻性研究的理论基础

本书的写作是在一定的教育政策理论指导下进行的，由于本书是对教育政策内容、过程、环境及价值所做的研究，所以涉及对教育政策上述四个方面进行专业化分析的教育政策分析理论。并且，由于本书是一种前瞻性研究，故还涉及了教育预测规划分析理论，下文将对这两个理论进行简要探讨。

第二章　专业化教育政策分析的理论研究

教育政策科学既要对一般性的教育政策分析进行研究，也要对专业化的教育政策分析进行研究，以对教育政策进行更加科学精准的政策分析，进一步丰富和发展教育政策科学和更有效地推动教育政策改革。因此，从重视一种宽泛的教育政策分析走向重视科学规范的专业化教育政策分析，既是教育政策学本身建设的需要，也是教育政策改革与发展实践的需要。①专业化教育政策分析是一种区别于一般意义教育政策分析的政策分析。这种教育政策分析根据其分析工具的性质不同，可分为质的分析、量的分析和综合分析。②一般来说，质的教育政策专业化分析，主要以逻辑推理的方法去分析教育政策，而量的教育政策分析主要以概率与统计推理和模糊数学来分析教育政策，综合分析兼而有之。本书讨论的主要是以质性为主的专业化的教育政策分析。

什么是质性的专业化教育政策分析、质性的专业化教育政策分析分析什么，以及如何进行质性专业化的教育政策分析，是研究质性专业化的教育政策分析需要明确的三个基本问题。为了分析问题的简明与方便，以下研究质性专业化的教育政策分析时，将“质性”二字省略来加以探讨。

---

① 孙绵涛. 教育政策分析——理论与实务. 重庆：重庆大学出版社，2011：96.

② 林德金，陈洪，刘珠江. 政策研究方法论. 延吉：延边大学出版社，1989：30-154，160-250.

第一节 什么是专业化教育政策分析

一、一般性教育政策分析

目前，国内外很多学者撰写了大量关于教育政策方面的论文、著作及研究报告，很多文献都使用了“政策分析”的说法，但是并没有对什么是教育政策分析作出严格的界定。可以说，当前教育政策学界所进行的教育政策分析，大多还不是真正意义上的教育政策分析，其实质是一种关于教育政策的研究，我们称之为一般性教育政策分析或非规范教育政策分析。这种教育政策分析一般可以归纳为三类[①②]：第一类，教育政策分析是对教育政策决策的分析，目的是选择最优化的政策方案；第二类，教育政策分析是对教育政策执行的分析，看清教育政策执行是什么样的模式，执行中有什么样的问题妨碍政策目标的实现；第三类，教育政策分析是对教育政策价值的分析，主要是对教育政策的价值取向和教育政策最终实现了哪些价值进行分析。

一般性教育政策分析存在的主要问题：一是分析内容不全面，一般性教育政策分析只关注教育政策的过程和价值，对于教育政策的内容、环境分析关注不够，而且教育政策的过程多为政策决策和政策执行，对于教育政策的评价重视不够，教育政策的决策、执行及价值分析的内容也不全面；二是分析主体不明确；三是没有专门的教育政策分析方法；四是没有明确的教育政策分析目标；五是对什么是教育政策分析缺乏严格的科学定义。一般教育政策分析只是对什么是教育政策分析做一个描述说明。可见，一般性教育政策分析还不是严格意义上的教育政策分析。

二、专业化教育政策分析

严格意义上的教育政策分析是一种专业化的教育政策分析。专业化教育政策

① Weimer D L，Vining A R. Policy Analysis：Concept and Practice. Englewood Cliffs：Prentice-Hall，1989：7.

② 张钿富. 教育政策分析——理论与实务. 台北：五南图书出版股份有限公司，1996：6.

分析，是指教育政策分析的主体采用专门的分析技术和方法，对教育政策的内容、过程、环境和价值进行判断，从而改进和提升教育政策的一种活动。首先分析这句话的内容，从专业的教育政策分析概念所包含的内容来看，第一，有教育政策分析的主体，可以是一个人也可以是一个组织，但多数是组织，因为人是在组织当中的，这个组织在现代的政策研究当中，一般是第三方组织，也就是我们所说的“管办评分离”中的“评”。这里要特别指出的是，教育政策分析的主体，无论是个人还是组织，都必须具有专业的资质，进行教育政策分析的机构应由具有教育政策分析知识背景的人员组成，进行教育政策分析的人员必须具有教育政策分析的专业知识和技能。第二，有教育政策分析的工具，教育政策分析有自己一套独特的分析技术和方法。这套技术和方法将在本章第三节介绍。第三，有教育政策分析的内容，主要包括四个方面的内容，即教育政策的内容分析、教育政策的过程分析、教育政策的环境分析及教育政策的价值分析。第四，有教育政策分析的目的，这种政策分析不是对某一教育政策作出一种价值判断，也不是笼统地说去实现什么教育政策目标，而是要通过这种分析，去改进教育政策的内容、过程、环境，提升教育政策的价值。当然，教育政策的内容、过程、环境和价值都提升了，肯定是有助于实现教育政策目标的。可以说，实现教育政策目标是教育政策分析的间接目的，而不是直接目的。

我们倡导的这种专业化教育政策分析，不同于一般性的教育政策分析，其优点在于：第一，这个定义是一种规范的“属+种差”的定义。教育政策分析是一种活动，活动是“属”，教育政策分析是“种”，它们之间的“差”则是谁来分析、怎么分析、分析什么及分析的目的等；第二，专业化教育政策分析指明了教育政策分析的主体是具有教育政策分析资质的人员和组织；第三，专业化的教育政策分析有自己独特的分析技术和方法；第四，专业化教育政策分析内容是全面的，内容、过程、环境和价值四个方面的分析基本上囊括了教育政策的全部内容，一个完整的教育政策，其实就包括教育政策内容、教育政策过程、教育政策环境和教育政策价值四个方面。第五，专业化教育政策分析的目的有明确的指向性，其目的是改进教育政策的内容、过程、环境和价值，如进行某一方面的教育政策分析，其分析的目的就是这种教育政策某一方面的改进，只进行教育政策的内容分析，其主要目的就是完善某一教育政策的内容。一般性教育政策分析的目的，看似是改进和完善教育政策，但这种改进和完善往往比较模糊或宽泛，不知完善和改进的是教育政策的内容、过程（过程的决策、执行，还是评价）、环境，还是价值。

专业化教育政策分析这个范畴与有关相近范畴之间的关系。

第一，专业化教育政策分析和教育政策文本分析的关系。严格意义上讲，专业化教育政策分析与教育政策文本分析不是一回事。教育政策文本分析只是专业化教育政策分析的一部分，与教育政策文本分析相近的范畴是教育政策内容分析。广义的教育政策内容分析，既要对教育政策的规范进行分析，又要对教育政策的文本进行分析。教育政策文本分析是对教育政策的形式和结构进行分析，而教育政策规范分析是分析教育政策本身的规范，即分析教育政策的条款的具体内容。如果从狭义的角度来讲，教育政策内容分析并不包括教育政策文本分析，它只分析教育政策的规范即只对教育政策的条款内容进行分析。然而，为了更好地分析教育政策的内容，在分析教育政策的规范时，有时要分析教育政策的文本；在分析教育政策的文本时，有时也要分析教育政策的规范。这时教育政策的内容分析，是从广义上来理解教育政策内容分析的。

第二，专业化教育政策分析与教育政策研究的关系。可以说，所有的专业化教育政策分析都是教育政策研究，但不是所有的教育政策研究都是专业的教育政策分析。从一般意义上来说，教育政策分析就是教育政策研究，这就是人们经常把教育政策研究与教育政策分析混用的原因。然而专业化的教育政策分析不同于一般的教育政策分析。专业化的教育政策分析者是从事教育政策分析的专业人员，而教育政策研究者只要掌握一般的研究方法即可从事教育政策的研究，有时即便不太懂得一般研究方法的非专业研究人员，也可以对教育政策做一些研究。正如有的学者所指出的，教育政策的研究者既可以是高校和社会科学研究机构中的专业研究人员及教育行政部门和政府其他部门的专业研究人员，也可以是一些非专业研究人员，如教育行政部门、政府其他部门的非专业研究人员，以及一些对教育政策问题感兴趣的记者、评论家等。[①]此外，专业的教育政策分析具有独特的分析工具，即技术和方法，而教育政策研究所运用的方法只是一般的研究方法，做教育政策研究不强调专门的研究方法，不同的研究者有自己不同的研究套路。对于专业化的教育政策分析，虽然不同的分析者会有不同的分析特点，但所遵循的程序和方法是基本一致的。因此，我们区别专业化的教育政策分析与教育政策研究的一个重要方面，就是要看这种教育政策分析或研究是否运用了独有的分析技术或研究方法。

第三，专业化的教育政策分析与教育政策评价的关系。教育政策评价的目的是要对教育政策作出一种总体上的价值判断，并对这种价值判断提出一套评价的标准[②]，而专业的教育政策分析则不同，它不是要对教育政策作出整体上的价值判断，而是要对教育政策的内容、过程、环境和价值作出价值判断，找出教育政

① 魏峰. 公共知识分子：教育政策研究者的角色选择. 教育理论与实践，2008，(4)：21-24.

② Mitchell D E. Six criteria for evaluating state：Level education policies. Educational Leadership，1986，(44)：14-16；肖远军. 教育政策评价的标准探讨. 浙江教育学院学报，2002，(3)：90-95；袁振国. 教育政策学. 南京：江苏教育出版社，1996：237-255；祁型雨. 论教育政策的价值及其评价标准. 教育科学，2003，(2)：7-10；胡伶. 教育政策评估标准体系的架构研究. 教育理论与实践，2008，(34)：20-24.

策的内容、过程、环境和价值上存在的问题，分析问题产生的原因，并提出相应的完善对策。而且即便专业的教育政策分析对教育政策的内容、过程、环境和价值作出了价值判断，它也是对教育政策某一方面作出的价值判断，而不是对教育政策作出总体上的价值判断。另外，如果将专业的政策分析对教育政策的内容、过程、环境和价值所作出的判断也看作是一种政策评价的话，这种评价也只是分别对教育政策的这四个方面，或这四个方面的某一方面作出的价值判断，而非对教育政策整体上的最终结果作出价值判断。另外，教育政策分析只是通过对教育政策内容、过程、环境和价值这四个方面进行分析，找出这四个方面的问题，并针对这四个方面提出政策建议。而教育政策评价是通过这种评价从总体上找出教育政策存在的问题，并从总体上提出政策建议。虽然这种政策评价在找出政策问题或提出政策建议时，有时或许会是从某一个或某几个方面去找问题或提出建议的，但其是从教育政策的总体出发的。而教育政策分析的出发点，一开始就是从教育政策的内容、过程、环境和价值着手的，而不是从教育政策的整体入手的。此外，专业化教育政策分析有其独特的分析技术和方法，即分析工具，而教育政策评价运用的是一般的教育政策评价的方法，这也是二者的不同之处。

第二节　专业化教育政策分析分析什么

一、专业化教育政策分析的分析内容

（一）教育政策内容分析

教育政策内容分析，顾名思义就是分析教育政策究竟应包括哪些内容。教育政策内容分析包括宏观的教育政策内容分析及微观的教育政策分析两个层次。宏观的教育政策分析要回答一个国家究竟要制定哪些教育政策，即回答国家的教育政策究竟是怎样一个体系，它要解决的问题是，一个国家要制定哪些基本的教育政策才能满足其教育改革与发展的需要。据笔者的初步研究，宏观的国家教育政策的体系包括三个层次的政策，即教育目标政策、教育途径政策

及教育条件政策。教育目标政策一般体现在国家的教育质量政策中，即规定国家教育的培养目标及实现培养目标的主要措施；教育途径政策体现在教育体制政策中，即要正确处理各级各类教育之间的关系，发挥各级各类教育的作用；而教育条件政策指的是教育经费政策和教师政策，即实现教育目标和发挥各级各类教育作用所必备的人和物。[①]因此，宏观教育政策的内容分析，就是分析一个国家是否有教育质量政策、教育体制政策、教育经费政策及教师政策，以及这四大教育政策包括哪些内容。微观的教育政策分析要回答国家每一个基本的教育政策包括哪些主要内容，它要解决的问题是，一个教育政策要制定哪些政策规范才能满足这一教育政策所要解决的问题的需要。一项具体的教育政策，一般有政策目标（政策所要达到的目的）、政策措施（为达到政策目的所要采取的措施）和政策对象（政策的决策、执行和受益对象等）三个基本要素。所以具体的教育政策分析一般是对这一具体的教育政策目标、政策措施和政策对象进行分析。

（二）教育政策过程分析

教育政策的过程分析就是对教育政策的决策、执行和评价进行分析。

1. 教育政策决策分析

一般认为教育政策的形成包括确定政策问题、制订和筛选解决问题的政策方案、决定和出台政策方案等几个环节。所以，从总体来说，教育政策决策分析就是要对这整个过程的每一个环节进行分析。每一个环节都要做到：第一，要对教育政策问题进行认定分析。教育政策问题的认定分析，是指要确定所要解决的问题是否需要上升到政策层面去解决。因为有些问题不是政策问题，而是行政问题，通过行政手段就能解决。第二，对制定的教育政策方案文本进行分析，就是要对一个政策方案的目标、措施、对象进行分析。第三，对教育政策方案进行选择分析。一方面，要分析预选的教育政策方案，要遵从一定的民意表达程序；另一方面，要分析预选的教育政策方案在技术、经济和政治上的可行性。为此，要对教育政策方案进行预评估，分析教育政策方案预评估的结果等。第四，对教育政策方案出台进行分析。这是指在预选教育政策方案中选定了某一方案后，分析

① 孙绵涛. 关于国家教育政策体系的探讨. 教育研究，2001，(3)：8-10，58.

这一政策方案颁布的时间、程序、颁布机关等。

2. 教育政策执行分析

教育政策执行是一种具有实践性、综合性、具体性的教育实践政策活动，它是各级教育行政机构及其行政人员依据政策目标，将教育政策在教育实践活动中加以贯彻、落实和推行，以实现教育政策目标的一种活动。①教育政策执行分析一般包括以下三个方面：第一，教育政策执行目标分析。首先，要分析教育政策执行目标与教育政策目标的关系。其次，要分析政策执行目标分解后的具体执行目标，因为盲目地把教育政策的具体执行目标放大或缩小都会对教育政策的执行产生影响。第二，对教育政策执行方式的分析，即对执行模式分析或对执行方法分析。要分析在教育政策执行过程中是精英式执行还是大众式执行，是从上到下执行还是从下到上执行，或是上下结合执行等。第三，对教育政策执行的过程进行分析。主要对教育政策颁布，以及执行过程中的督促、检查和总结进行分析。第四，教育政策执行的偏差分析。就是要对教育政策的执行目标与教育政策执行结果之间的偏差进行分析，如果存在偏差，还要分析偏差表现在哪些方面，产生的原因是什么，如何纠正偏差等。

3. 教育政策评价分析

第一，分析评价标准，对已经确立的教育政策评价标准进行分析。第二，分析评价程序或过程，对制订评价方案、教育政策评价步骤、评价人员的选择、非专业评价人员的培训及试评等环节进行分析。第三，评价方法分析，对教育政策的评价选择哪些评价方法、如何运用这些方法等进行分析。第四，分析评价结果，对教育政策评价的结果或结论进行分析。

（三）教育政策环境分析

教育政策环境指的是教育政策所联系和依赖的各种条件。从内容上可将教育政策环境分为政治环境、经济环境和文化环境；从地域上可将教育政策环境分为国内环境和国外环境；从层次上可将教育政策环境分为宏观环境、中观环境和微观环境；从与政策的联系程度上可将教育政策环境分为直接环境和间接

① 孙绵涛. 教育政策学. 北京：中国人民大学出版社，2010：172.

环境；从政策系统的内外来看，可将教育政策环境分为教育政策外部环境和教育政策内部环境。因此，教育政策环境分析就是分析教育政策处于一种什么样的环境之中，这些环境对教育政策有什么要求，教育政策对这些环境有什么回应等。

（四）教育政策价值分析

教育政策价值是教育政策的主体需要与教育政策的客体属性，在教育政策的活动过程中所产生的一种效用关系。对教育政策的价值进行分析，有整体价值分析和单项价值分析，过程价值（形成性价值）分析和结果价值（终结性价值）分析之分。整体性的教育政策价值分析是指，既要分析教育政策的主体需要，也要分析教育政策的客体属性，还要分析教育政策的决策、执行和评价过程，最后要分析由教育政策的主体需要、客体属性、活动过程所形成的效用关系中产生的效果。分析教育政策的主体需要，既要分析决策主体的需要，也要分析教育政策对象的需要，还要分析执行主体的需要。分析教育政策的客体属性，既要分析教育政策的政治措施属性，也要分析教育政策调节各方利益的属性，还要分析教育政策促进人发展的制度安排属性。分析教育政策的过程，既要分析教育政策的决策过程、执行过程，也要分析教育政策的评价过程。分析教育政策的效果或结果，在形式上要分析教育政策所产生的理想价值和现实价值、直接价值和间接价值、显性价值和隐性价值；在范围上要分析教育政策所产生的个体价值和社会价值；在内容上要分析教育政策所产生的政治价值、经济价值和文化价值。单项性的价值分析，只分析教育政策主体需要或教育政策某一类主体的需要；只分析教育政策的属性或教育政策的某一类属性；只分析教育政策的过程或教育政策过程中的某一种过程；只分析教育政策效用关系即教育政策效果，或某一类效果，或某一类效果中的一种效果。形成性的教育政策价值分析是对分析教育政策价值的形成过程进行分析，这种分析涉及教育政策的主体需要、客体属性、教育政策的过程及教育政策的结果；终结性的教育政策价值分析是对教育政策产生的结果进行分析，要分析教育政策价值的形式、范围和内容。形成性分析有整体性分析和单项性分析；终结性分析也有整体性分析和单项性分析。所以，从这个意义上来讲，在进行教育政策的价值分析时，选择了教育政策价值的整体性分析和单项性分析，就不一定要选择教育政策价值分析的形成性分析和终结性分析了。

二、专业化教育政策分析内容的逻辑关系

以上教育政策四个方面的分析是有一定的逻辑结构的。教育政策分析首先要分析教育政策文本形态中的政策规范，即对教育政策的内容进行分析；进而分析这种政策规范是如何形成、形成后如何执行、执行后产出结果如何的，即对教育政策的过程进行分析；而教育政策的内容和过程又是处在一定的教育政策环境中的，所以除了分析教育政策的内容和过程外，还必须对教育政策的环境进行分析；由于教育政策的内容、过程及环境离不开教育政策的价值取向，可以说，教育政策的价值渗透在整个教育政策之中，教育政策的内容、过程、环境是一定政策价值的体现。因此，除了对教育政策的内容、过程和环境分析以外，最后还要对教育政策的价值进行分析。所以，一个完整的教育政策形态包括教育政策的内容、教育政策的过程、教育政策的环境和教育政策的价值四个范畴。在这四个范畴中，教育政策的内容分析是基础，过程分析是主轴，环境分析是范围，价值分析是灵魂。这里要说明的是，人们有时所说的对教育政策的历史、现实和未来分析，只是分析一个完整的教育政策形态，或某些政策形态，或某一个政策形态在不同时间段上的呈现。对教育政策的历史、现实和未来进行分析，就是对教育政策的内容、过程、环境和价值进行分析。而当人们说教育政策分析，且没有特别的时间说明时，一般指的就是教育政策的内容、过程、环境及价值分析。

除了教育政策分析中的内容、过程、环境和价值分析这四种分析范畴之间有着紧密的逻辑联系外，教育政策内容、过程、环境及价值分析中的各组成要素也存在逻辑上的联系。教育政策内容分析中的宏观政策与微观政策，以及宏观政策与微观政策的子要素是相依存的，如宏观教育政策不能没有微观教育政策，宏观教育政策中的每一个教育政策其实就是一个微观的、具体的教育政策。宏观教育政策与微观教育政策，以及宏观教育政策与微观教育政策各组成要素之间的具体逻辑是，宏观教育政策与微观教育政策之间是一种递进的逻辑关系，宏观教育政策中各个政策之间的关系，正如前面在教育政策内容分析中所指出的，教育质量政策是一个国家教育改革与发展的目标政策，教育体制政策是一个国家教育改革与发展的途径政策，而教师政策中的教育经费政策则是一个国家教育改革与发展的条件政策，可见宏观教育政策中的子政策之间的逻辑是很清晰的，微观教育政策的政策目标、政策措施和政策对象是一种递进的逻辑关系。教育政策过程分析中的决策、执行、评价及这三方中的各子要素是一环扣一环的，缺少任何一个环节，或颠倒其中任何一个环节，就不是一个完整、健全的教育政策决策、执行、

评价过程。其中的逻辑关系可以表述为，教育政策的决策、执行和评价呈现的是一种递进的逻辑关系。教育政策决策分析中的政策问题的认定、政策方案的选择和政策方案的出台；教育政策执行分析中的教育政策目标的分解，形成教育政策的执行目标、教育政策的执行过程、教育政策的执行方式及教育政策执行偏差的纠正；教育政策评价分析中评价目标的确定、评价方法的选择、评价程序的设计、评价结果的考量，可以明显地看出这些要素之间存在着递进的逻辑关系。教育政策环境分析中所说的地域环境、层次环境、程度环境及政策系统环境，是教育政策的政治环境、经济环境和文化环境在不同方面的表现，或是从不同的方面来展示教育的政治环境、经济环境和文化环境，因而教育政策的环境核心是教育政策的政治、经济与文化环境。而从不同角度所说的国内环境与国外环境、直接环境与间接环境、内部环境和外部环境存在明晰的对应逻辑关系，宏观环境、中观环境和微观环境显示了清晰的递进逻辑关系，政治环境、经济环境和文化环境，不言而喻是一种并列的逻辑关系。教育政策价值分析中的过程价值与结果价值，没有过程价值就没有结果价值，过程价值中的教育政策的主体需要、政策属性、政策过程，缺少任何一个要素，教育政策的价值就无法生成，结果价值中的范围价值、形式价值和内容价值，是从不同的表现来解析教育政策的结果价值，只有从这三个方面来说明教育政策的结果价值，人们才有可能全面理解教育政策的结果价值。教育政策价值分析中的过程价值与结果价值所体现的递进逻辑关系，过程价值中的教育政策的主体需要、客体属性及教育政策过程所具有的并列逻辑关系，以及结果价值中内容价值的政治价值、经济价值和文化价值的并列逻辑关系，范围价值中的个体价值与社会价值的对应逻辑关系，形式价值中理想价值与现实价值、直接价值与间接价值、显性价值与隐性价值之间的对应逻辑关系也是非常清晰的。

第三节　如何进行专业化教育政策分析

进行专业化教育政策分析，应遵循应然到实然再到应然的分析范式，即在全面收集和整理分析教育政策分析资料的基础上，确立并论证教育政策分析标准，然后用这一标准去分析和对照已有的教育政策，找出存在的问题，分析问题存在的原因，提出完善教育政策的建议。可能有人说这种教育政策分析的范式使用的是实然到应然再到应然的分析范式。因为这种教育政策的分析开始时并没有提出政策分析的标准，而是在所得到的实际资料的内容整理分析的基础上提出标准，再用这种标准去对照分析实际的教育政策，最后完善教育政策。表面看起来，我们所主张的这种教育政策分析是实然到应然再到应然的分析范式，但从根本上来说，纯粹意义的从实然到应然再到应然的分析范式是不存在的。因为当你开始进行实然分析的时候，实际也会有某种程度的分析假设指导你做某种实然研究，而这种研究的分析假设从一定意义上说也算作是一种“应然”。所以做分析最基本的范式一般是从应然到实然再到应然。做教育政策分析一般应采用从应然到实然再到应然的范式，而不宜用从实然到应然再到应然的分析范式。实际上，本书开始做教育政策分析资料的整理和分析时就有一定的理论假设在里面，如收集哪些方面的资料，这些资料按什么样的程序和标准进行分析和整理等，没有这样的理论假设，教育政策的分析资料就难以收集、整理和分析。而这种收集、整理和分析资料的理论假设，在一定程度上就为教育政策分析标准的提出奠定了基础。本书在整理分析资料基础上所提出的教育政策分析标准，就是在假设的基础上提出来，然后通过实然调查研究得来的资料去检验、丰富、完善应然的标准。运用应然到实然再到应然的范式具体进行教育政策分析时，教育政策内容分析、教育政策过程分析、教育政策环境分析及教育政策价值分析都会有各自不同的分析特点。以下仅就专业化教育政策分析的一般方法作一探讨。

一、全面系统收集和整理分析教育政策分析资料

（一）收集资料

教育政策分析资料收集的要求是全、新、重。所谓全，就是要全面收集教育政策分析所需要的资料；所谓新，就是要注意收集教育政策分析资料中的最新成果；所谓重，就是要注意收集教育政策文献中的重要资料或关键资料。只有这样，收集到的教育政策分析资料才是可信的、有效的。收集教育政策分析资料的类型，从资料来源来看，一类是文献资料，一类是非文献资料。文献资料从类型来说基本上有政策文献和研究文献两类。政策文献就是指分析某个政策时，与这

一政策问题相关的所有政策文本，包括与此相关的法律文本。因为从广义的角度来说，有时候法律问题也是政策问题，法律只是政策的规范化、条文化和定型化的产物。研究文献，是指分析某一教育政策时，与这一政策相关的所有文献，与此类教育政策问题有关的一般政策问题的研究文献，以及其他相关的研究文献，如研究这些问题的著作、论文、研究报告等。从时间来看，收集政策文献和研究文献时，除了有特别的限制外，历史上所有的这两类的文献都要收集到。比如，在做教育政策分析时，可将时间限制在中华人民共和国成立以来或者改革开放以来，那就只需要收集中华人民共和国成立以来或改革开放以来的文献，而不需要将历史上的所有文献都加以收集。另外，文献资料从地域划分，有国内的和国外的，按语言划分，有中文的和外文的，一个好的政策分析，既要基于本国的现实，也要借鉴外国的经验。从政策文献的层次来看，既要收集国家层面的，也要收集地方层面的，还要收集基层组织所制定的政策文本。总的来说，类型、时间、领域、语言和层次等方面都要考虑到，并注意收集这些方面最新和关键性的资料，这才有可能达到所收集的资料全、新、重的要求。另一种是非文献资料，主要是指围绕所要分析的教育政策问题，对相关人员和单位，进行访谈、问卷、观察和实验得来的资料。这些非文献资料作为文献资料的补充，更具有现实性、灵活性、实效性和针对性，更能从实际的角度反映所要分析的教育政策问题。所以在做教育政策分析时，非文献资料不能忽视。

（二）整理分析资料

关于文献资料的整理分析，可参考教育政策的内容分析、过程分析、环境分析及政策价值分析，与文献整理分析的要求大体上是相同的，只是在教育政策的内容、过程、环境和价值的整理分析具体内容时有一定的区别。这里就以教育政策内容分析为例，来对一般教育政策分析的文献资料的整理分析做具体说明。

政策内容分析的文献整理分析程序[①]，首先是政策文本的整理分析。第一步是要将所要分析的教育政策，包括相关的法律文本，按单独的政策文本和综合的教育政策文本分开分析整理，因为有的教育政策是单独发布的，有的是混杂在其他政策文本中发布的。第二步是将这些单独的和综合的政策文本，按国家、地方

① 这里的“文献整理分析”从分类角度来说与“编码”术语的意思相近，但由于编码一般指计算程序上的编码，有数字编码、符号编码、语义编码等多种类型，一般读者不太容易理解和掌握，所以这里的文献分析程序没有采用编码术语，而用“整理分析”这个人们容易理解的术语来说明。

和基层三个层次进行整理。第三步是用一张表格，将上述整理出来的政策文本，按其发布的时间加以排序，表格可分时间、名称、发布机关、主要内容和备注等栏目。之后要做的主要工作是根据表中的栏目，填好每一个教育政策的主要内容，这一步非常关键，所以填之前要认真阅读、理解每一份政策文本，尽量全面地将这一政策文本的主要政策规范概括地写在主要内容栏目里。第四步是将所有政策文本在主要栏目中的内容进行分析整理，看这些内容涉及哪些内容，有什么特点，并将这些内容加以提炼，概括出几方面的主要内容，按其联系形成一个教育政策内容的框架，为后面教育政策内容分析标准的建构和根据这一标准分析已有的政策文本中的问题奠定基础。比如整理分析的是教师政策的文本，要分析教师政策的内容，就要对每一个教师政策中主要栏目里的内容进行分析，发现这些内容的共同点和不同点，然后按教师的进、用、培、出、待、评等几个方面加以分析概括，整理出教师政策内容的初步框架。这可以为建构教师内容分析的标准，以及根据这一标准分析现存的教师政策文本的政策内容是否存在问题做铺垫。

其次是研究文献的整理分析。一是对文献研究内容进行整理分析，二是从研究方法进行整理分析，三是对研究内容整理分析后的再分析。研究内容的整理分析，就是要对研究文献研究了哪些内容进行分析。不同的研究文献可能会对不同的政策进行研究，也可能对同一政策的内容、过程、环境和价值进行研究。根据本书的研究内容，这里只关注对同一教育政策的内容、过程、环境和价值等的研究。对该部分问题的整理分析大体上是相似的，只在具体整理分析各部分内容时，其整理和分析的具体方面可能会有所不同，这里以教育政策的内容研究为例，对如何整理分析研究文献的内容进行说明。第一步，把每一文献中涉及教育政策内容的研究整理出来；第二步，分析文献中所研究的教育政策内容有什么特点，并对这些特点进行提炼概括，形成一个框架，为后面教育政策内容分析标准的建构及存在问题的分析提供参考。对文献所使用的研究方法进行整理分析，就是要看这些文献运用、体现了哪些研究方法，这些研究方法对分析教育政策的内容、过程、环境和价值有什么样的借鉴作用。例如，有些研究文献在研究教育政策的内容时，所引用的政策文本是我们在整理教育政策的政策文献中没有的，则需要添加到政策文本中；有些研究文献对教育政策内容提炼时，分类的标准与我们的分类标准不同，就要看哪些是一样的，哪些是不一样的，分析这些不一样的分类标准有无一定的道理，如果有一定的道理，就要看能否补充到政策文本分析中教育政策内容提炼后的分类中，完善政策文本中内容分类的体系。

最后是对非文献资料即调查得来的资料进行整理分析。第一步，将问卷、访谈等获得的资料先按各自不同的方法加以整理分析。例如，问卷资料一般用SPSS软件进行统计分析，观察问卷对象对所问的政策内容、过程、环境和价值的反映程度；访谈资料要将其按访谈人加以整理，将每个人的材料按访谈的时间、地点、访谈人、访谈内容等整理出来，然后对整理出来的材料分别按政策内容、过程、环境和价值几方面加以归类整理分析，了解整个访谈材料在政策内容、过程、环境和价值方面有哪些观点。第二步，将问卷和访谈各自得来的在政策内容、过程、环境和价值方面的观点加以综合，形成一个总体的材料，以备教育政策内容、过程、环境及价值标准的建构、问题的分析、对策的提出之用。

二、提出并论证教育政策分析标准

（一）提出教育政策分析标准

教育政策的分析标准，就是教育政策内容、过程、环境和价值的分析标准，就是要回答一个理想的教育政策内容、过程、环境和价值应该是怎样的，这个理想的标准，其实质就是要看教育政策的内容、过程、环境和价值能否满足解决这个教育政策所要解决的政策问题的需要。关于教育政策的内容、过程、环境和价值的分析标准，在上文已经有所涉及，只不过上文只有教育政策分析标准的内容，缺乏对这四个方面内容的价值判断标准。以下拟从教育政策分析的主要内容及其价值的判断两方面，对教育政策的分析标准做一探析。

从教育政策内容的分析标准来说，宏观的分析标准，就是看一个国家的教育政策能否满足解决其教育改革与发展的需要，能否有满足其教育改革与发展需要的教育质量、教育体制、教育经费政策和教师政策。微观的分析标准，就是要看这一教育政策能否满足其解决政策问题的需要，要满足其需要，就是要看这一政策的目标、措施、对象是否完整。因此，完整的教育政策目标、措施和对象，就构成了微观教育政策内容分析的标准。

从教育政策过程的分析标准来说，有教育政策决策的分析标准、教育政策执行的分析标准和教育政策评价的分析标准。教育决策的分析标准就是要看教育政策的问题认定、方案制订与选择、方案出台三个环节是否完备。教育政策的问题认定要看政策问题认定是否准确；教育政策的方案制订与选择，要看教育政策方案的形式是否完整，方案是否能充分表达民意，方案是否经过了预评估；教育政策的方案出台，要看方案颁布的时间、机关和程序是否合法。教育政策执行的分析标准要看教育政策目标的分解即执行的目标、执行的方式、执行的过程、执行的偏差纠正环节是否完备。在教育政策的执行目标中，要看教育政策的执行目标与总目标是否一致，在教育政策的执行方式中，要看执行方式是否可行，在教育政策的执行过程中，要看执行过程是否有有效的督促和检查，在教育政策的偏差纠正中，要看教育政策执行的偏差是否得到了纠正。教育政策评价的分析标准是看教育政策的评价标准、评价程序、评价方法和评价结果四个环节是否完整。看教育政策的评价标准是否科学，评价过程中是否制定了评价方案，评价人员的选择、培训、试评环节是否完善，评价方法是否可行，评价结果是否符合实际。

从教育政策环境的分析标准来说，主要看教育政策所面临的地域环境即国内外环境，层次环境即宏观环境、中观环境和微观环境，与教育政策联系程度的直接环境与间接环境，与教育政策系统内外关系的教育政策的外部环境与内部环境，环境内容中的政治环境、经济环境与文化环境，对教育政策的制定和执行及教育政策的目标实现是否有利。

从教育政策价值的分析标准来说，教育政策的过程价值标准，主要看在教育政策各主体的需要中，是否处理好各主体需要之间的关系，教育政策主体需要即价值取向是否正确，对教育政策的客体属性看待是否恰当，是否处理好各教育政策属性之间的关系，教育政策的过程是否完备和畅通。在教育政策的结果价值标准中，主要看教育政策价值中的内容价值即政治价值、经济价值、文化价值，以及范围价值即个体价值、社会价值是否实现，在教育政策的形式价值中，是否处理好了理想价值与现实价值、直接价值与间接价值、显性价值与隐性价值之间的关系。

（二）论证教育政策分析标准

1. 理论论证

首先论证所提出的教育政策分析标准的全面性和系统性，即证明所提出的教育政策分析标准全面、系统地涵盖了所要分析的教育政策的内容。总体来看，由于这一标准包括了教育政策的内容、过程、环境和价值的分析标准，所以这一标准是全面的、系统的。正如上文我们在分析教育政策的内容、过程、环境和价值的关系时指出的，教育政策的内容、过程、环境和价值四大范畴囊括了教育政策的全部内容。从教育政策各分支的分析标准来看，教育政策内容的分析标准、教育政策过程的分析标准、教育政策环境的分析标准和教育政策价值的分析标准也是全面、系统的。

其次要证明所提出的教育政策分析标准的逻辑性，即要分析整个教育政策的分析标准，以及各子教育政策的分析标准内的各因素之间是否具有严密的逻辑。上文分析教育政策内容中的内容、过程、环境和价值之间的关系时，已经论证了这四者中，内容分析是基础、过程分析是主轴、环境分析是条件和价值分析是灵魂这样一种逻辑联系，因此整个教育政策的分析标准，即教育政策的内容、过程、环境和价值的分析标准之间的逻辑关系是严密的。至于教育政策内容分析、教育政策过程分析、教育政策环境分析和教育政策价值分析这些子分析标准中的各因素之间所具有的逻辑关系，在上文分析教育政策分析内容的逻辑关系时，已经做了比较明确、具体的分析，这里也不再论述了。

2. 事实论证

首先对收集到的政策文本、研究文献和调查资料进行论证。第一，分析已有的教育政策文本、研究文献和调查资料中提出过哪些教育的内容、过程、环境和价值方面的内容；第二，将教育政策文本、研究文献和调查资料分别得出的结论，按照教育政策的内容、过程、环境和价值四个方面分别加以分析，再将三方的观点综合起来加以分析并得出结论。对这些最后得到的结果进行分析我们发现，上文所建构的教育政策内容、过程、环境和价值的分析标准，或多或少都可以从收集到的资料中得到一些验证。限于篇幅，这里只从教育政策内容得到的一些材料与所提出的教育政策内容的分析标准做一简要对应分析，了解这些材料对这一分析标准所起到的一些支撑作用。例如，从宏观教育政策内容标准来看，上文指出的宏观的教育政策分析标准是要分析国家的教育质量政策、教育体制政策、教师政策和教育经费政策。这一标准可以从收集到的 1993 年中共中央、国务院颁布的《中国教育改革和发展纲要》得到佐证。该纲要在分析了 20 世纪 90 年代中国教育所面临的形势、提出了未来 20 年中国教育的发展战备方针，以及各级各类教育的任务后，提出了实现教育发展战略和任务的体制改革、提高质量、队伍建设和教育经费四大政策。从微观教育政策即一个教育政策分析标准的内容是政策目标、政策措施和政策对象来看，如果将 2010 年中共中央、国务院颁发的《国家中长期教育改革和发展规划纲要（2010—2020 年）》视为中国 21 世纪前二十年教育改革与发展的一个总政策，则这一分析标准可以从这一政策的结构中得到证明。《国家中长期教育改革和发展规划纲要（2010—2020年）》从政策结构来说，可以分为政策目标、政策措施和政策对象三大部分，总体战略、发展任务两部分可以视为政策目标，体制改革、保障措施两部分可以视为政策措施，而实施这一部分可以视为政策对象（主要规定该规划纲要实施的对象）。

其次用国内外教育改革的事实进行论证。国内外教育改革的事实，也可以从某个或某些方面，或某种程度上验证上文提出的教育政策分析的标准。

从国外教育改革的事实来看，通过对美国、英国、法国、德国、日本、俄罗斯等国家教育改革经历分析发现，这些国家教育改革的成功之处，在于他们比较重视教育政策的内容、过程、环境和价值四个方面的改革。例如，日本从明治维新开始至今，已经经历了三次大的教育改革。从教育政策内容的改革来说，日本比较重视教育体制政策改革、教育质量政策改革、教师政策改革等，如发端于1868年明治维新的教育改革就是教育体制改革中的学制改革。日本早在1871年就成立了文部省，着手近代教育改革，1872年，明治政府颁布了《学制令》，该法令是日本历史上第一个教育制度，其提出的“全民教育”是当时日本教育的基本方针，之后陆续发布的《教育令》和《帝国大学令》，奠定了日本的近代学制。第二次世界大战结束后，日本进行第二次教育改革，文部省在1947年颁布了《教育基本法》《学校教育法》。这两部法令阐明的新教育制度宗旨明确地提出了教育质量政策“必须尊重个人尊严，培养有个性的人”。在日本进行的第三次教育改革中，1971年，日本中央教育审议会提出了《关于今后学校教育综合扩充、整顿的基本对策》，推出了提高教师工资待遇政策；1980年推出了教师培训制度等。日本现在已经成为一个教育比较发达的国家，从教育政策改革的角度来说，这与日本重视教育体制政策的改革、教育质量的政策的改革与教育政策的改革是分不开的。

从我国教育改革与发展的实际来看。改革开放以来，我国的教育取得了历史性的伟大成就，正在由教育大国走向教育强国。从教育政策改革的角度来说，正是我国重视教育政策的内容改革、过程改革、环境改革和价值改革所致。从教育政策的内容改革来说，我国有基础教育体制改革、高等教育体制改革、职业教育体制改革、招生考试制度改革、现代学校制度改革、现代治理制度改革等政策；提出要培养德才兼备的人才及其所进行的课程改革的教育质量政策；颁布《中华人民共和国教师法》，提高教师待遇，促进教师专业化发展的教师政策；不断提高教育经费投入，实现教育经费的投入占整个国民收入的4%，占整个财政支出的15%的教育经费政策等。从教育政策过程来说，教育政策的决策越来越重视民意，如《国家中长期教育改革和发展规划纲要（2010—2020年）》的出台反复征求了民众的意见和建议；从教育环境政策来说，注重创设适应教育政策改革与发展的政治环境、经济环境和文化环境；从教育政策的价值来说，高度重视教育政策的公平价值取向等。以上这些教育政策内容、过程、环境和价值的改革，给我国教育的改革注入了新的、强大的活力，有力地推动和保障了中国教育的快速发展。

（三）注意避免确立教育政策分析标准中容易出现的问题

在提出并论证教育政策分析标准时，应注意克服以下三个方面的问题：第一，没有提出教育政策分析标准，致使对教育政策问题的判断没有明确的标准，任凭主观臆断；第二，有标准无论证，是指虽然在对教育政策进行分析时构建了一个标准，但对所构建的标准的科学性和合理性没有作出论证；第三，有标准但没有充分必要的论证，是指虽然对确立的标准进行了论证，但是论证不够全面，如只有逻辑论证或只有事实论证，没有事实与逻辑充分而必要条件的论证。

三、根据标准对整理出的文献资料进行分析

（一）找出现有政策存在的问题

教育政策分析的标准确立之后，要把这个标准和上文整理出的教育政策内容、过程、环境和价值方面进行对比，确定已有的政策内容与已确立的教育政策内容标准、过程标准、环境标准和价值标准之间存在哪些差距，明确现有政策在这四个方面存在的问题。以教育政策的内容对比分析为例，从宏观教育政策内容方面，看一个国家已经出台的教育改革政策是否包括教育质量政策、教育体制政策、教师政策的教育经费政策；从微观教育政策内容方面，看某一个具体的教育政策的政策目标、政策措施和政策对象三大要件是否完备，每一个政策要件里的政策规范是否健全。比如，教师政策的内容在政策目标要件里，看是否有教师政策的形势、指导思想、任务等；在教师政策的措施要件里，看是否有教师“如何进”“如何用”“如何提高”“如何出”“如何评”“如何对待即待遇”等方面的政策规范。

（二）分析问题存在的原因

首先从某一政策自身的范畴找原因。比如，在上文宏观教育政策内容对比分析中，如果一个国家的宏观教育政策不全，是否是国家宏观教育政策中本来就缺乏某一政策；微观教育政策即某一具体的教育政策要件和要件中政策规范缺失，是否是某一教育政策的要件及其规范本来就不健全等。其次从与政策范畴相联系的其他政策范畴找原因。例如，分析教育政策内容、过程、环境和价值中某一方面的内容时，发现其中一个或几个方面存在问题，可以从另几个方面去找原因，因为它们之间是相互联系、相互作用和相互影响的。再如，上文在宏观教育政策内容中发现缺乏某一个或几个宏观的教育政策，是否是在政策过程中的政策问题认定环节出现疏漏，所以没有制订解决这方面问题的政策方案；微观的教育政策要件中某些规范的缺失是否也是在决策环节的问题认定中，对问题认定不全面。教育政策内容的缺失也可以从教育政策的环境，或内外环境，或直接、间接环境，或国际、国内环境，或宏观、中观及微观环境中的政治环境、经济环境和文化环境中找原因。例如，宏观教育政策中教育经费政策的缺失，或具体的教育经费政策中的经费投入比例不足，可能与一个国家的经济环境有关，具体教师政策中的教师评价政策规范和教师职称政策规范缺失，可能与一个国家政治环境中的体制环境有关，如有的国家或地区本身就没有教师评价和教师职称制度。教育政策内容分析的教育政策内容缺失还可以从教育政策价值中找到一些原因。例如，教育政策内容中的宏观政策缺失，微观教育政策要件及其要件中某些政策规范的不健全，也可能是政策制定者主观认识即政策的价值取向存在这样或那样的问题而引起的。

（三）提出完善现有政策的对策建议

针对现有教育政策存在的问题及原因，本书提出完善教育政策内容、过程、环境和价值四个方面，或四个方面中某方面的政策建议。例如，宏观教育政策的内容某一政策或某些方面政策缺失，微观教育政策内容的政策要件或政策要件中的政策规范不健全，就要提出完善宏观教育政策和微观教育政策内容的建议。除此之外，还要在其他方面提出完善的建议。因为正如上面指出的，教育政策的内容、过程、环境和价值是相互联系和相互影响的，其中某一方面的政策问题，可能是由其他几个方面的政策引起的，只有对其他几个方面的政策同时提出完善的建议，才可能真正完善教育政策中某方面的政策。

四、注意处理好内容、过程、环境和价值分析的关系

正是因为我们在上文分析的，教育政策的内容、过程、环境和价值及其每一方面各要素之间存在着相互作用和相互影响的关系，本书在进行教育政策分析时，不仅要注意处理好教育政策的内容分析、过程分析、环境分析、价值分析之间的关系，还要注意这四个方面中各子要素之间的关系，以及各子要素中分子要素之间的关系。例如，要注意处理好教育政策分析中宏观政策分析与微观政策分析之间的关系，宏观政策分析中教育质量政策、教育体制政策、教师政策和教育经费政策之间的关系，微观政策中政策目标、政策措施和政策对象之间的关系；教育政策过程分析中要处理好决策、执行和评价过程之间的关系，教育政策决策中的政策问题认定、政策方案制订与选择、政策方案出台之间的关系；教育政策执行中的政策目标的分解，执行方法的选择、执行过程的督查，执行结果中的纠偏之间的关系；教育政策环境分析中要处理好从不同角度看政策环境的政治、经济和文化之间的关系；教育政策价值分析中要处理好过程价值与结果价值之间的关系，教育政策过程价值中教育政策的主体需要（包括不同政策主体的需要之间）、客体属性（包括不同政策属性之间）、教育政策过程（决策、执行和评价，以及决策、执行、评价各要素）之间的关系，教育政策结果价值中的范围价值（个体价值与社会价值之间），内容价值（政治价值、经济价值和文化价值之间），以及形式价值（包括直接价值与间接价值、理想价值与现实价值、显性价值与隐性价值）之间的关系。所谓处理好教育政策四个方面及其要素的关系，是指当进行教育政策某个方面或某种要素分析时，要注意分析教育政策中其他方面和其他有关要素。因为政策内容不能脱离政策过程，政策内容和政策过程要体现政策的价值，而政策内容和政策执行又离不开政策环境，任何政策都是环境的产物。进行教育政策内容中的宏观教育政策分析时，不能不注意分析宏观教育政策中，每一个宏观政策这一具体的教育政策，如果不分析宏观教育政策中的某一个或几个具体的宏观教育政策，对国家宏观教育政策的分析将是不彻底的，将很难分析清楚国家宏观的教育政策。对教育政策的环境进行分析时，首先要明确环境的范围和类型，即要明确是做一种什么样的环境分析，是整体的环境分析还是部分的环境分析，要处理好整体环境分析和部分环境分析的关系；其次在着手进行具体的政策环境分析时，要注意从某一种或几种环境入手，由此兼及其他环境。例如，在分析教育政策的经济环境时，有可能涉及政治环境和文化环境，这样才有可能将教育政策的经济环境分析得比较透彻。所以对教育政策某一方面或某一

要素不能单独进行分析，一定要以某一方面或某一要素的分析为主，把其他方面及其相关要素适当置入其中进行分析。为此，一般来说，作教育政策分析时，我们不太主张一次同时对所有教育政策的方面和要素进行分析。因为一次分析由于时间、经费、精力等条件的限制，不可能对多个要素的方方面面同时展开研究，只能着重分析一个或某些方面和要素，以此为分析的主线而兼顾其他方面或其他要素。只有这样，才有可能对教育政策进行既深入又全面的分析，从而获得比较理想的教育政策分析效果。当然，如果有特殊任务，需要对某一教育政策从内容、过程、环境和价值四个方面及其要素进行全面分析，而且时间、经费、精力等各方面的条件又许可，那也是可以的，只不过这时的政策分析项目多一些、复杂一些而已。做这种全面性的教育政策分析，只要分析者充分运用好各种条件，认真细致地对教育政策展开全面分析，注意把握好教育政策内容、过程、环境和价值及其子要素之间的关系，相信也会收到较好的教育政策分析效果。

第三章 教育政策未来研究的理论研究

教育政策未来研究是对“十三五”期间乃至到 2030 年这段时期内，我国教育政策的内容、过程、环境、价值所进行的一种展望和预测性研究。要对教育政策的未来进行预测与展望研究，首先要对教育预测的基本理论与方法进行分析，在了解教育预测与规划的思想与方法后，还要对我国教育事业未来发展的基本特征进行分析。

第一节 教育预测的基本理论与方法

教育是一项人类有计划、有目的的社会实践活动。从马克思主义这一基本哲学立场出发，教育改革与政策的制定，必须强调教育活动的预测与规划。正如盖尔顺斯基所说：“教育预测，也像任何其他科学预测一样，不是基于对已揭示的趋势作简单的外推来预见未来的一种自发的过程，也不是一些假定和主观意见的机械汇集的总和，而是旨在获取有关的教育客体发展可靠的超前的信息，以优化教学教育活动的内容、方法、手段和组织形式的，一种专门组织的科学研究综合体。”[①]第二次世界大战结束以来，特别是随着人力资本理论的兴起，西方国家

① 张定璋. 教育预测学的方法论和理论基础（上）——（俄）Б. С. 盖尔顺斯基的《教育预测学》简介. 外国教育资料，1993，(3)：42-45，80.

往往将教育预测与教育规划思想结合在一起，形成了一些较有影响的教育预测理论或思潮。

一、教育预测与规划的基本理论

教育预测的基本功能是，通过推测未来教育发展变化的供给特点与结构特征，再结合其相应的时间发展变化规律，为教育行政管理部门及社会民间教育投资、教育决策和计划提供理论思维与方案选择。应当说，教育预测学是由教育科学同现代预测科学相结合而形成的一门新兴的交叉学科，它借助自然科学的研究范式，探索社会科学问题解决模式，通过总结教育活动的经验、研究教育活动的理论与方法，从而促进教育的科学化理论发展。各种教育预测活动的开展，正是基于教育预测理论的丰富而逐渐确立并发展起来的。

教育预测是教育规划的基础与前提，这就要求其应当具有以下基本特点：①系统性。教育规划是一个系统工程。②预见性。教育预测对未来教育事业的发展必须具有一种超前意识。③客观性。教育预测与规划要以客观事实为基础，教育规划方案的制订要符合社会和教育发展的客观规律。④指导性。教育预测与规划的意义在于提供未来的发展方向或任务，而不是下达指令。

我国教育事业更强调教育规划的制定，特别是强调教育在建设社会主义精神文明、物质文明，以及发展科学技术、培养人才和可供社会咨询等方面的功能。改革开放以来，中国教育规划制定的主要经验是：第一，要摸清现有国家人才素质与水平的状况；第二，要以国民经济发展规划为依据，努力做到人才建设与经济发展相适应；第三，根据国情，特别是国家教育财政能力作出客观估计；第四，要因地制宜，实行多样化办学。

众所周知，教育的发展受政治、经济、文化、科技及人口等社会多方面综合因素的影响，传统的经验思维往往难以适应现代教育的发展。科学的教育决策，越来越依赖于科技创新与教育预测技术的发展。因此，教育预测构成了教育决策科学化的必要条件，成为现代教育决策与政策制定的重要基石。特别是互联网时代下的科学教育决策，需要更为丰富的未来价值信息。相反，如果缺乏科学的未来预测，教育的发展就会陷入一种盲目放任的自由状态，容易产生教育发展战略的重大失误，制约社会人口发展与政治、经济、科技之间的相互协调，以及一个国家或民族国际竞争力的提升。

二、教育预测与规划方法

当前，国际上较为流行的教育规划方法有人力预测法、社会需求法、国际比较法及成本收益分析法等基本模式。应当说，这些预测分析的方法各有其优缺点。

社会需要法。根据社会需求而确定教育发展规模水平，这应当是古老而又现代的教育预测思想。数千年来人类教育的发展，在某种程度上来说都是社会需求的结果。不过，现代经济学意义上的“社会需求”，实际上指的是消费者个人的需求，即个人的教育需求。在具体的教育预测中，社会需求法的任务是预测未来可能的学额数，其计算的基础是入学人数预测，即“学校生源”模型。例如，义务教育入学人口的计算应当基于全口径的学龄儿童，但高等教育就要基于未来教育发展的毛入学率计算。

人力预测法。人力预测法也称人力规划方法，是随着人力资本理论的兴起而广受国际欢迎的教育预测思想。该理论主要是基于教育与国民经济增长之间的关系，认为教育数量与水平的提升能带来生产率水平的提高，进而提高国民收入。人力预测也就是人力需求的预测，其关键环节是确定一国经济及各部门的职业结构并转换为相应的教育类型和水平。这样，就为社会未来经济发展、人力需求状况与教育发展水平三者之间建立了内在的数量关系，从而实现基于人力发展的教育未来预测。

成本收益分析法。成本收益分析法是基于教育投资收益率而建立的一种教育分析模型。该方法以可计量的教育成本为核算基础，进而比较相应的教育收益，并基于收益率来确定未来的教育投资规模及可行性。具体的计算方法是，根据受教育年限建立年龄—收入剖面图，采用横截面数据分析模式，来预测额外教育的终身收入，以贴现率来体现教育投资的内部收益率，而前期的教育成本，也是以贴现的方式来计算净收入值。

国际比较法。国际比较法是基于各国教育与社会经济发展的相似性而作出的一种横向预测方法。其假定经济发展与人力发展存在某种因果关系，发达国家教育发展的道路，必定会在后发展中国家得到重演。因此，以发达国家重要的教育与经济发展节点为基准，进而推算其他国家未来的经济发展，以及相应的教育水平，如一国人均 GDP 超过 8000 美元时应有的教育规模与水平等。应当说，这种横向的国际比较方法，较为直观。但这种比较是一种静态比较，而且也往往忽略了一国的传统文化习俗，特别是教育观念的差异，故而在具体的使用上也应综合分析应用。

当然，教育预测或规划中所主要采用的方法，往往是相互补充的。一方面，未来社会的发展面临着太多的不确定性；另一方面，每一种预测方法也都有着自己的局限性。例如，有学者认为，“社会需求模型不是一个真正的教育规划模型，预测社会的教育需求只是为了给未来学生提供足够校舍才被动地预测未来学生数，它意味着适应而不是积极地改变”。所谓教育收益率分析模型，也仅仅是考虑到了教育的个人收益，而对于教育的社会收益，这更具有意义的教育投资而言，却没有计算在内。英国著名的教育经济学家 Mark Blaug 则认为，人们对教育规划方法持有不同观点，其根本原因是人们对真实世界的看法不一致。“毫无疑问，我们所处的真实世界是介于这个连续体之间的。问题就在于我们的世界到底是更靠近左边还是更靠近右边。这给我们提供了另一个选择教育规划方法的思路。”①

未来学家托夫勒在接受媒体采访时曾表示：“世界是以一种比较乐观的方式发生着变化，但世界不会永远沿着乐观的直线发展下去。我也不相信在这个发展过程中没有冲突出现。”的确，随着未来世界的快速发展与格局多变，教育在中国的理论自信、道路自信、制度自信及文化自信方面，必将肩负着更加神圣的历史责任，同时也是实现中华民族伟大复兴的关键所在。

第二节　教育未来发展的基本特征分析

早在改革开放之初，邓小平同志就提出了教育的“三个面向”，即“教育要面向现代化，面向世界，面向未来”。所谓“百年大计，教育为本”，教育发展，更需要善于谋划未来的战略思维。教育未来，不同的发展战略有着不同的要求与理解。2015 年，联合国教科文组织第 38 届大会正式发布“教育 2030 行动框架”，这也意味着，世界各国所普遍关注的教育未来，在时间上至少应是至 2030 年的未来。

① 毛建青. 三种主要教育规划方法述评. 上海教育科研，2007，(1)：8-11.

一、教育未来发展的战略背景

创新、协调、绿色、开放、共享，这是中国未来社会发展的五大基本理念。未来的世界是更加多元与多变的世界，这一变化的动力就在于科学技术的加速进步、经济水平的持续增长，以及全球治理能力的逐步改善。联合国教科文组织“教育2030 行动框架”提出了“全纳、公平和全民终身学习”的理念，强调给每个人公平的机会，所有人“都应该可以获得终身学习的机会”，致力于“在学前、小学、初中、高中和职业技术培训等各个层面实现全纳、公平的优质教育”。同时，未来的教育也应当是更加开放、个性与多元的。这不仅是教育供给总量的提升要求，更是一种教育质量的发展规定，同时对于教育体系的建设，也提出了更高的要求，即“建立和改善适当的、有效的和全纳的管理和问责机制，确保为受教育者提供优质的教育”。因此，未来 2030 年中国教育政策的改革与发展，在政策内容、政策过程、政策价值与政策环境等方面，都必将迎接新时代的挑战。

科学技术的加速进步。早在 1995 年发布的《中共中央、国务院关于加速科学技术进步的决定》，就提出了科教兴国的战略。特别是随着互联网技术的发展与广泛应用，现代科技的创新日益呈现出几何级数的加速度发展态势，真正形成了“百舸争流千帆竞”的强烈竞争格局。2014 年，习近平同志在中国科学院第十七次院士大会、中国工程院第十二次院士大会上曾指出，“经过多年努力，我国科技整体水平大幅提升，一些重要领域跻身世界先进行列，某些领域正由‘跟跑者’向‘并行者’、‘领跑者’转变”[①]。可以说，继中国制造占领全球市场之后，中国科技必将逐步多方面地领跑世界，这对于未来的中国教育，提出了更高的要求。

社会经济稳步增长。随着中国经济供给侧改革的初步成功，中国经济必将进入持续稳定增长的新常态。首先，城市化进程加速，更加有效率和更具包容性的城市化策略逐渐展开，这必将有利于提高需求、改善供给、促进社会平等，为引领中国经济未来持续稳定增长提供动力。其次，技术创新的优势，党中央早在 2006 年就提出目标，力争在 2020 年建成创新型国家。目前，我国的增长模式要逐步由要素驱动转化为创新驱动，这样，增长持续性才能得到现实的条件保障。

社会公共服务与治理能力逐步增强。传统上由于我国政府间职能划分较分散，许多应该由中央政府承担的职能未得到有效落实，如养老保险、司法、海域管理、跨域水利建设等。从公共管理的角度分析，这些都是具有较强外部性的跨地域公共

---

① 习近平在科学院工程院院士大会上的讲话. http://news.eastday.com/c/20140609/u1a8138438_1.html[2016-09-15].

品，应当由中央政府提供。医疗保险和义务教育应该在中央政府承担主要费用的基础上，中央协助地方进行管理。通过地方和中央事权的合理划分，我们可以努力达到基本公共服务在城乡、地方和社会阶层间的均等化，以实现机会平等。

二、教育未来发展的战略目标

联合国教科文组织在“教育 2030 行动框架”中，为全球教育提出了较为全纳、优质与公平的教育发展蓝图。此蓝图同时也在鼓励各国努力加快发展，根据教育优先、国家发展战略及计划、制度能力和资源可利用性，将全球教育目标转化为可实现的国家目标。例如，若 2020 年中国的教育现代化取得重要进展，教育总体发展水平迈入发达国家行列，则意味着 2030 年中国将真正实现教育现代化，教育总体发展将达到发达国家平均水平，为我国实现经济现代化与国家创新提供充分的人力资源支持。

第一，基础教育实现高水平。随着国家义务教育普及任务的基本完成，提高教育质量，增加教育公平就成为高水平基础教育的重要目标追求。高质量的基础教育应当让孩子想学、爱学，形成良好的学习品质与人格特质，让每一名学生都能够得到有尊严、有理想的公平教育。

第二，学历学位教育实现创新发展。加强教育的应用性与创新性，是未来职业教育与高等教育发展所必须正视的教育转型改革。特别是随着教育信息化的发展，以及“慕课”等新型教学模式的出现，学历学位教育必将从传统的毕业导向走向就业导向，从学历学位需求走向市场需求。创新驱动，不仅是中国未来经济发展的动力，同样也是中国未来教育改革的主旋律。

第三，更加灵活的社会大教育。随着教育市场机制的进一步健全，教育培训市场日益壮大活跃，不仅有效地填补了政府教育投资的不足，激发了教育的市场活力，还促进了教育体系的健全完善。以政府投资为主导，吸引社会全方位参与、多元化办学的社会大教育体系，必将进一步得到丰富与完善。在此基础上，学前教育、特殊教育及终身教育等社会大教育格局必将得到进一步创新发展。

第四，更加充满活力的教育治理新机制。教育的创新发展，关键在于形成充分活力的动力之源。随着《中华人民共和国民办教育促进法》的修订，以及《教育部关于深入推进教育管办评分离促进政府职能转变的若干意见》等一系列法规政策出台，中国的教育治理水平必将获得较大的提升。教育市场的活力得到充分的激发，教育改革创新的动力机制得到加强，未来的中国教育治理必将更加充满活力并能够可持续发展。

三、教育未来发展的特征

习近平同志提出的“四个全面”战略，第一次将全面建成小康社会，定位为“实现中华民族伟大复兴中国梦的关键一步”，第一次将全面深化改革的总目标，确定为“完善和发展中国特色社会主义制度、推进国家治理体系和治理能力现代化”①。“四个全面”同样也为中国教育的未来确立了基本的战略发展。

第一，未来教育是更加注重面向人人的全纳教育。公平教育与全纳教育，这是联合国教科文组织“2030 教育行动框架”的核心主题，也是中国全面建成小康社会的应有之义。有教无类，中国思想家孔子所提出的教育理论，必将在未来的中国真正实现。通过更加完善的教育体制，特别是公共教育财政体系的建设，中国的公共教育供给能力将得到极大的加强。借助于互联网等现代教育传媒新技术手段，人人受教育、时时受教育、处处受教育的全方位教育体系必将实现。

第二，未来教育是以学习者为主导的个性教育。教师主导课堂、主宰学习过程的传统教育模式，必将随着“翻转课堂”等一系列现代教育新理念而发生重大变革，V. Jeannette 等所畅想的“学习的革命”，正在逐渐成为未来教育的新常态。随着社会发展的多元化、产品生产的定制化，个性特征越来越突出个人的独特价值。以学习者为中心，以教育学费为导向，以个性发展为目标的教育，才能够真正适应社会的发展与教育的未来。

第三，未来教育的治理体系具有后现代特征。政府投资、国家管理的现代教育模式，必将随着教育治理的改革而逐渐呈现出后现代的治理特征。随着教育市场的充分发展及民办教育力量的逐渐增强，教育需求的个性化、教育供给的多元化将构成中国未来教育的新样式。相对于以投资管理为基本任务的传统教育行政，未来政府的教育职能将更加超脱与宏观。未来政府的教育职能将更加注重鼓励民间教育投资、激发学校办学活力，这也意味着其将逐渐从教育投资人的身份退出，以教育监管者的身份再现。政府的教育职能必将发生根本性转变，变得更为超越与灵活，学校办学自主权也将得到根本性释放，中国学校教育的活力将得到充分激发，教育体制会真正向后现代转型。

---

① 李君如论“四个全面”战略布局. 中国共产党新闻网. http://theory.people.com.cn/n/2015/0407/c83859-26809220.html[2017-05-18].

第二篇

“十三五”中国教育政策的问题与对策建议

第四章　教育政策内容的前瞻性研究

本书研究强调问题导向，重在发现“十三五”教育事业发展的关键问题，进而提出政策内容方面的对策建议。为此，本书采用了横向与纵向的范畴划分方式，目的在于使各个领域的政策问题能够得到更加清晰并且集中的阐释。横向教育政策是指政党、政府等政治实体针对国家教育事业发展整体所确定的行动依据和准则，是对教育目标、教育途径及教育条件等教育事业发展基本内容的规定，能为具体领域的纵向教育政策指明方向、规定路线、提供原则。纵向教育政策是根据教育的不同层次，针对学前教育、初等教育、中等教育、高等教育等具体教育类型层次所制订的行动依据与准则，调整这些教育层次类型内部的内外关系，并实现其特定的教育目标与任务。根据中国特色社会主义现代化建设“三步走”蓝图，党的十六大、十七大、十八大对 2020 年全面建成小康社会作出了滚动的总体谋划，十八届三中全会、十八届四中全会、十八届五中全会围绕“四个全面”战略布局，对 2020 年前教育改革发展提出了新的部署和要求。“十三五”期间，我国教育政策的制定与修订应严格遵循上述会议精神，结合“十二五”期间我国教育政策的经验与成就，针对现阶段教育事业发展存在的问题，以及未来教育事业发展趋势的预测作出合理的谋划。

第一节　横向教育政策的主要问题与对策建议

党的十八届五中全会通过了《中共中央关于制定国民经济和社会发展第十

三个五年规划的建议》，对全面建成小康社会决胜阶段教育改革发展发出了新动员令。该建议明确提出“提高教育质量”这一主线，以推动我国教育事业进入以质量为核心的内涵发展阶段。为此，要集中精力做好以下大事：一是，拓展增强学生的社会责任感、创新精神、实践能力的范围，这是对人才质量提出的新要求；二是，促进教育公平，表明均衡发展是义务教育制度的本质特征，基本公共教育服务均等化在教育政策全局中处于非常重要的位置；三是，普及高中阶段教育，并不断推进培养模式的多样化；四是，把高等教育和职业教育进行“混搭”部署；五是，畅通继续教育、终身学习通道；六是，支持和规范民办教育发展。从上述工作重点我们可以发现，“十三五”期间我国人才培养方向将逐渐向创新型人才转变，这种转变将依托于一种更加公平的教育方式，重视实现这种公平教育方式进程中的政府、学校与社会的职能与责任，同时有赖于运用更加现代化的手段和途径来实现教育事业发展的目标。这实际上为“十三五”期间我国横向教育政策的制定与修订工作拟定了一个基本思路，即“以创新人才培养政策为核心，以教育公平政策为取向，以教育体制政策为抓手，以教育未来政策为依托”。

一、创新人才培养政策

党的十八大以来，以习近平同志为核心的党中央坚持实施创新驱动发展战略，力争将蕴藏在亿万民众中的创造力发挥出来。为此，要大力培养创新人才，促进教育的整体转变，使我们的教育能够注重培养学生创新特别是原始创新意识，增强学生的实践能力，培育工匠精神，并提高解决实际问题的能力。创新人才培养并不仅是高等教育的任务，国家应该建立适应创新人才培养的完整的教育体系，实现创新人才培养的战略任务。

（一）“十二五”期间创新人才培养政策现状

“十二五”期间，涉及创新人才培养的教育政策约有 13 部，包括：《教育部 财政部关于实施高等学校创新能力提升计划的意见》《教育部高等教育司 2011 年工作要点》《教育部 财政部关于“十二五”期间实施“高等学校本科教学质量与教学改革工程”的意见》《普通高等学校学生心理健康教育工作基本建设标准（试行）》《教育部人才工作协调小组 2012 年工作要点》《教育部 卫生部关于实施卓越医生教育培养计划的意见》《教育部关于全面提高高等教育质量的若干意见》《高等教育专题规划》《教育部 国家发展改革委 财政部关于深化研究生教育改革的意见》《教育部关于进一步深化高校自主选拔录取改革试点工作的指导意见》《教育部办公厅 国家中医药管理局办公室关于开展卓越医生（中医）教育培养计划改革试点申报工作的通知》《教育部办公厅关于开展 2014 年国家级实验教学示范中心建设工作的通知》《国务院办公厅关于深化高等学校创新创业教育改革的实施意见》等。

上述政策基本确定了我国创新人才培养工作的方向、目标、思路与主要任务，并体现出以下特点：首先，创新人才培养是实现一系列国家战略的关键环节，其重要性得到了高度认可。在“十二五”期间颁布的教育政策中，创新人才培养工作被高度重视，作为高等教育人才培养的主要目标，创新人才培养与实现国家发展战略高度契合、紧密地结合在一起，被赋予了重要的历史使命。其次，创新人才是复合概念，是以创新为灵魂的综合化的高素质人才。将创新人才作为人才培养的主要目标是提升与发展我国人才培养质量的标准。创新人才具有创新意识、创新精神、创新思维、创新知识和创新能力，并具有良好的创新人格。现有教育政策将创新人才定位为以创新为灵魂的综合化的高素质人才，在强调创新的同时，也强调健全的人格和完备的素质。再次，创新人才培养工作的思路是选择专业性较强的学科逐个推进，并注重营造创新人才培养的良好环境。创新人才既具有共同的特质，也有专属于不同行业和领域的表现。当前我国创新人才培养的工作思路是在确定共同的工作目标基础上，鼓励一些专业性较强的学科或领域进行创新人才培养工作的改革，积累经验。最后，创新人才培养工作的核心与抓手是改革创新人才培养模式。围绕创新人才培养模式改革，现有政策指出了几项重点的工作内容，包括：制定科学的创新人才培养质量标准；建设有针对性的创新人才培养课程体系；改革现有的教学方法与考核方式；加强教师实施创新教育的能力；强化创新教育实践与科技成果转化；改革教学和学籍管理制度等。

上述政策的颁布对我国创新人才培养工作具有十分重要的指导意义，但是仍具有继续深化与提升的空间。首先，当前教育政策对于创新人才培养的规定仅针对高等教育领域，并未涉及基础教育阶段和职业教育阶段。如果说创新知识能够在特定的教育阶段进行传授，那么创新的意识、精神、思维、人格则并非一朝一夕，或者在某一特定教育阶段就能够完成培养，而是需要从青少年时期，通过具有连贯性和系统性的教育才能实现。因此，应将创新人才培养工作从高等教育领域逐步拓展到整个教育阶段，使学生从小就能接受相关教育，逐步树立起创新的意识、精神、思维、人格，使整个社会的公民都具有成为拔尖创新人才的潜质。其次，仅仅在医学、法学等领域制订过比较具体的创新人才培养与扶持计划。当前政策仅针对个别专业性较强的学科或领域出台了相对具体的规定，对其他学科还没有类似具体的政策出台。这表明，对于不同学科创新人才培养工作的推进并不均衡，也体现出当前创新人才通用标准和专业标准方面的缺失。最后，创新人才培养的规定分散于不同的教育政策之中，并没有专门的一部教育政策。同时，关于创新人才培养的政策更多反映的是愿景与诉求，更多的是对于创新人才培养体制改革的呼吁与强调，在一些关键问题上缺乏具体的规定和具有可操作性的指导意见。因此，在"十三五"期间，有必要制定专门的创新人才政策来深化此项工作。

（二）"十二五"期间我国创新人才培养实践的现状

经过多年发展，我国在创新人才培养方面也总结出一些有益的经验，形成了一些成熟的模式，取得了较好的成效。例如，早在 20 世纪 80 年代初期，在创新人才培养的探索阶段出现的"少年班"，打破了传统的教育方式；20 世纪 90 年代初期，一些重点高校又开始了"元培计划实验班"（现为"元培学院"）的尝试，即实施加强基础、淡化专业、因材施教、分流培养的教学改革方案，在低年级实施通识教育，高年级进行专业化培养；此后，国家开始试点推进"基础学科拔尖创新人才培养"项目，选择重点高校在数学、物理学、化学等学科实施创新人才培养工作改革；进入 21 世纪以来，各高校开始了多元化的创新人才培养模式探索，如"宽口径、交叉性、重基础"的复合型培养模式、产学研合作培养应用型拔尖创新人才模式、校际合作的培养模式等。由此，创新人才培养模式的沿革积累了宝贵的实践经验，如在创新人才培养过程中要注重树立先进的教育理念；重视制订综合的、跨学科的课程体系；力争营造宽松的学习氛围；积极推动国际交流合作等。

当前我国创新人才培养实践仍旧存在一些不足：首先，创新人才缺乏客观的评价标准，导致实践活动没有依据与规律可循，尽管各类高校与教育机构实施了多样的探索，但仍旧没有形成公认的成功模式。其次，传统思想的束缚，"中庸""中和"思想所催生的"迷信权威""崇拜中心"的社会心理对学生创新意识产生了极大的负面效应。再次，教育教学模式有待更新，现有的教学方法重知识传授、轻能力培养；忽视个性化的培养；教学与评价方式简单化；课程体系设置不够合理；教师队伍本身创新能力与创新意识不强。最后，完整的创新人才培养体系尚未建立起来，一方面，当前创新人才培养的实践仅局限于高等教育阶段，对于义务教育、高中教育、职业教育等阶段学生的创新意识与创新能力培养并未触及；另一方面，创新人才培养任务都落到学校身上，社会和家庭并没有参与其中，这都给创新人才培养带来了阻碍。

因此，我国推进创新人才培养工作，首先要转变教育观念，树立科学的人才观；同时必须坚持素质教育，积极推进教育教学过程与方式改革；最后加强师资队伍建设、完善创新人才培养体系并营造创新育人环境。

（三）小结

基于上述分析，我们认为当前创新人才培养面临两个比较关键的问题：一是创新人才质量标准的设计，也就是什么是创新人才与如何评价创新人才；二是创新人才培养体系的构建，也就是怎样培养创新人才。解决这些关键问题的关键思路在于以下四个方面。

首先，形成正确的创新人才培养观念。创新人才不是“偏才”和“怪才”，创新人才首先是全面发展的素质型人才，是一个具有健全人格的人；创新人才培养并不只针对部分人，而是应该将创新教育惠及全体学生，使每一个公民都成为创新实践的潜在增长点；创新人才培养要贯穿于教育事业发展的始终，渗透在各个阶段的教育之中，要着力培养不同层次、不同类型的创新人才。其次，制订科学的创新人才质量标准。创新人才质量标准是进行创新人才培养实践的依据，有助于我们设计工作目标、明确工作任务、确定工作方法、评价工作成效。再次，构建完善的创新人才培养体系。完善的创新人才培养体系应由课程体系、教学体系、教师体系、保障体系四部分构成。最后，要形成有利于创新人才脱颖而出和不断进步的社会环境。一是要尽快构建终身教育体系；二是要加大创新成果转化为现实生产力的工作力度。

因此，我们建议在“十三五”期间，针对创新人才培养出台一项专门的教育政策，来指导创新人才培养工作，这份政策应回答我国实行创新人才教育的一系列基本问题，包括创新人才培养的背景、目标、主要任务、创新人才质量标准、创新人才教育体系建设、组织保障等内容。

（四）创新人才培养政策建议

政策名称："从质量到体系：中国创新人才教育宣言"

政策依据：习近平同志指出，"人是科技创新最关键的因素。创新的事业呼唤创新的人才。我国要在科技创新方面走在世界前列，必须在创新实践中发现人才、在创新活动中培育人才、在创新事业中凝聚人才"①。李克强同志指出，"创新是推动国家发展和社会进步的不竭动力。当今世界各国的竞争，实际上是创新的竞争"②。《国家教育事业发展"十三五"规划》指出，"优先发展教育，构建现代教育体系，建设学习型社会，培养大批创新人才，已成为人类共同面临的重大课题和应对诸多复杂挑战、实现可持续发展的关键"③。

政策目标：通过制定这一政策，唤醒全社会对创新之于民族振兴的重要性的认识，形成尊重创新人才、爱护创新人才的良好氛围。通过政策导向，进一步更新教育理念、改革教育模式、创新教育制度、构建有利于创新型人才成长的教育体系，培养大批具有远大的人生理想、有志和有勇气追求真理，具有严谨的科学思维能力、扎实的专业基础、广阔的国际视野和敏锐的专业洞察力，具有团结协作精神和踏实认真的工作作风的创新型人才。

政策结构：该政策分为四个部分。第一章，总则。主要说明我国创新人才培养工作的现实与国际背景，我国创新人才培养工作的总体目标和阶段目标，我国创新人才培养工作的根本任务与重要任务。第二章，创新人才质量标准。主要构建我国创新人才质量的标准体系，并对标准体系的实践应用进行规定。第三章，创新人才培养体系。主要从实施体系和管理体系两个维度构建我国创新人才培养的完备体系。第四章，保障与实施。明确贯彻与执行政策中要求的政府、学校、社会、家庭的责任。

政策内容：政策的核心内容包括创新人才质量标准体系和创新人才培养体系。创新人才质量标准既要包括综合素养标准，又要包括专业标准；既要包括创新人才接受教育和发展不同阶段的质量标准，又要包括总的衡量创新人才质量标

---

① 习近平：创新的事业呼唤创新的人才. http://news.cctv.com/2016/04/17/ARTI4pCbGxhabjYmS1524vGM160417.shtml[2016- 09-17].

② 李克强：深化教育改革激发更大活力 贯彻创新战略赢得发展未来. http://www.xinhuanet.com/politics/2016-04/17/c_1118646760.htm[2016-09-17].

③ 国务院. 国务院关于印发国家教育事业发展"十三五"规划的通知. 中华人民共和国中央人民政府网. http://www.gov.cn/zhengce/content/2017-01/19/content_5161341.htm[2017-01-29].

准。创新人才质量标准还要注重划分层次，使每个人的创新指数都能得到直观反映。创新人才质量标准要具有较强的可操作性，便于在实践中推广和实施。因此，政策需要制定创新人才质量评价标准，基础教育阶段创新人才质量评价标准，高等教育阶段创新人才质量评价标准，职业教育阶段创新人才质量评价标准。创新人才培养体系应包括从幼儿园、小学、中学到大学乃至大学后的一整套有机衔接的教育培养体系，在每个教育阶段，按照课程体系、教学体系、教师体系、保障体系构建创新人才培养体系，走一条以培育创造性思维为核心，提高创新能力为重点，强化创新意识为基础，塑造创新精神为根本，培养和造就大批高素质创新型人才的教育创新之路。

政策颁布：建议此宣言由国务院制定并颁布。

二、教育公平政策

在我们党领导全国人民构建社会主义和谐社会的进程中，促进教育公平是一项具有全局性、战略性的任务。教育的不公平发展不仅危及社会的安定和可持续发展，且会阻碍社会的文明进步。党的十八大报告指出，教育公平是保障和改善民生的重点要求，是我们党坚持以人为本、执政为民的集中体现。可见，教育公平的实现是关系社会公平实现及和谐社会构建的重中之重。

（一）“十二五”期间教育公平政策现状

“十二五”期间，公平与质量是我国教育事业尤其是基础教育事业发展的主题。为了促进教育均衡，实现教育公平，政府出台了约 19 部相关的教育政策，包括：《财政部 教育部关于实施农村义务教育薄弱学校改造计划的通知》《财政部 教育部关于建立学前教育资助制度的意见》《农村义务教育学生营养改善计划学校食堂建设规划（2011—2015 年）》《财政部 教育部关于下达 2011 年农村义务教育薄弱学校改造计划—食堂建设专项资金的通知》《教育部 财政部关于进一步加强和规范农村义务教育学生营养改善计划学校食堂建设工作的通知》《关于做好进城务工人员随迁子女接受义务教育后在当地参加升学考试工作的意见》《教育部 国家发展改革委 财政部 人力资源社会保障部 国务院扶贫办关于实施面向贫困地区定向招生专项计划的通知》《教育部 国家发展改革委 财政部关于全面改善贫困地区义务教育薄弱学校基本办学条件的意见》《中等职业学校免学费补助资金管理办法》《教育部关于做好 2014 年普通高校招生工作的通知》《教育部关于进一步做好小学升入初中免试就近入学工作的实施意见》《教育部 财政部 人力资源和社会保障部关于推进县（区）域内义务教育学校校长教师交流轮岗的意见》《特殊教育提升计划（2014—2016 年）》《教育部办公厅 国家发展改革委办公厅 财政部办公厅关于印发全面改善贫困地区义务教育薄弱学校基本办学条件底线要求的通知》《国家贫困地区儿童发展规划（2014—2020 年）》《国务院关于进一步完善城乡义务教育经费保障机制的通知》《关于完善国家助学贷款政策的若干意见》《中共中央 国务院关于打赢脱贫攻坚战的决定》，以及新修订的《中华人民共和国教育法》等。

“十二五”期间颁布的涉及教育公平的政策体现出以下特点：首先，将教育公平视为关系社会民生的重要问题。教育公平的重要性在当前的教育政策中被充分强调，其被视为社会公平在教育领域的延展和体现，关乎民生、关乎稳定、关乎中国梦的实现，是教育事业发展的头等大事。其次，现有政策关注了各层次教育的公平。“十二五”期间的教育政策对学前教育、初等教育、中等教育及高等教育等各个层次教育的公平都有规定，并且对不同层次教育公平的根本问题均有所触及。再次，现有政策兼顾不同类型群体的教育公平。尤其是注重保障弱势群体的教育公平，包括残疾儿童受教育机会、随迁子女的教育公平权益、农村贫困儿童的教育公平等问题。最后，以促进教育均衡为抓手推进教育公平。“十二五”期间教育公平政策的基本思路是：通过合理配置教育资源，实现教育均衡发展，进一步促进教育公平。要重点促进四种教育均衡，即区域教育的均衡发展、城乡教育的均衡发展、校际教育的均衡发展、不同群体间教育的均衡发展。

今后一段时期内，我国教育公平政策需要正视两个方面的问题：一是，要从注重财政投入和设施设备改造等硬件条件的均衡向办学质量、教学水平、学校特色、治理体系等教育软件的公平转变；二是，要从注重实现结果性公平向实现包括起始性公平、过程性公平和结果性公平在内的教育全面公平转变。因此，需要从构建有机结合的政策体系入手改进当前的教育公平政策。

（二）“十二五”期间教育公平实践现状

“十二五”期间，我国在实现教育公平的实践方面硕果累累，主要体现在四个方面：首先，促进机会公平，保障每个孩子公平接受教育，包括提高农村学生上重点大学的比例，出台贫困地区儿童发展规划，完善随迁子女在流入地就学升学政策，推动大城市免试就近入学等。其次，公平配置资源使学校都达到基本办学条件，包括实施农村义务教育薄弱学校改造计划，加强农村教师队伍建设，推行城乡校长教师交流轮岗，提高农村中小学生均公用经费基准等。再次，补齐教育短板，让特殊群体受到良好教育，包括启动实施特殊教育提升计划，实施学前三年行动计划，加快发展民族教育，各类教育项目继续向新疆、西藏等地区倾斜等。最后，健全资助体系，实现从学前至高等教育全覆盖，包括建立健全覆盖学前教育到研究生教育各阶段的学生资助政策体系，基本实现不让一个学生因家庭经济困难而失学的目标等。

“十二五”期间，我国教育公平事业取得了较大的成就，但是问题仍旧明显，主要表现在四个方面：首先，区域发展仍不均衡。区域发展的不均衡主要表现在巨大的空间发展差异，以及生均教育经费的显著差异性方面。其次，城乡均衡发展仍不理想。农村教育相比城市仍然落后，较城市而言，在某些方面发展的差距还有持续拉大的趋势。再次，阶层教育仍欠公平。与城市普通适龄儿童相比，进城务工人员子女就学渠道主要为在家乡学校上学，在由政府建立的农民工子弟学校上学，就读于非正规农民工子弟学校，借读在公办学校，就读公办民助学校（但收费昂贵，大部分进城务工人员难以承受），还有因为上学难而不得不失学或辍学的进城务工人员子女，这些都成为阶层教育欠公平的有力证明。最后，校际教育难以保持平衡。重点学校与非重点学校之间在用于改善教学条件的经费、专项经费投入及师资培养等方面差距明显。

（三）小结

基于对“十二五”期间教育公平政策及实践现状的分析，我们认为，当前教育公平面临着几个比较关键的问题：一是受到城乡、区域发展不平衡这一我国基本国情的制约；二是认识方面的不一致，对某些促进教育公平措施的效果或者规律并不能完全验证并接受；三是既得利益的羁绊，一些教育公平措施涉及复杂的利益输送关系；四是技术路线不明确，用何种方式实现可持续的公平教育还需要多方面探索；五是体制机制不完善。解决这些问题的思路在于围绕教育公平的内涵设计完善教育政策。

教育公平的内涵包括三个层面：教育资源配置平等原则，教育资源配置差异原则和教育资源配置的补偿原则。“十三五”期间，中国教育事业应该向更全面的平等、更具体的差异和更准确的补偿，也就是更高层次的公平发展。在更全面的平等方面，应逐步实施全纳教育，体现教育的包容性；在更具体的差异方面，要采取更有力的措施，保障教育经费的差异投入；在更准确的补偿方面，要用更加有针对性和具体的政策确保教育精准扶贫取得实效。据此，“十三五”期间，教育政策重点的改进环节：一是打破教育壁垒，转向终身教育与全纳教育。要提供充足的教育机会，以及开放的、多元化的教育体制和灵活的学校制度，即终身教育和全纳教育的社会环境和体制，为每个人任何阶段的教育创造充分的条件。二是进一步完善弱势群体补偿的政策机制。建立起政府组织和非政府组织共同资助弱势群体的社会公平保障体系；完善现有的助学金、贷款制度，同时鼓励民间资金帮助弱势群体改善经济困难现状。三是建立严格的教育监督制度。加强相关部门对教育政策与教育法律执行情况的监督检查，强化教育行政系统内部上级对下级的监督检查，充分发挥教育督导系统的日常督查作用。四是以教育利益关系统筹协调为核心，建立公共教育政策体系。将各种利益主体的教育诉求吸纳到决策系统中，政府则统筹兼顾各种利益主体的教育利益，通过制度安排使之取得统整和协调。

综上所述，“十三五”期间教育公平政策领域应该制定：①关于在基础教育阶段试点实施全纳教育的意见；②关于进一步加强教育精准扶贫工作的意见；③义务教育经费使用管理督导办法。

（四）教育公平政策建议

1. 政策名称：关于在学前教育阶段与基础教育阶段试点实施全纳教育的意见

政策依据：习近平同志指出，“教育公平是社会公平的重要基础，要不断促进教育发展成果更多更公平惠及全体人民，以教育公平促进社会公平正义”[①]。针对特殊教育，李克强同志指出，“办好特殊教育，对于保障残疾人平等参与社会的权利、增加残疾人家庭福祉和促进社会公平正义具有十分重要的意义，也是教育现代化的重要内容。各级政府要高度重视，带着深厚的感情，履职尽责，特教特办，认真实施好特殊教育提升计划，让残疾孩子与其他所有人一样，同在蓝天下，共同接受良好的教育”[②]。

---

① 习近平在北京市八一学校考察时强调全面贯彻落实党的教育方针 努力把我国基础教育越办越好. 中华人民共和国中央人民政府网. http://www.gov.cn/xinwen/2016-09/09/content_5107047.htm[2016-10-09].

② 李克强：让残疾孩子与其他人一样接受良好教育. 人民网，http://politics.people.com.cn/n/2014/0127/c70731-24245988.html[2016-10-09].

政策目标：在学前教育阶段与基础教育阶段基本建立起现代化全纳教育体系。这一体系应满足教育公平要求，体现素质教育标准，以学生健康与全面发展为核心，满足不同学生多样的教育诉求，排除身体或智力残疾及家庭困难等障碍，容纳和接收所有学生接受相同质量的教育，并在教育过程中促进学生积极参与集体活动、注重学生集体合作。

政策结构：政策分为五个部分。一是充分认识在学前教育阶段和基础教育阶段试点实施全纳教育的重要性和紧迫性；二是在学前教育阶段和基础教育阶段试点推进全纳教育工作的总体要求；三是在学前教育阶段和基础教育阶段试点推进全纳教育工作的主要任务和措施；四是完善学前教育阶段和基础教育阶段试点推进全纳教育工作的保障机制；五是组织与实施。

政策内容：政策的核心内容包括两个方面。一方面是如何选择试点，如何规定试点任务和试点工作进度，如何评价试点工作的成效，如何为试点工作提供充分的条件保障；另一方面是试点工作的主要内容，包括如何在学前与基础教育阶段的学校中招收接受全纳教育的学生，如何提供全纳教育的课程，如何设计全纳教育的教学模式，如何培养胜任全纳教育的教师，如何建立满足全纳教育需求的学校管理体制和机制。

政策颁布：建议由教育部颁布此政策。

2. 政策名称：关于进一步加强教育精准扶贫工作的意见

政策依据：习近平同志指出，“到 2020 年全面建成小康社会，最艰巨的任务在贫困地区，我们必须补上这个短板。扶贫必扶智。让贫困地区的孩子们接受良好教育，是扶贫开发的重要任务，也是阻断贫困代际传递的重要途径”[①]。《国家教育事业发展“十三五”规划》规定，要打赢教育脱贫攻坚战，全面推进教育精准扶贫、精准脱贫。

政策目标：以此项政策指导教育扶贫与脱贫工作，力争提高教育扶贫精准度，加大教育脱贫力度，强化教育对口支援，全面推进教育精准扶贫、精准脱贫工作，让贫困家庭子女都能接受公平的、有质量的教育，阻断贫困代际传递。

政策结构：政策分为五个部分。一是充分认识教育精准扶贫工作的重要性和紧迫性；二是教育精准扶贫工作的总体要求；三是教育精准扶贫工作的主要任务与改革措施，包括提高教育扶贫精准度、加大教育脱贫力度和强化教育对口支援

---

① 习近平向全国教师祝贺节日，给“国培计划（2014）”北师大贵州研修班参训教师回信. http://paper.people.com.cn/rmrbhwb/html/2015-09/10/content_1608225.htm[2016-09-10].

三个方面；四是健全教育精准扶贫工作的保障机制；五是组织与实施。

政策内容：此项政策的核心内容包括两个方面。一是如何提高教育扶贫的精准度和如何进行实践创新以提升教育脱贫的成效；二是如何评价教育扶贫和教育脱贫的成效，以及在教育扶贫和教育脱贫中，政府、学校及社会所应承担的责任与义务、应获得的支持与保障及相关廉政规定。

政策颁布：建议此项政策由教育部颁布。

3. 政策名称：义务教育经费使用管理督导办法

政策依据：习近平同志指出，“要加强对基础教育的支持力度，办好学前教育，均衡发展九年义务教育，基本普及高中阶段教育”[①]，要优化教育资源配置，逐步缩小区域、城乡、校际差距，特别是要加大对革命老区、民族地区、边远地区、贫困地区基础教育的投入力度，保障贫困地区办学经费，健全家庭困难学生资助体系”。李克强同志主持的 2015 年国务院常务会决定，“顺应新型城镇化发展要求，整合农村义务教育经费保障机制和城市义务教育奖补政策，建立统一的城乡义务教育经费保障机制”[②]。《国家教育事业发展“十三五”规划》规定，义务教育全面纳入公共财政保障范围，建立城乡统一、重在农村的义务教育经费保障机制，加强经费使用管理和国有资产管理。

政策目标：推动义务教育均衡发展，促进教育公平。为了确保义务教育经费保障机制改革顺利实施，推动义务教育持续健康发展，主要对县域内义务教育经费投入与使用状况，以及对县级人民政府保障义务教育经费投入工作进行评估。

政策结构：政策共包括六个部分。第一章，总则，政策依据、评估任务和评估原则；第二章，评估内容和评估标准，包括各项评估维度及标准；第三章，评估程序与方法，对评估主体、评估方法、评估工具、评估流程进行规定；第四章，评估认定程序，国家、省、市、县（区）级政府和督导部门在评估中应承担的工作；第五章，表彰与处罚，规定评估结果的使用方法；第六章，附则。

政策内容：此政策的核心内容是评价体系的建构。评价指标的设计，既包括县域内义务教育经费投入与使用状况评估的指标，也包括对县级人民政府保障义务教育经费投入工作成效的评估指标。根据评价指标设计评价工具和程序，并对评估结果如何使用进行明确规定，对评估结果不良的机构和个人的追责条款。

政策颁布：此政策建议由教育部与财政部联合颁布。

---

① 多措并举提高教育水平. http://yn.people.com.cn/n2/2017/1128/c212284-30972347.html[2017-11-28].

② 中国决定统一城乡义务教育经费保障机制. http://edu.people.com.cn/n/2015/1118/c1053-27830652.html[2016-11-18].

三、教育体制政策

教育体制改革是教育事业发展的强大动力。改革开放以来，我国教育事业的发展极大地提高了全民素质，有力地推进了科技创新和文化繁荣，为社会经济发展和民生改善作出了不可替代的贡献，这在很大程度上取决于教育体制改革的保障作用。以体制改革和机制创新促进教育发展已经成为非常重要的经验。深化教育体制改革不仅能够破除制约教育事业科学发展的体制机制障碍，促进教育制度和体系自身完善，而且还能与就业、收入分配、社会保障、医疗卫生、社会治理等社会领域的改革相互配合、协同创新，不断为社会事业改革创新全局提供人才支持和智力贡献。

（一）“十二五”期间教育体制政策现状

教育体制是教育机构与教育规范的结合体，又分为教育管理体制和学校教育体制，涉及的内容相当繁多，本书仅选择综合性的教育管理体制政策进行分析，学校体制政策将在纵向教育政策的梳理中分析。“十二五”期间，我国涉及教育管理体制的主要政策约有 8 部：《学校教职工代表大会规定》《教育部工作规则》《教育部关于 2013 年深化教育领域综合改革的意见》《关于坚持和完善普通高等学校党委领导下的校长负责制的实施意见》《教育部办公厅关于加快推进高等学校章程制定、核准与实施工作的通知》《深化教育督导改革转变教育管理方式的意见》《教育部办公厅关于开展教育行政执法体制改革试点工作的通知》《教育部关于深入推进教育管办评分离 促进政府职能转变的若干意见》。

“十二五”期间，我国教育体制政策的制定基本上是围绕着“管办评分离”改革的思路进行制定的，其体现出以下的显著特点：首先，在管理层面，力争形成政事分开、权责明确、统筹协调、规范有序的教育管理体制，开展负面清单管理试点，清单之外的事项学校可自主施行，要尽量缩减负面清单事项的范围，更多采取事中、事后监管方式；其次，在办学层面，逐步取消学校行政级别，推进中小学校长职级制改革，实现校长的专业化、职业化，保障学校的办学自主权，不断完善学校内部的治理结构，提高治理体制和治理能力的现代化；最后，在评价层面，继续完善督导评估体系，引入市场机制，将委托专业机构和社会组织开展教育评价纳入政府购买服务范围。

上述政策的颁布对我国教育体制改革与机制创新实践起到了重要的指导作用，而在“十三五”期间，教育体制政策改进的主要方面应该是：进一步推进政府职能的转变，建立教育行政权力清单和责任清单制度，全面公开教育及相关政府部门职能、法律依据、实施主体、职责权限、管理流程、监督方式等事项；进一步落实学校的办学自主权，加快现代大学制度和各类现代学校管理制度建设，激发学校的办学活力，鼓励学校办出特色、办出水平；进一步完善教育督导制度，强化社会监督评价，健全教育管理监测体系，构建有效监管体系；基本实现“管办评分离”，形成政府依法管理、学校依法自主办学、社会各界依法参与和监督的格局，使教育治理体系和治理能力现代化水平明显提升。

（二）“十二五”教育体制改革实践的现状

“十二五”期间教育体制改革成效显著，主要表现在以下几个方面。首先，逐步形成“自循环监督与交互监督相结合”的监督制约新机制。这是在明确政府监管责任、学校办学自主权和监督部门职责的基础上进行的政府行政管理方式的创新。自循环监督定位为专业监督，以教育督导为抓手，实现对学校教育教学质量和义务教育均衡发展情况的有效监管；交互监督定位为规范监督，以财务审计和纪律监察为核心，综合党内监督、人大监督、民主监督、司法监督、社会监督、舆论监督等手段，实现对教育机构和教育从业者违法行使权力和违规违纪行为的有效监管。其次，逐步形成“多元主体协同共治”的学校自主发展新体制。这是以治理为导向的学校内部管理结构的创新。各级各类学校要围绕六个关键点构建这一新体制：一是校长负责制；二是校务委员会；三是教职工代表大会；四是家长委员会；五是党支部监督；六是现代学校制度建设。再次，逐步形成“以扩大优质基础教育资源为取向”的开放办学新模式。这是以实现教育质量与教育公平为基本价值取向的学校办学方式的创新。将优质基础教育资源扩大与均衡共享作为办学模式创新的落脚点，不仅注重“人、财、物”等基础性教育资源，更加注重观念、技术、制度、社会关系、品牌等提升性教育资源。最后，逐步形成“体制内第三方与体制外第三方互补共生”的第三方评估新格局。这是以培育健康教育评估市场为导向的扩大各类社会组织参与教育评价方式的创新。

“十二五”期间，我国教育体制改革取得了较大的成就，但是仍存在一些需要改进的问题。首先，政府尚未完全突破旧有观念和现实利益束缚，一是放权力度不够，不能让地方充满动力；二是不太善于分权，不能让学校正确地行使权力；三是不太敢于授权，未能让社会具有该有的责任。其次，现代学校制度建设仍旧征途漫漫，一方面，基础教育学校章程建设工作推进缓慢，尚未在学校内部建立完全的法治环境；另一方面，学校并没有真正学会善用自己的办学自主权，不能很好地用足政策，维护合法权益。此外，按照教育规律办学育人，教育家办学的良好格局尚未完全形成。最后，第三方评价举步维艰，一是尚未形成准入机制，中介组织的资质没有明确；二是缺乏成熟的激励机制，通过政府和学校购买服务的方式，支持决策咨询、考试认证、质量评估、就业指导、人才交流等专业组织发展等活动都未能真正开展；三是淘汰机制没有建立，不能通过“赛马”机制，推动有公信力和高水平的专业中介组织脱颖而出；四是不具备退出机制，无法有效规范中介组织行为，淘汰违规操作。

（三）小结

教育“管办评分离”从提出到现今已有几年时间，但现实和推进依然存在很多困难和阻力，政府管理教育中的越位、缺位、错位等现象依然存在，学校自主发展、自我约束机制尚不健全，社会参与教育治理的评价大多只停留在呼吁层面。比较突出的问题在于：一是人事权、财权、事务权高度分离；二是职权尚未完全划分清晰；三是教育关系当中的利益固化、格局分化变得更加错综复杂，教育体制改革推行遇到更加顽固的阻力。很显然，这些现实中存在的诸多问题与中央决定特别是《教育部关于深入推进教育管办评分离 促进政府职能转变的若干意见》的要求存在较大差距。

解决上述问题的基本思路是：首先，以政策促进政府实现有限管理。政府只承担有限的职能，包括在制定和实施促进教育均衡发展和可持续发展的公共政策，对教育多元主体实行宏观间接性的“有限管理”，对学校办学实行公共服务式的“行业监管”，同时根据教育产品与服务的属性扮演不同角色，把办学竞争涉及的利益和责任，全部交还给学校、回归到社会。其次，以政策帮助学校独立自主。学校逐步完善现代学校制度，依法律、按章程实行办学。学校作为一个相对独立的专业性、学术性组织，仅仅向社会公众提供教育服务，应享有较大程度的独立性和自主性。一方面要求学校依据国家法律法规建立法人制度和制定学校章程；另一方面要求学校遵循教育基本规律，实行民主开放办学，构建社会化的监督体系，使校内外各方主体拥有知情权、管理权、评价权与监督权。最后，以政策规制社会组织公信评价。社会组织是国家和社会之间的中间领域，其组成要素是各种非政府所属的“第三部门”，在教育治理中有不可替代的作用。社会组织依法参与教育评价过程，可以为政府决策提供参考，为学校改进教育教学提供依据。

综上所述，我们建议，“十三五”期间教育体制政策领域应该制定：①“第三方教育评价机构资格认证条例”；②“关于‘管办评分离’的政府权力清单、责任清单和负面清单的指导意见”。

（四）教育体制政策建议

1. 政策名称：“第三方教育评价机构资格认证条例”

政策依据：《国家教育事业发展“十三五”规划》要求基本实现“管办评分离”，形成政府依法管理、学校依法自主办学、社会各界依法参与和监督的格局，教育治理体系和治理能力现代化水平明显提升。

政策目标：深入推进“管办评分离”的要求，强化社会监督评价，加强第三方教育质量评估，进一步规范第三方评价机构的资质，提高第三方评价机构的专业水平，培育专业教育评价机构，与政府督导相结合，形成督政、督学、评估监测三位一体的教育督导体系。

政策结构：政策共包括五部分。第一章，总则，介绍政策目标、政策制定依据、政策适用范围、第三方评价机构的政策界定及第三方评价机构资格认证的主管机构；第二章，设立条件和批准条件及程序；第三章，规定服务范围、服务活动与工作纪律；第四章，监督检查与罚则；第五章，附则。

政策内容：这一政策的核心是第三方评价机构的资格条件、服务范围与活动及工作纪律。第三方评价机构的资格条件应包括普通法人资格条件和教育第三方评价专业资格条件两个部分。第三方评价服务范围、服务活动及工作纪律应根据不同层次和类型的教育区别制定。

政策颁布：建议由教育部颁布此政策。

2. 政策名称：“关于‘管办评分离’的政府权力清单、责任清单和负面清单的指导意见”

政策依据：《国家教育事业发展“十三五”规划》明确，要建立更加成熟、定型的教育体系制度。教育法律法规体系和执法体制机制更加健全，教育标准、监管、评价、督导、投入保障、教师队伍建设等基础性制度体系更加完善，社会力量举办教育、参与教育改革发展的制度更加完备有效。

政策目标：进一步推进教育“管办评分离”改革，促进政府职能转变，落实学校办学自主权，列举权力清单、责任清单和负面清单的范围，指导地方各级政府和教育行政部门制定上述三项清单。

政策结构：政策分为六个部分：一是充分认识制定权力清单、责任清单与负面清单的重要性和紧迫性；二是在地方各级政府与教育学行政部门制定三项清单的基本要求；三是政府权力清单范围；四是政府责任清单范围；五是负面清单范围；六是清单报备与审批。

政策内容：政策的核心内容就是政府权力清单与责任清单的范围。此范围通常是：小学、初中的开办、停办、合并、搬迁审批；职业初中举办许可；职业初中学制、新增专业、合并及停办审批；民办初中、小学、幼儿园设立、变更、终止许可；民办学校变更举办者核准；残疾人学校设置审批；初中、小学、幼儿园教师资格证认定；普通话水平测试受理；对幼儿园未经登记注册擅自招收幼儿的处罚；对教师体罚或变相体罚幼儿的处罚；对有关人员违反国家有关规定，举办学校或者其他教育机构的处罚；对有关人员违反《中华人民共和国教育法》有关规定，颁发学位证书、学历证书或者其他学业证书的处罚；对民办学校在教育活动中违反《中华人民共和国教育法》《中华人民共和国教师法》有关规定的处罚；对民办学校管理混乱的处罚；对社会组织和个人擅自举办民办学校的处罚；对民办学校出资人未按规定领取回报的处罚；对民办学校出资人取得回报比例、办学水平和教育质量、财务状况等未向社会公布和审批机关备案，或材料不真实的处罚；对民办学校严重影响教育教学的处罚；对相关机构违反国家有关规定招收学员的处罚；对有关人员在招收学生工作中徇私舞弊的处罚；对学校及其他教育机构违反国家有关规定向受教育者收取费用的处罚；对有关人员在国家教育考试中作弊、非法举办国家教育考试的处罚；对参加国家教育考试的考生，用欺诈手段取得考试资格、考试舞弊及破坏考点的处罚；对有关人员弄虚作假、骗取教师资格及侮辱学生的处罚；行政处罚证据登记保存等。也就是说，应尽快建立纵向的教育治理体系，即在理清财政、发展改革等部门与教育部门的权力边界的基础上，重新确权，划分从中央到地方各级政府及教育行政部门对教育事务管理权的上下层级，并通过推行权力清单、负面清单和责任清单，重构新型教育治理工具，建立各部门合作治理的横向教育治理体系，激活相关部门、地方政府和学校的办学活力。同时继续推进与深化管办评分离改革应该作为教育体制政策的重点。管是突破口，要建立权力清单制度，明确负面清单，强化行政许可权力，取消非行政许可权力，强化事中事后监管权力。政府要敢于放权，但不是放弃责任，甩手不管，而是改变管理理念和方式实现善治，综合使用法律、行政、经费、规划、标准、信息、监测、评估、问责等手段，实施宏观管理，履行教育体系的构建者、教育条件的保障者、教育服务的提供者、教育公平的维护者、教育标准的制定者、教育质量的监管者职责。办是重点，学校要积极推进依法办学、自主管理、民主监督、社会参与的现代学校制度。评是难点，评是落实社会对学校管理的知情权、表达权、参与权、监督权的重要手段，要创设有利于教育发展的理性社会氛围。

政策颁布：建议由教育部颁布此政策。

四、教育未来政策

教育未来政策是使教育事业能够具有顺应与应对未来发展趋势，不断实现可持续发展的政策。我国改革开放之初，邓小平同志就提出了教育的“三个面向”战略，即教育要面向现代化、面向世界、面向未来[①]。教育现代化就是用现代先进教育思想和科学技术武装人，使教育思想观念、教育内容、方法与手段、校舍与设备，逐步提高到现代世界先进水平，培养出适应参与国际经济竞争和综合国力竞争的新型劳动者和高素质人才的过程，具体包括教育观念现代化、教育内容现代化、教育装备现代化、师资队伍现代化、教育管理现代化等。教育面向现代化要求教育必须面向未来和面向世界。面向未来是要顺应时代的发展，面向世界是要顺应国际潮流。顺应时代发展，要求教育事业的发展要体现信息化的特征并依赖计算机科技的不断提升与进步；顺应世界潮流，要求教育不断提升国际化水平。胡锦涛同志就提出“以教育信息化带动教育现代化”。可见，教育信息化与教育国际化是实现三个面向战略，并促进教育事业不断可持续发展的两个重要支点，也是“十三五”期间教育未来政策的重要内容。

（一）“十二五”期间教育未来政策现状

“十二五”期间，涉及教育信息化与教育国际化的教育政策约有 8 部：《教

① 1978 年 4 月 22 日，邓小平在全国教育工作会议开幕式上讲话. 人民网. http://cpc.people.com.cn/n1/2016/0909/c69113- 28702564.html[2016-10-09].

育部办公厅关于加强涉外办学规范管理的通知》、杜占元同志在教育信息化试点工作座谈会上的讲话、刘延东同志发表《把握机遇 加快推进开创教育信息化工作新局面》的讲话、《教育部办公厅关于教育信息化试点单位工作进展情况的通报》、《2014 年教育信息化工作要点》、《国别和区域研究基地培育和建设暂行办法》、《教育部关于做好自费出国留学中介服务机构审批权下放有关事项的通知》、《2015 年教育信息化工作要点》、《关于“十三五”期间全面深入推进教育信息化工作的指导意见（征求意见稿）》。

“十二五”期间，教育信息化与教育国际化政策的特点表现为：首先，从教育信息化政策来看，已有政策的颁布和执行把教育信息化纳入国家信息化发展战略。政策确立了一个核心理念和两个工作机制，核心理念是促进信息技术与教育教学工作的深度融合，两个核心机制是应用驱动和机制创新。如《2014 年教育信息化工作要点》和《关于“十三五”期间全面深入推进教育信息化工作的指导意见（征求意见稿）》强调启动实施“信息技术与教育教学深度融合示范培育推广计划”，实施中小学教师信息技术应用能力提升工程，以及加强分类指导、统筹推动教育信息化全面发展、全面深化改革、提高教育信息化治理能力。其次，从教育国际化政策来看，已有政策注重转变观念、扫除扩大教育开放的思想障碍、提高认识、提升扩大教育开放在建设人力资源强国中的战略地位，在引进优质教育资源的同时，注重开发利用国内优质教育资源，力争把引进和输出有机结合起来，促进双向而非单向的人员流动和知识迁移，根据各类教育的不同对象和特点提出不同对策支持和引导理性留学，扩大外国留学生规模，但同时优化留学人员结构、提高来华留学教育质量以提高教育开放水平。

（二）“十二五”期间教育未来政策实践现状

“十二五”期间，我国逐步形成了以促进信息技术与教育教学深度融合为核心理念，以“三通两平台”为标志与核心目标的工作局面，各项工作都取得了突破性进展，教育信息化事业呈现出崭新的局面：一是教育信息化的地位和作用大幅度提升，坚持“信息技术与教育教学实践深度融合”和“应用驱动、机制创新”的教育信息化基本思路得到广泛的认同和理解；二是“三通两平台”进展顺利，总体效果超出预期，“宽带网络校校通”取得重大进展，“优质资源班班通”取得显著成效，“网络学习空间人人通”实现跨越式发展，教育资源公共服务平台初具规模，教育管理公共服务平台全面开始应用并取得良好效果，教师和管理人员培训深入开展且效果显著；三是在工作中初步积累宝贵的经验，探索出新的模式。

当前，我国教育信息化发展面临的关键问题是：在“三通”方面，经济薄弱地区面临信息技术设备的普及与运维问题，信息化教学模式的创新与推广普及问题，以及师生使用网络学习空间的开展与普及问题。“两平台”方面的重要挑战是，优质实训类教育资源的建设与推广应用问题，一方面是如何建立支持优质资源生产、流通的市场机制，另一方面是如何激励教师利用优质资源开展教学。除了硬件与技术层面的问题，如何进一步提高学生教师对信息化的认同度；如何进一步提升教师运用信息技术开展课堂教学的能力，使信息技术更加自然地嵌入教学的全过程；如何发挥市场的作用，为教师提供更加便捷实用的资源，使教师研究信息化教学运用到课堂设置和教学方法上等都是亟待解决的问题。

“十二五”期间，我国教育国际化发展成绩斐然：一是增强与各国教育合作，扩大学历学位互认，提高中国高等教育的世界承认度；二是加强与联合国教科文组织（United Nations Educational，Scientific and Cultural Organization，UNESCO）、世界贸易组织（World Trade Organization，WTO）、经济合作与发展组织（Organization for Economic Co-operation and Development，OECD）等国际组织的联系，积极签署多项公约，参与双边、多边和全球性、区域性教育合作；三是完善高等教育法律法规体系，规范管理、积极推动高等教育国际化；四是留学生教育取得长足发展。“十三五”期间，我国教育国际化着力解决的三个问题是：教育国际化发展不平衡；教育国际化各项指标偏低且结构不够合理；对外合作与交流工作过程中存在的诸如缺少沟通平台、资源无法有效共享等。

（三）小结

“十三五”期间，教育未来政策应该围绕“一带一路教育行动”的各项任务进行设计与实施，加速教育信息化大数据库建设，教育信息化与教育事业发展深度融合是教育未来政策的重点内容。对于教育信息化来讲，应强调“均衡”“融合”“安全”“现代”“治理”等关键词。“均衡”是指教育信息化应该均衡发展，有助于教育公平的实现。“融合”是指教育信息技术要与教学内容和教学模式改革深度结合，要为教育教学质量的提升服务。“安全”是指有效防范、控制和抵御信息安全风险，增强安全预警、应急处置和灾难恢复能力，提高各级教育部门和学校整体安全防护水平。“现代”是指教育信息化要跟上科学技术发展的脚步，要不断提升信息化技术的应用水平。“治理”则是从服务与保障的角度促进教育信息化事业的发展，建立完善教育信息化技术服务支撑机制，形成制度化的评估机制，以及多元化投入支持机制。教育国际化事业发展的关键词是“战略化”“高水平”“规范化”。“战略化”是指教育国际化发展要与国家的发展战略紧密地结合起来，如与我国大力推进的“一带一路”倡议相结合。“高水平”是指教育国际化应该立足于高起点，而不仅仅是低层次的教育交流与合作。“规范化”是指教育国际化应该符合我国政策与法律的相关规定，要受法律的合理规制与约束。

综上所述，我们建议，“十三五”期间教育未来政策领域应该制定：①“教育信息化数据管理办法”；②“‘一带一路’沿线国家教育信息资源共享平台”建设若干意见；③“中华人民共和国国际教育法”。

（四）教育未来政策建议

1. 政策名称：“教育信息化数据管理办法”

政策依据：习近平同志指出，“当今世界，科技进步日新月异，互联网、云计算、大数据等现代信息技术深刻改变着人类的思维、生产、生活、学习方式，深刻展示了世界发展的前景。因应信息技术的发展，推动教育变革和创新，构建网络化、数字化、个性化、终身化的教育体系，建设‘人人皆学、处处能学、时时可学’的学习型社会，培养大批创新人才，是人类共同面临的重大课题”[①]。《国家教育事业发展“十三五”规划》规定，要拓展教育新形态，以教育信息化推动教育现代化，积极促进信息技术与教育的融合创新发展，努力构建网络化、数字化、个性化、终身化的教育体系，形成人人皆学、处处能学、时时可学的学习环境。

政策目标：推进教育行业网络安全工作，加强教育行业信息系统（网站）安全防护，提升教育行业信息技术安全保障能力。

政策结构：政策共包括六部分。第一章，总则，介绍政策制定依据、政策适用范围、教育信息范围；第二章，管理机构与职责；第三章，数据的产生、收集与汇交；第四章，数据存档与保管；第五章，数据使用；第六章，附则。

政策内容：这一政策的核心内容是数据范围，以及数据管理机构及其职责。数据范围是要将教育信息数据按照可公开程度进行分级，针对不同的涉密级别规

---

① 习近平致国际教育信息化大会的贺信. http://news.xinhuanet.com/politics/2015-05/23/c_1115383959.htm [2017-01-17].

定不同的管理机构收集与汇交、存档与保管，以及使用方法。还要建立具备现代化信息技术支撑的纵向与横向教育信息数据管理机构，明确各机构的职权与职责。

政策颁布：建议由教育部与工业和信息化部联合颁布此政策。

2. 政策名称："'一带一路'沿线国家教育信息资源共享平台"建设若干意见

政策依据：《国家教育事业发展"十三五"规划》指出，要以教育走出去为重点，扩大与发展中国家教育合作交流，加强与东南亚、非洲国家教育合作。增进新欧亚大陆桥、中国—中亚—西亚、中巴、孟中印缅、中蒙俄等重要廊道及澜湄合作机制下的区域教育合作交流。

政策目标：配合"一带一路"倡议的深化，将教育信息化与教育国际化发展结合起来，积极倡议"一带一路"沿线各国构建教育共同体，开展教育互联互通、人才培养培训、丝路合作机制建设等方面的重点合作，对接沿线各国意愿，互相借鉴先进教育经验，共享优质教育资源。

政策结构：政策共包括四部分。一是推进"一带一路"沿线国家教育信息资源共享平台建设的重要意义；二是推进"一带一路"沿线国家教育信息资源共享平台建设的总体要求；三是推进"一带一路"沿线国家教育信息资源共享平台建设的重点任务；四是推进"一带一路"沿线国家教育信息资源共享平台建设的保障。

政策内容：这一政策的核心是"一带一路"沿线国家教育信息资源共享平台的建设任务。建设任务应包括：建设"一带一路"沿线国家教育信息资源系统；整合"一带一路"沿线国家的优质教育信息资源；完善"一带一路"沿线国家教育信息资源共享平台的规划布局；加强"一带一路"沿线国家教育信息资源共享平台的运行管理。

政策颁布：建议由教育部和外交部联合颁布此政策。

3. 政策名称："中华人民共和国国际教育法"

政策依据：习近平同志在联合国"教育第一"全球倡议行动一周年纪念活动致辞中表示："中国将加强同世界各国的教育交流，扩大教育对外开放，积极支持发展中国家教育事业发展，同各国人民一道努力，推动人类迈向更加美好的明天。"[①]《国家教育事业发展"十三五"规划》指出，要分类推进教育国际合作

① 习近平发表贺词：中国将加强同世界各国的教育交流. http://www.gov.cn/ldhd/2013-09/26/content_2495491.htm [2017-09-26].

交流。

政策目标：规划教学人员的国际交流、教育机构的国际合作、教育水平的国际标准及教育事务的国际治理等基本内容；明确教育国际化发展不再是单方面的吸取借鉴，而是转向全方位的国际参与；进一步提升我国教育的国际化水平，培养本国人口的国际教育交流与事务参与能力，着力打造本国文化的国际影响与辐射力，增强国际认同与国际地位。

政策结构：政策主要包括五个部分。第一章，总则；第二章，国际合作办学；第三章，留学国际交流；第四章，学历互认；第五章，教育国际治理；第六章，附则。

政策内容：政策内容方面主要从四个方面进行规定，一是推动教育机构的国际合作办学，突破已有的体制障碍，鼓励更多地区参与国际合作；二是留学人员的国际交流，优化留学人员的比例，采取措施吸引更多的留学生来华；三是教育水平的国际认同，既包括教育学历资格证书的国际认同，更需要教育内容的国际接轨；四是教育事务的国际治理，争取打造全球教育高地，一方面需要提高本国的教育国际水平，另一方面也需要参与国际教育事务的治理能力及相应的教育话语权。密切与国际教育组织的合作、积极提供国际教育组织的人才支持及扩大教育援助方面，都需要国家更为明确的政策支持与技术指导。

政策颁布：建议由全国人大常委会制定此法律。

第二节　纵向教育政策的主要问题与对策建议

一、学前教育政策

人生百年，立于幼学。学前教育事业是重要的社会公益事业，办好学前教育，关系广大儿童的健康成长，关系千家万户的切身利益，关系国家和民族的未来。2016 年 9 月，习近平同志在北京市八一学校参观期间发表重要讲话，提出教育决定着人类的今天，也决定着人类的未来。基础教育在国民教育体系中处于基础性、先导性地位，必须把握好定位，全面贯彻落实党的教育方针，从多方面采取措施，努力把我国基础教育越办越好。[①]

（一）“十二五”期间学前教育政策现状

“十二五”期间，我国为促进学前教育事业的发展，共颁布了约 12 部涉及学前教育的政策：《国家中长期教育改革和发展规划纲要（2010—2020 年）》《国务院关于当前发展学前教育的若干意见》《国务院关于进一步加大财政教育投入的意见》《财政部 教育部关于建立学前教育资助制度的意见》《国务院关于规范幼儿园保育教育工作 防止和纠正“小学化”现象的通知》《学前教育督导评估暂行办法》《教育部办公厅关于中小学幼儿园安全工作 2012 年第 1 号预警通知》《3～6 岁儿童学习与发展指南》《教育部 国家发展改革委 财政部关于实施第二期学前教育三年行动计划的意见》《幼儿园工作规程》《中小学（幼儿园）安全工作专项督导暂行办法》《国家教育事业发展“十三五”规划》等。

上述政策基本上确定了我国学前教育事业发展的方向、目标、思路与主要任务，已有政策基本是围绕以下六个方面展开的：一是，提高学前教育普及率，解决入园难问题；二是，扩大学前教育资源，大力发展公办幼儿园并扶持民办幼儿园；三是，加强幼儿教师队伍建设，提升幼儿教师师资水平；四是，加大经费投入，落实各项财政扶持政策；五是，建立幼儿园准入制度，确保幼儿园安全；六是，坚持科学保教，杜绝“小学化”倾向。

已有政策在指导我国学前教育事业良好发展的同时，也存在着一定的不足。首先，学前教育政策与其他类型的教育政策相比，数量很少，且多数散存于其他教育政策之中；其次，从政策内容本身来看，已有的政策内容不够全面；再次，现有政策的内容与内容之间、问题与问题之间相对孤立，缺乏必然联系，缺乏系统性；最后，许多政策内容存在重复，创新程度不够，对一些现实问题并没有关键性的政策予以解决。故而在“十三五”期间，我们需要以问题为导向，依据现实问题，对学前教育政策体系予以修订和完善。

（二）“十二五”期间学前教育实践现状

首先，一系列政策的颁布实施使我国学前教育法规政策建设取得了一定成

① 习近平在北京市八一学校考察时强调全面贯彻落实党的教育方针努力把我国基础教育越办越好. 中华人民共和国中央人民政府网. http://www.gov.cn/xinwen/2016-09/09/content_5107047.htm[2016-10-09].

就。教育部发布的《2015 年全国教育事业发展统计公报》显示，截止到 2015 年底，我国学前教育毛入园率达到 75%，相较于 2009 年提高了 11.7 个百分点，在园人数（包括附设班）达到 4264.83 万（其中民办幼儿园 14.64 万所，在园儿童 2302.44 万人），提前完成了规划纲要中规定的，到 2020 年在园人数将达到 4000 万；有调查表明，截止到 2013 年，各级政府共资助幼儿 330.84 万人，占在园幼儿总数的 9.37%。其次，幼儿教育管理的加强一方面使幼儿园与幼儿家长清楚了幼儿在该时期的学习与发展特点，为幼儿园的科学保教打下良好基础，从一定程度上遏止了幼儿园“小学化”倾向；另一方面对幼儿园的办园行为进行了规定，为幼儿在园安全提供了保障。最后，幼儿教师在社会地位、编制待遇等方面有了一定的提升，有利于吸引优秀人才投入到学前教育的学习与工作之中，同时对幼儿教师的专业标准进行了规定，为促进幼儿教师自我发展奠定了基础，为幼儿园选拔优秀学前教师提供了依据。

“十二五”期间，我国学前教育事业取得了较大的成就，但是问题仍旧明显，主要表现在以下五个方面。

第一，学前教育普及任务仍然艰巨。首先，入园难已经不仅仅局限于入“公办园”难，许多私立幼儿园也出现了一席难求的情况。“校属园”“区属园”招生限制较多，大量幼儿被硬性条件拒之门外。并且幼儿园数量满足不了人口需求，在城市中的数量缺口更为突出。其次，中西部农村特别是民族地区、集中连片特困地区、人口分散地区，由于底子薄、欠账多、普惠性资源较差等，学前教育发展相对缓慢，入园率较低，留守幼儿等困难群体“入园难”还比较突出。

第二，0～3 岁婴幼儿教育出现政策法规性空白。随着社会的不断发展变化，学前教育的保教对象实际上已经向 0～6 岁的婴幼儿拓展。许多社会投资者看到了目前我国幼儿园 0～3 岁婴幼儿教养服务空白的商机，大量的早期教育机构涌入人们的视线，然而这些机构良莠不齐、问题重重，政府职能部门在管理时也出现了无法可依的尴尬局面。

第三，教师队伍建设缓慢。首先，幼儿教师的数量远远没有满足社会需求，长期以来幼儿教师社会地位偏低、编制待遇迟迟得不到解决是社会公认的事实，致使大批量的幼儿教师进入小学或其他行业，造成了幼儿教师资源的流失。其次，缺乏合理的准入制度，幼儿园师资水平良莠不齐。近些年，幼儿教师虐童案屡屡发生，这种行为令人发指也令人深思，教师虐童的原因有很多，而其中最为直接的就是幼儿园教师队伍的素质问题。目前，我国并没有独立的幼儿教师资格评定办法，2012 年教育部颁布的《幼儿园教师专业标准（试行）》，对教师培养、准入、培训、考核等进行了规定，然而，这仅是一项试行的专业标准，并未对能否取得幼师资格产生直接影响。而许多幼儿园在招聘教师时，教师资格证恰恰是首要条件，其次才是教师的专业水平。独立的幼儿教师准入制度的缺失，必然会导致幼儿教师队伍建设出现问题。

第四，幼儿园“小学化”，实际是应试教育“起跑线”不断前移的结果。目前有大量的幼儿园在大班甚至整个学前教育的过程中按照小学模式进行教学活动，并且屡禁不止，甚至有的幼儿园以所谓的精英教育（提前传授小学知识）为营销手段，吸引家长为幼儿报名。而目前的政策内容虽然反复提及要治理幼儿教育“小学化”，但是对如何从根本上避免“小学化”，如何在不给幼儿施加过多压力的同时做好“幼小衔接”等问题却没有明确的指导意见出台，致使这个问题迟迟没有得到有效解决。

第五，普惠性幼儿园建设出现困惑。首先，各地区政府对普惠性幼儿园的重视程度不足。学前教育大多由社会力量承办，政府投入的资金和人力比较少。在政府有限的投入中，又基本倾向于城市中的公办幼儿园，远远未达到普惠性、公益性幼儿园的发展需求。其次，目前来看，我国普惠性幼儿园的评定由地方执行，许多地区对普惠性幼儿园的标准、经费投入及优惠待遇并没有详细明确地说明，民办幼儿园申请普惠幼儿园没有明确路径；现行法规中没有赋予教育行政部门对配建普惠性幼儿园事前介入规划设计和施工时必要的监管建议权，留下监管隐患。最后，普惠性幼儿园按照政府的规定，只收取相关的保育保教费，难以维持正常开支。“一刀切”的收费政策，使不少投入较大、条件较好、未进入普惠性行业的民办幼儿园处在观望、徘徊状态，顾虑重重。

（三）小结

根据以上对政策与实践问题的探讨，我们认为，“十三五”期间，学前教育要解决的问题主要是学前教育普及、幼儿教师队伍建设、普惠性幼儿园建设、幼儿教育“小学化”。要破解这一系列问题，我们需要从以下四个方面进行思考。

第一，对于公办幼儿园来说，问题的核心在于相对数量少，且招收学生存在一定的条件限制。那么，扩大优质公办幼儿园的优质教育资源是解决公办幼儿园入园难的核心。因此，“十三五”期间应出台“关于扩大优质公办学前教育资源的意见”，加大政府投入力度，扩大公办幼儿园的数量与规模；明确幼儿园招生制度，打破招生限制，保证区域内的入园机会均等。

第二，对于民办幼儿园来说，目前其存在的问题的核心是生存发展的问题。

一方面，优质幼儿园需要政府扶持走上更为健康的发展道路；另一方面，普通幼儿园需要依靠政策解决目前存在的种种问题，解决这一问题的根本在于普惠性幼儿园的建立。促进普惠性幼儿园发展，首要就要明确“普惠性幼儿园标准”，因此，建议出台“普惠性幼儿园标准”。不仅要明确普惠性幼儿园办园规模标准、建设质量标准（安全与卫生）、教育质量标准（课程）、教师资格与质量标准、经费与收费标准，还需要对优惠政策与福利待遇进行明确规定，吸引民办幼儿园向普惠性幼儿园靠拢。

第三，在幼儿教师队伍建设方面，提高教师的数量与质量、提升教师师资水平是核心。因此，建议建立“幼儿园教师资格条例”，依据专业标准，改革幼儿教师笔试与面试内容，对幼儿教师从知识、观念、技能三个方面进行严格考核，并加强监管，逐步推行动态监管制度，对教师资格证定期审核。

第四，在 0～3 岁婴幼儿教育方面，要解决的问题就是弥补这方面的政策空白，提升社会、家庭对婴幼儿的重视程度，规范早期教育机构的教养行为。建议颁布“0～3 岁婴幼儿发展指南”，对 0～3 岁的幼儿发展特点进行详细解读，为建立 0～3 岁婴幼儿早期教养指导服务体系打下基础。

（四）学前教育政策建议

1. 政策名称：“关于扩大优质公办学前教育资源的意见”

政策依据：《国家教育事业发展“十三五”规划》指出，要支持企事业单位和集体办园，扩大公办学前教育资源。2010 年 7 月，《国家中长期教育改革和发展规划纲要（2010—2020 年）》提出，要建立政府主导、社会参与、公办民办并举的办园体制，大力发展公办幼儿园，积极扶持民办幼儿园。该纲要第十四章规定：深化公办学校办学体制改革，积极鼓励行业、企业等社会力量参与公办学校办学，扶持薄弱学校发展，扩大优质教育资源，增强办学活力，提高办学效益。各地可从实际出发，开展公办学校联合办学、委托管理等试验，探索多种形式，提高办学水平。

政策目标：加快发展公办幼儿园，扩大公办优质教育资源，解决公办幼儿园入园难、入园机会不均等问题。

政策结构：第一章，意义；第二章，基本原则与目标；第三章，重点任务；第四章，主要措施。

政策内容：一是明确政府职责，大力发展公办幼儿园，扩大公办幼儿园教育资源覆盖面，保障基本的学前教育公共服务；加大政府投入，新建、改建、扩建一批安全、适用的幼儿园。二是加强监督管理：规范办园行为，规定公办幼儿园建设标准、收费标准；规范招生行为，按照所处区域实际情况，规定招生数量、招生比例；加强保教质量，科学保教，完善幼小衔接，避免“小学化”；强化师资建设，严格管理，保障待遇；经费保障，规定公办幼儿园经费来源、投入标准，使用标准和监督机制。

政策颁布：本政策建议由教育部颁布。

2. 政策名称：“关于普惠性幼儿园认定及管理的指导意见”

政策目标：多种形式扩大学前教育资源，解决幼儿园“入园难、入园贵、乱收费”等问题，鼓励、引导和扶持各地民办幼儿园面向社会提供公益性、普惠性的学前教育。

政策依据：2016 年 11 月，李克强同志在第六次全国妇女儿童工作会议上提出，“儿童是一个民族、一个国家发展的未来和希望。要坚持儿童教育优先发展。发展普惠性学前教育，围绕促进教育公平、提升教育质量两大重点”[①]。2014 年，《教育部 国家发展改革委 财政部关于实施第二期学前教育三年行动计划的意见》指出，要积极扶持普惠性民办幼儿园。落实用地、减免税费等优惠政策，多种方式吸引社会力量办园。各地根据普惠性资源布局和幼儿入园需求，认定一批普惠性民办园，通过政府购买服务、减免租金、派驻公办教师、培训教师等方式，支持民办园提供普惠性服务，有条件的地区可参照公办园生均公用经费标准，对普惠性民办园给予适当补贴。

政策结构：第一章，意义；第二章，基本原则与目标；第三章，重点任务；第四章，主要措施；第五章，组织实施。

政策内容：①普惠性幼儿园认定标准，包括普惠性幼儿园办园规模标准；普惠性幼儿园建设质量标准（安全与卫生）；普惠性幼儿园教育质量标准（强调课程质量）；普惠性幼儿园教师资格与质量标准；普惠性幼儿园经费与收费标准。②普惠性幼儿园申报流程，需按照申报、审核、批示、上报、复审、公示的顺序制定普惠性幼儿园申报流程，并对每一环节进行细化，确定责任人。③政策保障，经费扶持（加大普惠性幼儿园经费扶持力度，保障普惠性幼儿园健康发展）；优惠待遇（幼儿园发展、教师发展等方面予以优先考虑）；承担义务（帮扶、带动所处区域薄弱园发展）。④监督管理，建立普惠性幼儿园审核制度，对于不符合标准的普惠性幼

① 李克强：坚持儿童教育优先发展. http://news.jyb.cn/china/gnxw/201611/t20161119_684081.html[2017-03-24].

儿园限期整改，情节恶劣的将取消普惠性幼儿园称号及相应的所有福利政策。

政策颁布：由教育部颁布，同时建立第三方认定与监管机构，负责普惠性幼儿园的认定与监管。

3. 政策名称："幼儿教师资格条例"

政策目标：为幼儿园教师队伍建设提供基本依据。有助于深化幼儿教师教育改革，建立教师教育质量保障体系，严格把控幼儿教师准入制度，提高幼儿园教师职前培养与培训质量，形成科学有效的幼儿园教师队伍管理和督导机制。

政策依据：《中华人民共和国教师法》《教师资格条例》《幼儿园教师专业标准（试行）》，幼儿园教师是履行幼儿园教育工作职责的专业人员，需要经过严格的培养与培训，具有良好的职业道德，掌握系统的专业知识和专业技能。

政策结构：第一章，总则；第二章，教师资格适用；第三章，教师资格条件；第四章，教师资格考试；第五章，教师资格认定；第六章，罚则；第七章，附则。其中每章包括详细内容若干条。

政策内容：基本遵循已有教师资格条例的框架，但部分内容有所细化。比如：在教师资格考试试卷的编制过程中，除了心理学、教育学的专业知识外，应加重 0～6 岁婴幼儿时期身心发展特点的知识比重，加强对幼儿教师专业理念及师德的考核。在面试过程中，不仅要对幼儿教师的授课技能进行考察，更应从专业精神、专业知识、专业能力三个维度综合评价。在罚则部分，凡出现品行不良、虐待幼儿等现象，影响恶劣的，一经查实，将吊销、收缴幼儿教师资格证，且终身不得再对教师资格证进行申请。

政策颁布：建议由国务院颁布此政策。

4. 政策名称："0～3 岁婴幼儿发展指南"

政策目标：促进婴幼儿家长了解 0～3 岁婴幼儿的身心发展特点，有效指导家庭与早期教育机构进行科学保育与早期教育，有助于为 0～3 岁婴幼儿早期教养建立一个科学全面的服务体系，保证每一个幼儿能接受有质量的早期教育。

政策依据：《国家教育事业发展"十三五"规划》规定，要发展 0～3 岁婴幼儿早期教育，探索建立以幼儿园和妇幼保健机构为依托，面向社区、指导家长的公益性婴幼儿早期教育服务模式。《国家中长期教育改革和发展规划纲要（2010—2020 年）》指出，学前教育对幼儿身心健康、习惯养成、智力发展具有重要意义。应遵循幼儿身心发展规律，坚持科学保教方法，保障幼儿快乐健康成长。积极发展学前教育。重视 0～3 岁婴幼儿教育。

政策结构：本指南包含四部分：第一章前言；第二章 0～3 岁婴幼儿的发展特点；第三章 0～3 岁婴幼儿的保育；第四章 0～3 岁婴幼儿的教育。

政策内容：一是 0～3 岁婴幼儿的发展特点，包括生理特点与发展规律、心理特点与发展规律；二是 0～3 岁婴幼儿的保育，包括：营养与喂养、护理、常见疾病、意外伤害与救治；三是 0～3 岁婴幼儿的教育，包括动作、语言、认知、情感。

政策颁布：建议由国务院颁布。

二、义务教育政策

义务教育是国民教育的基础。义务教育政策是国家公共政策的重要组成部分，涉及千家万户的切身利益，关系国家未来人才培养的方向和质量。“十二五”期间，我国颁布了诸多教育政策，进一步推进了义务教育均衡发展。义务教育均衡发展关乎教育公平和教育质量两方面，义务教育均衡发展已经成为当前及今后一个时期义务教育发展的根本目标。

（一）“十二五”期间义务教育政策现状

“十二五”期间，我国颁布的义务教育政策约有 90 部。

中共中央发布的政策有 2 部，包括《中共中央关于全面深化改革若干重大问题的决定》《关于培育和践行社会主义核心价值观的意见》。

国务院发布的政策约有 8 部，包括《中华人民共和国国民经济和社会发展第十二个五年规划纲要》《国务院关于加强教师队伍建设的意见》《乡村教师支持计划（2015—2020 年）》《国务院关于进一步加大财政教育投入的意见》《国务院关于进一步完善城乡义务教育经费保障机制的通知》《全面改善贫困地区义务教育薄弱学校基本办学条件工作专项督导办法》《国务院办公厅关于实施农村义务教育学生营养改善计划的意见》《国务院关于深入推进义务教育均衡发展的意见》。

教育部联合多部委发布的政策约有 15 部，包括《中央编办 教育部 财政部关于统一城乡中小学教职工编制标准的通知》《教育部 国家发展改革委 财政部关于深化教师教育改革的意见》《关于大力推进农村义务教育教师队伍建设的意见》《教育部 财政部 人力资源和社会保障部关于推进县（区）域内义务教育学校校长教师交流轮岗的意见》《中小学教辅材料管理办法》《治理义务教育阶段择校乱收费的八条措施》《教育部 国家发展改革委 财政部关于全面改善贫困地区义务教育薄弱学校基本办学条件的意见》《农村义务教育薄弱学校改造补助资金管理办法》《教育部办公厅 国家发展改革委办公厅 财政部办公厅关于制定全面改善贫困地区义务教育薄弱学校基本办学条件实施方案的通知》《教育部关于进一步做好全面改善贫困地区义务教育薄弱学校基本办学条件有关工作的通知》《教育部 文化部 国家新闻出版广电总局关于加强新时期中小学图书馆建设与应用工作的意见》《教育部 财政部关于进一步加强和规范农村义务教育学生营养改善计划学校食堂建设工作的通知》《农村义务教育学生营养改善计划专项资金管理暂行办法》《农村义务教育学生营养改善计划营养健康状况监测评估工作方案（试行）》《农村义务教育学生营养改善计划实施细则》。

教育部发布的政策约有 62 部，包括《教育部关于扩大中小学教师资格考试与定期注册制度改革试点的通知》《教育部办公厅关于进一步扩大中小学教师资格考试与定期注册制度改革试点的通知》《中小学教师资格考试暂行办法》《中小学教师资格定期注册暂行办法》《教育部关于大力加强中小学教师培训工作的意见》《教育部关于进一步加强中小学校长培训工作的意见》《教育部办公厅关于启动实施中小学校长国家级培训计划的通知》《教育部办公厅关于做好少数民族双语教师培训工作的意见》《教育部关于大力推进教师教育课程改革的意见》《教师教育课程标准（试行）》《“国培计划”课程标准（试行）》《教育部办公厅关于开展教师教育国家级精品资源共享课建设工作的通知》《教育部关于实施全国中小学教师信息技术应用能力提升工程的意见》《中小学教师信息技术应用能力标准（试行）》《中小学教师信息技术应用能力培训课程标准（试行）》《教育部关于建立健全中小学师德建设长效机制的意见》《中小学教师违反职业道德行为处理办法》《严禁教师违规收受学生及家长礼品礼金等行为的规定》《严禁中小学校和在职中小学教师有偿补课的规定》《中小学心理健康教育指导纲要（2012 年修订）》《教育部办公厅关于实施中小学心理健康教育特色学校争创计划的通知》《教育部关于推进学校艺术教育发展的若干意见》《中小学生艺术素质测评办法》《中小学校艺术教育发展年度报告办法》《教育部关于印发〈切实保证中小学生每天一小时校园体育活动的规定〉的通知》《教育部办公厅关于在义务教育阶段中小学实施“体育、艺术 2+1 项目”的通知》《教育部等 6 部门关于加快发展青少年校园足球的实施意见》《教育部办公厅关于校园篮球推进试点工作的通知》《教育部关于全面深化课程改革 落实立德树人根本任务的意见》《教育部关于勤俭节约办教育 建设节约型校园的通知》《教育部关于在中小学幼儿园广泛深入开展节约教育的意见》《教育部关于培育和践行社会主义核心价值观进一步加强中小学德育工作的意见》《中小学生守则（2015 年修订）》《教育部关于中小学开展书法教育的意见》《中小学书法教育指导纲要》《中小学幼儿园应急疏散演练指南》《中共中央宣传部办公厅 教育部办公厅关于进一步加强中小学时事教育的意见》《教育部共青团中央全国少工委关于加强中小学劳动教育的意见》《教育部关于联合相关部委利用社会资源开展中小学社会实践的通知》《教育部关于印发义务教育语文等学科课程标准（2011 年版）的通知》《教育部基础教育课程教材专家咨询委员会章程》《中小学教科书选用管理暂行办法》《教育部 新闻出版总署 国家发展改革委 国务院纠风办关于加强中小学教辅材料使用管理工作的通知》《教育部关于进一步加强中小学校督导评估工作的意见》《教育部关于推进中小学教育质量综合评价改革的意见》《教育部办公厅关于组织申报国家中小学教育质量综合评价改革实验区的通知》《义务教育学校管理标准（试行）》《教育部关于进一步做好村小学和教学点经费保障工作的通知》《中小学心理辅导室建设指南》《教育信息化十年发展规划（2011—2020 年）》《关于“十三五”期间全面深入推进教育信息化工作的指导意见（征求意见稿）》《教育部关于建立中小学幼儿园家长委员会的指导意见》《中小学生学籍管理办法》《教育部关于做好全国中小学生学籍信息管理系统全面应用工作的通知》《全国中小学生学籍信息管理系统关键业务应用指南》《全国中小学生学籍信息管理系统运行维护管理规则》《教育部办公厅关于建立完善处理群众投诉中小学生学籍管理相关问题工作机制的通知》《教育部办公厅关于加快问题学籍处理和建立数据质量核查机制的通知》《教育部关于进一步做好小学升入初中免试就近入学工作的实施意见》《教育部办公厅关于进一步做好重点大城市义务教育免试就近入学工作的通知》《关于做好进城务工人员随迁子女接受义务教育后在当地参加升学考试工作的意见》。

其他部委发布的政策约有 3 部，包括《出版物市场管理规定》《关于做好农村义务教育学生营养改善计划餐饮服务食品安全监管工作的指导意见》《农村义务教育学生营养改善计划应急事件处理暂行办法》。

上述义务教育政策的颁布推动了我国义务教育发展，在推进教师队伍建设方面，推行教师资格定期注册，进一步提高教师准入的门槛；统一中小学编制标准和职务，实施教师编制和职称向农村地区倾斜政策；进一步完善教师制度，开展校长、班主任教师培训活动；推进教师教育改革，颁布教师教育课程标准；继续推进教师交流，进一步缩小城乡间师资差距；加强师德建设，构建师德建设制度体系。在提高教育质量方面，坚持全面发展，全面加强和改进德育、智育、体育、美育；加强义务教育课程改革，完善义务教育各学科课程标准；加强规范和监管规范教辅材料的选用；加强对学校管理评估、教育质量评估。在教育经费方面，教育经费实现教育投入 4%的目标，建立城乡统一、重在农村的义务教育经费保障机制，全面推进教育经费的科学化、精细化管理，切实提高资金使用效益；提高农村学校办学条件，加强学校信息化建设。在教育体制改革方面，完善中小学管理体制，建立家长委员会制度；建立全国统一、规范的学籍信息管理制度；推动进城务工人员随迁子女义务教育入学机会公平。

我们在看到上述政策促进义务教育发展的同时，也应该看到基础教育还存在诸多问题。在教师队伍建设方面，教师准入门槛仍旧不高，教师资格终身制弊端显现；在提升教育质量方面，集团化办学缺乏规范，教材出版管理有待加强，教学模式陈旧，课程标准不适合当前人才培养目标，随迁子女和留守儿童入学受教育权保障问题等；在教育经费方面，教育经费缺口存在，农村办学条件有待进一步改善等；在教育体制方面，基础教育学校管理体制有待改进等。

（二）“十二五”期间义务教育实践现状

“十二五”期间我国颁布了一系列政策推进提高义务教育质量，包括加强教师队伍建设、改革综合评价方式、推进义务教育建设、修订课程标准、规范教材编写与出版、加大教育经费投入、改善农村办学条件等。“十三五”期间，我国义务教育亟待解决的问题应包括教师准入制度改革、规范集团化办学、中小学教科书发行管理、基础教育课堂教学模式改革、进城务工人员随迁子女入学等。

1. 教师准入制度改革问题

教师是教育事业发展的基础，是提高教育质量的关键。2013 年以前，我国师资培养制度和教师资格制度缺乏统一的标准，主要有两个原因。一是师范生的培养目标不同。不同类型高校、相同类型的不同高校在实施教师培养时，培养目标的设定、课程体系的构建表现出明显的差异性。二是教师资格认定标准不同。我国教师资格认定采取地方负责的办法，造成我国教师资格认定标准不一、教师资格考试难度迥异、教师执照要求也大相径庭。近年来，随着我国经济和教育事业的蓬勃发展，教师资格制度已经跟不上发展的步伐，主要问题表现在：现有的教师资格认定标准偏低和教师资格终身制。随着我国教育的发展和改革，原有的教师准入制度的滞后性所带来的负面影响越来越明显，因此，关于改革现存教师资格制度的呼声也是越来越高。“十二五”期间，我国出台的一系列政策在加强教师队伍建设方面取得显著成绩，特别是在教师准入制度改革方面作出了重大突破，如开始在我国部分地区实施教师资格考试和定期注册改革。为了更好地解决当前教师队伍建设中存在的问题，“十三五”期间应进一步完善教师准入制度，推进教师资格考试和定期注册制度改革。

2. 规范集团化办学问题

集团化办学是推进义务教育均衡发展方面的重要举措，能够促进扩大优质教育资源，落实义务教育入学机会均等。义务教育集团化办学可以形成资源共享、抱团发展、集成创新的办学新格局，探索基础教育的公共治理模式，整体提升区域学校教育质量与办学水平。近年来，我国各地方政府积极推进基础教育集团化办学，并取得了显著成果，有效地促进了区域内教育均衡发展，但是在逐步推进、探索教育集团化办学的过程中，出现了一些问题，如集团的共同发展指向不统一、集团内部教师流动、专业发展机制不健全、集团管理民主化程度降低、集团内部优质学校文化共享困难、集团办学绩效评估指标缺乏、集团内部效用转移和协商机制缺位等，面对集团化办学实践过程的困难，应从国家层面对集团化办学进行规范，保证集团化办学发挥最大效益。

3. 中小学教科书发行管理问题

中小学教科书的出版发行是关系全国普通中小学教学秩序的稳定、教育质量的提高和我国基础教育事业进一步发展的一项十分重要的工作。我国政府高度重视中小学教科书发行管理工作，多次发文对中小学教科书的选用、征订、发行等作出明确规定。但是，部分地区的一些单位、个人违规征订、发行中小学教科书，严重扰乱了我省教科书发行秩序。因此，必须加强对普通中小学教科书出版发行工作的管理，规范出版物发行活动及监督管理，建立全国统一开放、竞争有序的出版物市场体系，满足人民群众的精神文化需求，推进社会主义文化强国建设。

4. 基础教育课堂教学模式改革问题

传统的课堂教学模式是一种以教师为中心、以传授知识为直接目的的教学模式，已逐渐形成教师单向灌输、学生被动接受的局面，忽略了学生在学习中的主体性。在知识、能力和素质的关系上，这种教育模式过于重视知识的传授，忽视对学生能力特别是创新能力的培养，只注重学生的知识记忆储存，而较少注重发展其综合素质和创新能力。该模式不利于培养学生的创造性思维、发散性思维、批判性思维，不利于适应知识经济时代的“创新人才”的培养，无法使学生快速适应新时期教育的需要。

近年来，我国不断推进基础教育课堂教学模式改革，改善传统的以教师为中心、以传授知识为直接目的的授课模式，转向以学生为主体的课堂教学模式，逐步摆脱了传统教学模式的束缚。要想改变单纯灌输式的教育方法，就要探索创新型教育的方式方法，相关部门须进一步进行基础教育教学模式改革，并对教学模式进行规范，避免标新立异、巧立名目的乱象出现，遵循教育规律，切实落实“自主学习、合作探究”的课改理念。

5. 进城务工人员随迁子女入学问题

随着农村劳动力大量流向城市，这些进城务工人员随迁子女受教育的问题也愈加突出。进城务工人员子女受教育权问题是一个涉及教育、经济、社会、法律和政治等多方面的综合性问题，此问题多年来备受重视却一直未能从根本上得以解决。进城务工人员子女受教育问题包括进城务工人员子女受教育机会不平等、受教育条件不平等等。受教育权是国际公认的基本人权，我国宪法把受教育权规定为公民的一项基本权利，在我国其他单行法律中还规定了我国公民受教育权的保障与实施等问题。能否接受教育关系一个人的终身发展，发展教育更是一个国家与社会的责任与义务。因为随迁子女受教育问题不仅影响进城务工人员子女个体的成长和发展，也会通过进城务工人员家庭进而影响国家的发展与社会的和谐，所以随迁子女受教育的问题是亟待解决的。对于随迁子女，要坚持积极进取、实事求是、稳步推进的原则，建立以居住证为主要依据的随迁子女入学政策，简化入学流程。

（三）小结

“十三五”期间，义务教育事业发展的核心仍旧是“公平”和“质量”。实现公平的两个关键任务是：实现区域内部教育公平，保障弱势群体的受教育权利。区域内部教育公平方面，必须确保学生入学机会均等和优质教育资源获取与使用的平等，应积极探索新的办学模式，如推进义务教育学校在区域内集团化办学模式；保障弱势群体的受教育权利方面，主要涉及进城务工人员随迁子女平等受教育的权利。

提高教育质量的首要任务是加强教师队伍建设，教师队伍建设的首要任务是提高教师准入门槛、加强教师资格考试管理，并进行教师定期注册。其次，应进行教学模式改革，切实落实“自主学习、合作探究”的课改理念，使课改能够在提升学生专业素养与核心素养方面发挥根本性的作用。此外，还要进一步规范中小学教科书发行管理工作，切实满足“课前到书，人手一册”的需要。

因此，我们建议，义务教育领域需要制定的教育政策是：①“关于全面推进中小学教师资格考试与定期注册制度的通知”；②“关于规范中小学教育集团化办学的指导意见”；③“中小学教科书发行管理办法”；④“关于深化基础教育课堂教学模式改革的意见”；⑤“关于保障进城务工人员随迁子女受教育权的意见”。

（四）义务教育政策建议

1. 政策名称：“关于全面推进中小学教师资格考试与定期注册制度的实施意见”

政策依据：《国家教育事业发展“十三五”规划》提出，“依法实施中小学教师资格考试制度，进行中小学教师定期登记”。[①]2012 年印发的《国务院关于加强教师队伍建设的意见》提出，“严格教师资格和准入制度，全面实施教师资格考试和定期注册制度”[②]。教育部发布的《中小学教师资格考试暂行办法》《中小学教师资格定期注册暂行办法》对中小学教师资格考试和定期注册制度分别作出了全面的政策规定。2013 年，发布了《教育部关于扩大中小学教师资格考试与定期注册制度改革试点的通知》。2015 年，发布了《教育部办公厅关于进一步扩大中小学教师资格考试与定期注册制度改革试点的通知》，截止到 2017 年 4 月，已有 22 个省（直辖市、自治区）成为试点。

政策目标：基于“十二五”期间的教师资格考试和定期注册试点实验的丰富经验，“十三五”期间应全面推进实施该制度。教师资格考试与定期注册制度改革有利于建立健全中小学教师资格考试和定期注册制度，提高教师职业准入门槛和教师队伍来源质量，破除教师资格终身制，打破体制壁垒，加大优质人才培养

---

① 国务院. 国务院关于印发国家教育事业发展“十三五”规划的通知. 中华人民共和国中央人民政府网. http://www.gov.cn/zhengce/content/2017-01/19/content_5161341.htm[2017-01-29].

② 国务院. 国务院关于加强教师队伍建设的意见. 中华人民共和国中央人民政府网. http://www.gov.cn/zhengce/ content/ 2012-09/07/content_5390.htm[2017-01-29].

力度。

政策结构：该政策包含三个部分，一是总体目标。二是主要任务，包括：实施计划与方式、教师资格考试形式和内容、定期注册办法、加强监督管理。三是保障措施。

政策内容：在我国全面推进教师资格考试和定期注册制度，完善相关政策的制定工作；设计实施计划与方式，各地区以市为单位、为试点逐步开展，在一定时期内全面实现教师资格考试和定期注册制度改革；依据教师资格考试办法统一进行教师资格考试，考试内容和方式作出更具体的规定；依据教师定期注册办法进行教师定期注册，确定合理的注册周期，制定不合格教师推出机制，保障教师权益；加强实施过程中的监督管理，保证结果向社会及时公布，保证结果公开透明；建立监督举报机制，避免出现以权谋私的情况。

政策颁布：建议由教育部颁布此政策。

2. 政策名称："关于规范中小学教育集团化办学的指导意见"

政策依据：《国家中长期教育改革和发展规划纲要（2010—2020 年）》提出"推进义务教育均衡发展"，"建立健全义务教育均衡发展保障机制。推进义务教育学校标准化建设，均衡配置教师、设备、图书、校舍等资源"。《国家教育事业发展"十三五"规划》提出，"推广集团化办学、强校带弱校、委托管理、学区制管理、学校联盟、九年一贯制学校等办学形式，加速扩大优质教育资源覆盖面，大力提升乡村及薄弱地区义务教育质量"[①]。

政策目标：解决当前"择校热"的问题，较快的缩小城乡教育差距，推动义务教育均衡发展。"十三五"期间，应对义务教育集团化办学进行推进和规范，加强集团化办学的监管、评估工作，实现集团化办学的效益最大化。

政策结构：一是总体要求，包括：基本思路、主要原则、总体目标。二是主要任务和措施，包括：规范集团化办学模式、健全义务教育集团运行机制、优化义务教育集团发展环境、加强集团办学效益评估。三是组织实施。

政策内容：在推行义务教育集团化办学的同时，对集团化办学进行规范，保证义务教育集团化办学有序地开展；强化集团成员间校长、教师交流制度，提高校长、教师交流的主动性和参与数量，加快提高集团内的师资水平；严格集团化学校管理，规范集团化办学模式，包括树立集团化办学典型模式、评选义务教育

---

① 国务院. 国务院关于印发国家教育事业发展"十三五"规划的通知. 中华人民共和国中央人民政府网. http://www.gov. cn/zhengce/content/2017-01/19/content_5161341.htm[2017-01-29].

学校集团化办学单位等；探索集团化办学的管理体制，加强集团管理，保证集团管理、决策的民主程度；加强区域内集团化办学的组织领导，统筹协调集团办学，充分实现优质教育资源共享。

政策颁布：建议由教育部颁布此政策。

3. 政策名称："中小学教科书发行管理办法"

政策依据：《国家教育事业发展"十三五"规划》提出"完善教材审查审定和使用监测制"。2011 年，国家新闻出版广电总局对《出版物市场管理规定》进行了修订，增加了关于教科书发行的具体内容，对中小学教科书发行单位的企业性质、仓储面积、网点数量，以及教材发行资质的审批程序、教科书发行活动管理和相应罚则等作出了具体规定。2014 年，教育部印发了《中小学教材选用管理办法》，对中小学教材选用原则、选用主体、选用程序、更换程序、管理监督等都作出了明确规定。同年，教育部印发了《中小学教科书选用管理暂行办法》，旨在加强规范和监管规范教科书的选用。

政策目标：中小学教科书的出版发行是关系全国普通中小学校教学秩序的稳定、教育质量的提高和我国基础教育事业进一步发展的一项十分重要的工作。为了满足广大中小学生"课前到书，人手一册"的要求，必须加强对普通中小学教科书出版发行工作的管理，规范出版物发行活动及其监督管理，建立全国统一开放、竞争有序的出版物市场体系，满足人民群众精神文化需求，推进社会主义文化强国建设。坚持教材"一纲多本"基本制度，支持按照课程标准编写教材，形成多样化教材格局，满足不同地区、不同学校的差异化需求，完善教材周期修订制度和教材退出机制。

政策结构：第一章，总则；第二章，管理职责；第三章，发行机构；第四章，发行程序；第五章，监督；第六章，附则。

政策内容：对《出版物市场管理规定》中关于教科书发行的规定，如中小学教科书发行单位的企业性质、仓储面积、网点数量，以及教材发行资质的审批程序、教科书发行活动管理和相应罚则等进行细化。重新定义教科书范围，应包括电子教材。鼓励民间力量参与教科书的发行工作，形成专业教科书发行群体，既可提高教科书发行的专业性，增强教科书发行水平，又可以降低教科书发行成本，减轻教科书使用者的经济负担。制定教科书价格制定标准与发放时间。制定教科书周期修订和教科书退出机制。

政策颁布：建议由教育部、新闻出版总署颁布。

4. 政策名称："关于深化基础教育课堂教学模式改革的意见"

政策依据：《国家中长期教育改革和发展规划纲要（2010—2020 年）》提出，义务教育要"深化课程与教学方法改革，推行小班教学"，并提出应"提高教师业务素质，改进教学方法，增强课堂教学效果，减少作业量和考试次数"①。《国家教育事业发展"十三五"规划》提出，要"鼓励教师利用信息技术提升教学水平、创新教学模式，利用翻转课堂、混合式教学等多种方式用好优质数字资源"②。2014 年发布的《教育部关于全面深化课程改革落实立德树人根本任务的意见》，提出人才培养模式改革要不断深化，自主、合作、探究的学习方式与启发、讨论、参与的教学方式不断推广，育人的针对性、实效性进一步增强③。

政策目标：我国教育模式虽然历经了数次变革和更新，成绩斐然，但始终未能摆脱传统教育模式的束缚。推进教学模式改革是要改变单纯灌输式的教育方法，探索创新型教育的方式方法，在尊重教师主导作用的同时，更加注重培育学生的主动精神，鼓励学生的创造性思维。同时也应避免标新立异、巧立名目的乱象，要遵循教育规律，切实落实"自主学习、合作探究"的课改理念。

政策结构：一是进一步认识深化课堂教学模式改革的重要意义；二是进一步明确深化课堂教学模式改革的主要任务，包括积极开发课程资源、融合信息技术、提高课堂教学的学生参与度、健全课堂教学评价标准；三是进一步完善深化课堂教学模式改革的保障机制，包括加强组织领导统筹课堂教学模式改革、强化教研部门研究与服务职能、完善评价激励机制。

政策内容：构建开放灵活的基础教育课堂模式。发挥学生在课堂教学的主体作用，鼓励学生积极参与课堂教学，增强学生的动手能力。推进信息技术在教学过程中的普遍应用，促进信息技术与学科课程的整合，逐步实现教学内容的呈现方式、学生的学习方式、教师的教学方式和师生互动方式。健全课堂教学评价标准。根据各学科的特点，健全课堂教学评价标准，全面提高课堂教学效率，减轻学生负担。

---

① 国家中长期教育改革和发展规划纲要工作小组办公室. 国家中长期教育改革和发展规划纲要（2010—2020 年）. 中华人民共和国中央人民政府网. http://www.gov.cn/jrzg/2010-07/29/content_1667143.htm[2016-09-04].

② 国务院. 国务院关于印发国家教育事业发展"十三五"规划的通知. 中华人民共和国中央人民政府网. http://www.gov.cn/zhengce/content/2017-01/19/content_5161341.htm[2017-01-29].

③ 教育部. 教育部关于全面深化课程改革落实立德树人根本任务的意见.教育部网站. http://old.moe.gov.cn/publicfiles/business/htmlfiles/moe/s7054/201404/167226.html[2017-01-29].

政策颁布：建议由国务院颁布此政策。

5. 政策名称："关于保障进城务工人员随迁子女受教育权的意见"

政策依据：《中华人民共和国国民经济和社会发展第十二个五年规划纲要》规定："以流入地全日制公办中小学为主，保证农民工随迁子女平等接受义务教育，并做好与高中阶段教育的衔接。"①《国家中长期教育改革和发展规划纲要（2010—2020年）》明确提出，进城务工人员随迁子女受教育权的保障要从义务教育阶段延伸到非义务教育阶段，并且要研究制定进城务工人员随迁子女接受义务教育后在当地参加升学考试的办法。《国家教育事业发展"十三五"规划》提出，要"适应户籍制度改革要求，推动建立以居住证为主要依据的随迁子女入学办法，简化优化入学办理流程和证件要求，保障符合条件的随迁子女都能在公办学校或政府购买服务的民办学校就学"②。2012年，《国务院关于深入推进义务教育均衡发展的意见》提出，"将常住人口纳入区域教育发展规划，推行按照进城务工人员随迁子女在校人数拨付教育经费"③。2012年，《关于做好进城务工人员随迁子女接受义务教育后在当地参加升学考试工作的意见》要求各地因地制宜地制定随迁子女升学考试具体政策。2014年，《教育部关于进一步做好小学升入初中免试就近入学工作的实施意见》要求各地依法合理确定随迁子女入学条件，妥善解决进城务工人员随迁子女小升初问题。

政策目标：保障进城务工人员子女的受教育权是推动我国经济和社会发展的重要因素，是实现教育公平的重要手段，保障进城务工人员子女的受教育权应在教育机会和教育条件两个方面进行，给进城务工人员子女增加受教育的机会和提高受教育的条件，进而提升教育质量，努力从根本上解决进城务工人员子女受教育权问题。

政策结构：一是充分认识保障进城务工人员子女受教育权的重要性；二是做好保障进城务工人员子女受教育权工作的主要原则；三是制定提高进城务工人员子女入学机会的实施方案；四是加大提升进城务工人员子女学校办学条件的经费投入；五是因地制宜制定进城务工人员子女小初高升学考试具体政策；六是统筹

---

① 国家发展和改革委员会. 中华人民共和国国民经济和社会发展第十二个五年规划纲要. 中华人民共和国中央人民政府网. http://www.gov.cn/2011lh/content_1825838.htm[2016-10-09].

② 国务院. 国务院关于印发国家教育事业发展"十三五"规划的通知. 中华人民共和国中央人民政府网. http://www.gov.cn/zhengce/content/2017-01/19/content_5161341.htm[2017-01-29].

③ 国务院. 国务院关于深入推进义务教育均衡发展的意见. 中华人民共和国中央人民政府网，http://www.gov.cn/zwgk/2012-09/07/content_2218783.htm[2017-01-29].

做好随迁子女和流入地学生升学考试工作；七是加强组织领导和协调配合。

政策内容：政府教育主管部门应加强督察、考核，将其纳入学校与一把手的总体考核或专项考核；建立贫困生资助制度，帮助进城务工人员子女解决实际困难，简化学籍手续；确定对随迁子女的收费标准，可以适当减缓学费；适度扩大部分班额，接收随迁子女就学，将会对随迁子女的健康成长发挥重大作用，这比单独建设流动子女学校有更大的社会价值。国家有关部门应该把各流入地保障进城务工人员子女就学的情况纳入“政绩”考核范围，进行针对性的考核评价；建立以公办学校接纳为主、流动人口子女学校接纳为辅的就学保障机制；设立进城务工人员子女义务教育专项经费，对符合条件的所有进城务工人员子女免除借读费、学杂费、课本费和作业本费等。

政策颁布：建议由教育部、财政部、发展改革委、公安部、人力资源和社会保障部等联合颁布此政策。

三、高中教育政策

当前，在我国义务教育均衡发展扎实推进与高等教育迈向大众化之际，高中阶段教育的重要性日益凸显。高中教育不仅是连接九年义务教育和高等教育的重要纽带，也是学生成长为技能型人才与高素质劳动者的重要阶段，更是学生个性与特色显现，人生观、价值观形成的重要时期。推进高中教育发展，就要鼓励学校办出特色，形成多样化发展的教育生态，满足学生的个性发展和学习诉求。

（一）“十二五”期间高中教育政策现状

“十二五”期间，我国关于高中教育的主要政策约有 7 部，包括《国务院关于深化考试招生制度改革的实施意见》《教育部关于普通高中学业水平考试的实施意见》《教育部关于加强和改进普通高中学生综合素质评价的意见》《教育部关于进一步推进高中阶段学校考试招生制度改革的指导意见》《教育部基础教育课程教材专家咨询委员会章程》《教育部关于全面深化课程改革落实立德树人根本任务的意见》《财政部 教育部关于免除普通高中建档立卡家庭经济困难学生学杂费意见》。

上述政策的颁布进一步推进了我国普通高中教育发展。“十二五”期间的高中教育政策的主要特点是：重视高中阶段教育的优质特色发展，强调高中生的全面发展与个性化发展；完善高中阶段考试制度，开展学业水平考试，推进高中教育综合素质评价；稳步推进普及高中教育，高中阶段毛入学率实现稳步增长；加强改善普通高中办学条件，进一步保障教育公平。

“十二五”期间颁布的高中教育政策虽然推进了我国高中教育发展，但仍存在不足。《国家中长期教育改革和发展规划纲要（2010—2020 年）》要“推动普通高中多样化发展”，但仍缺乏具体的推进高中多样化发展的实施策略。同时，高中多样化发展需要与之相适应的高中招生政策、高中课程标准政策等的推动。高中招生政策要适应高中多样化发展的需求，应招收具有学科特长、创新潜质的学生，满足不同潜质学生的发展需要。同时，加快对高中课程标准的修订，使课程标准与高中多样化紧密结合，依据学科知识的内在逻辑和意蕴，设计与建构课程体系。

（二）“十二五”期间我国高中教育实践现状

《国家中长期教育改革和发展规划纲要（2010—2020 年）》明确提出要“推动普通高中多样化发展”，“高中阶段教育是学生个性形成、自主发展的关键时期，对提高国民素质和培养创新人才具有特殊意义。注重培养学生自主学习、自强自立和适应社会的能力，克服应试教育倾向”[①]。这是迄今为止国家级教育政策对于高中阶段教育培养目标最为全面系统的定位，在应试教育弥漫各级各类教育的情况下，把“克服应试教育倾向”专门锁定在高中阶段教育，具有十分深刻的导向意义，这再次明确了普通高中多样化发展不是主要趋势。

第一，高中教育“多样化”问题。国家自 2010 年启动教育体制改革试点项目以来，北京、上海、黑龙江、新疆和南京都承担了普通高中多样化有特色发展试点项目，各地立足本地实际和发展需求，积极探索高中多样化发展的实现途径和有效推进机制。经过在试点改革基础上的经验交流、总结推广和政策引导，我国高中多样化发展的总体要求、实施路径和引导政策不断得以明确。普职融通高中、综合高中、学科创新高中、国际高中和艺术体育特色高中等多样化的办学类型，在试点中焕发出强烈的生命力，一些有影响的示范区和具有引领价值的特色

① 国家中长期教育改革和发展规划纲要工作小组办公室. 国家中长期教育改革和发展规划纲要（2010—2020 年）. 中华人民共和国中央人民政府网. http://www.gov.cn/jrzg/2010-07/29/content_1667143.htm[2017-09-04].

高中不断涌现。推动高中阶段学校多样化发展可以满足不同潜质学生的发展需要。我国在探索普通高中多样化发展的道路上，尽管一些学校做了有益的探索和尝试，但仍存在各种制约性因素。包括普通高中教育“功利化”现象依然严重，普通高中单一的课程目标没有撼动，普通高中的多元评价机制尚未形成，普通高中多样化发展的支撑体系缺乏等。

第二，高中教育“自主招生”问题。高中学校自主招生是指要给予有条件的高中学校一定数量的自主招生名额，以招收具有学科特长、创新潜质的学生，推动高中阶段学校多样化、特色化发展，满足不同潜质学生的发展需要。高中学校考试招生中有一定的自主招生名额，用于招收具有音乐、美术、科技等特长的学生，此方法为具有特长的学生开辟了升学通道，打破了传统的“应试教育”模式，有利于推进高中素质教育和高中教育多样化发展的需求。然而，就目前“自主招生”的实施情况来看，已有的措施尚不能完全满足“高中多样化”的需求，对具有创新潜质的学生关注度仍然不够。

第三，高中课程标准问题。普通高中的课程标准自 2004 年启动使用，经过十年的实践检验，取得了很大的成就。同时，也反映出一些亟待改进的问题，包括课程标准结构框架有待创新，内容编排有待调整，信息化教育方式的尚需推进等。故而通过对标准的修订及巩固成果、修正问题，借此机会进一步改革创新也是十分必要的，课程应全面贯穿立德树人的思想，适应高考内容改革和教育综合评价机制改革等。此外，现有的课程还缺乏对学科核心素养的提炼，因此应加快修订高中课程标准。

（三）小结

“十三五”期间，高中教育面临的主要问题是高中教育多样化。为了寻求高中教育多样化发展的途径，首先，应对高中课程标准进行修订以适应高中教育多样化的需求，课程标准需要与提升学生核心素养紧密结合，在深化对学生核心素养认识的基础上，通过对学科知识内容内在意蕴的整合设计与建构体现核心素养的课程体系；其次，推进高中自主招生，即“要给予有条件的高中阶段学校一定数量的自主招生名额，招收具有学科特长、创新潜质的学生”，进一步推动高中阶段学校多样化发展，满足不同潜质学生的发展需要。

因此，我们建议，高中教育领域需要制定的教育政策是：①“关于进一步促进高中教育多样化办学的意见”；②“高中教育学校自主招生办法”；③“修订《高中课程标准》”。

（四）高中教育政策建议

1. 政策名称："关于促进高中教育多样化办学的意见"

政策依据：《国家中长期教育改革和发展规划纲要（2010—2020 年）》明确提出要"推动普通高中多样化发展"。《国家教育事业发展"十三五"规划》提出，要"促进普通高中多样化发展。探索综合高中、特色高中等多种模式，促进学校特色发展，为学生提供更多选择机会"[①]。

政策目标：高中教育多样化办学不仅能满足每个学生的个性化需求，也是我国人才培养的重要举措。要完善高中学校招生考试制度，就要推动高中学校多样化发展，从而满足不同潜质学生的发展需要。课程教学资源始终是高中多样化发展的主要载体，高中课程教学改革的新探索是推进多元化的重要途径。要进行人才培养模式多样化探索，就引领高中特色发展不断取得新进展。国家顶层设计指导下的办学模式多样化探索，由点及面，实现从改革试点到稳步推进推广的目标。

政策结构：

一是充分认识高中多样化办学的重要意义，包括：深刻理解高中多样化办学的重要地位、准确把握高中多样化办学面临的形势、明确高中多样化办学的指导思想和目标任务；二是加快完善高中多样化办学的实现形式，包括：积极鼓励高中学校的校本课程研发、规范完善高中教育多样化办学模式；三是不断强化多样化办学的保障机制，包括：加强对高中教育多样化办学的领导、完善高中教育多样化办学的政策支持、加大对高中教育多样化办学的投入。

政策内容：推进高中教育多样化发展措施的实施，鼓励各地立足本地实际和发展需求，积极探索高中多样化发展的实现途径和有效推进机制。探索特色高中多样化办学模式，继续推进普通高中多样化、特色化发展试点项目，形成各类特色高中多样化的办学类型。积极鼓励高中学校的校本课程研发，注重校本课程的重要作用，因地制宜地推进高中学校校本课程研发，注重职业教育课程内容的融合。完善高中教育多样化办学模式，鼓励探索多样化办学模式，促进地区高中学校交流和协调发展，树立成功和典型的多样化办学模式。优化高中教育多样化办学发展环境，强化省级统筹和部门协调配合，完善高中多样化办学支持政策，在招生就业、对口支援、经费投入、国际合作等方面予以倾斜，形成深入开展多样化办学的良好环境。

---

① 国务院. 国务院关于印发国家教育事业发展"十三五"规划的通知. 中华人民共和国中央人民政府网. http://www.gov.cn/zhengce/content/2017-01/19/content_5161341.htm[2017-01-29].

政策颁布：建议由教育部颁布此政策。

2. 政策名称："关于高中教育学校自主招生实施办法的通知"

政策依据：《国家中长期教育改革和发展规划纲要（2010—2020 年）》指出的，要"完善中等学校考试招生制度"，要"改进高中阶段学校考试招生方式，发挥优质普通高中和优质中等职业学校招生名额合理分配的导向作用。规范优秀特长生录取程序与办法"[①]。2014 年，《国务院关于深化考试招生制度改革的实施意见》提出，要改进高中阶段学校考试招生方式，实行优质普通高中和优质中等职业学校招生名额合理分配到区域内初中的办法。2016 年，《教育部关于进一步推进高中阶段学校考试招生制度改革的指导意见》指出，"要给予有条件的高中阶段学校一定数量的自主招生名额，招收具有学科特长、创新潜质的学生，推动高中阶段学校多样化有特色发展，满足不同潜质学生的发展需要"[②]。

政策目标：健全自主招生管理工作规定，推进高中教育多样化办学，满足高中生多样化发展，规范学校自主招生行为，进一步明确自主招生范围、自主招生规模等基本要求，严禁违规跨区域和擅自提前自主招生，防止恶性竞争，维护正常的自主招生秩序。

政策结构：一、总体要求；二、明确申请报名和审核程序；三、合理确定考核内容和形式；四、规范录取程序和要求；五、自主招生考核安排在统一中考后进行；六、加强信息公开公示；七、严厉查处各类违规行为。

政策内容：依据学校规模明确学校的自主招生范围，确定学校自主招生名额。高中阶段学校自主招生过程要完善报考条件和考生评价体系，由市级教育行政部门进行自主招生统一命题，考试时间应安排在地区统一中考考试后进行。加强事前、事中、事后监督管理，有资格进行自主招生的高中依据学校实际情况修订自主招生简章。同时，教育行政部门还要对自主招收的学生进行资格复查，严防弄虚作假。强化信息公开和社会监督，教育行政部门和高中学校公示制度进一步完善，实现自主招生全过程信息公开。通过畅通网站、信函等多种信访举报渠道，加强社会监督。

政策颁布：建议本政策由教育部制定并颁布。

---

① 国家中长期教育改革和发展规划纲要工作小组办公室.国家中长期教育改革和发展规划纲要（2010—2020 年）. 中华人民共和国中央人民政府网. http://www.gov.cn/jrzg/2010-07/29/content_1667143.htm[2016-09-04].

② 教育部. 教育部关于进一步推进高中阶段学校考试招生制度改革的指导意见. 教育部网站. http://www.moe.gov.cn/srcsite/ A06/s3732/201609/t20160920_281610.html[2017-01-05].

3. 政策名称："《高中课程标准》(修订)"

政策依据：《国家教育事业发展"十三五"规划》提出，要"加强对课程教材建设的顶层设计，修订国家基础教育课程方案和课程标准，体现学生发展核心素养要求"①。《教育部关于印发义务教育语文等学科课程标准（2011 年版）的通知》，发布了义务教育地理、物理、化学、生物、初中科学等科学课程标准。2014 年发布的《教育部关于全面深化课程改革落实立德树人根本任务的意见》指出，"研究制订学生发展核心素养体系和学业质量标准"，②并强调要根据核心素养体系，明确学生完成不同学段、不同年级、不同学科学习内容后应该达到的程度要求，指导教师要准确把握教学的深度和广度，使考试评价更加准确反映人才培养要求。

政策目标：加强课程改革创新和增加丰富的教学资源，推动普通高中多样化、特色化发展，力求"为每个学生提供适合的教育"由理念转变为现实。增加选修课程比重，提高"选择性"，使学生能跨班级、跨年级、跨学校选课走班，满足每个学生的个性化发展需求。探索建立包含学科课程、综合实践课程、职业考察课程等适应学生个性差异和选择需要的多类型课程体系。推进高中办学模式特色化改革创新，培养学生的社会责任感、创新精神和实践能力。

政策结构：一是课程标准修订的指导思想；二是课程标准执行要求，包括：全面加强学习培训工作、深入推进教学改革、积极推进评价考试制度改革、加强信息技术融合、加强课程资源建设、加强组织领导。

附件：各科课程标准（含修订内容说明）。

政策内容：课程标准的主要思想，包括全面贯彻体现立德树人的教育目标，突出德育的时代特征；充分体现学科素养，高中物理、化学、生物、技术等学科素养的研究应依据学生发展的核心素养。课程标准应注重优化学科必修、选修内容结构，与时俱进地更新课程内容。课程标准的核心内容要以突出能力为重，强化能力培养的基本要求；反映时代精神，合理吸收社会发展和科技进步的新成果；控制课程容量和难度，减轻学生课业负担。各学科根据本学科的特点及各学科课程标准的学习领域和教学内容，研制各高中的学业质量标准。

政策颁布：建议由教育部颁布此政策。

---

① 国务院. 国务院关于印发国家教育事业发展"十三五"规划的通知. 中华人民共和国中央人民政府网. http://www.gov.cn/zhengce/content/2017-01/19/content_5161341.htm[2017-01-29].

② 教育部. 教育部关于全面深化课程改革落实立德树人根本任务的意见. 教育部网站. http://www.moe.gov.cn/srcsite/A26/s7054/201404/t20140408_167226.html[2017-01-05].

四、高等教育政策

高等教育作为教育的龙头，担负着为社会经济发展提供人才和智力支持，为当今社会科学技术的发展提供源源不断的动力，以及为我国的现代化建设培养优秀人才等职能。高等教育发展状况，从一个侧面反映出国家科学技术的发展水平，也是国家综合国力的重要体现。2016 年 12 月，习近平同志在全国高校思想政治工作会议上发表讲话并强调，高等教育发展水平是一个国家发展水平和发展潜力的重要标志。实现中华民族伟大复兴，高等教育的地位和作用不可忽视。[①]

（一）“十二五”期间高等教育政策的现状

“十二五”至今，我国出台的高等教育领域相关政策约有 29 部。《教育部关于开展研究生专业学位教育综合改革试点工作的通知》《教育部关于大力推进高等学校创新创业教育和大学生自主创业工作的意见》《国家中长期教育改革和发展规划纲要（2010—2020 年）》《教育部关于“十二五”普通高等教育本科教材建设的若干意见》《教育部 财政部关于“十二五”期间实施“高等学校本科教学质量与教学改革工程”的意见》《教育部关于深入实施高校招生阳光工程的意见》《高等学校“十二五”科学和技术发展规划》《教育部 财政部关于实施高等学校创新能力提升计划的意见》《教育部关于全面提高高等教育质量的若干意见》《普通本科学校创业教育教学基本要求（试行）》《教育部关于进一步深化高校自主选拔录取改革试点工作的指导意见》《中西部高等教育振兴计划（2012—2020 年）》《教育部 国家发展改革委 财政部关于深化研究生教育改革的意见》《教育部办公厅关于进一步加强高校自主选拔录取改革试点管理工作的通知》《国务院学位委员会 教育部关于加强学位与研究生教育质量保证和监督体系建设的意见》《普通高等学校招生违规行为处理暂行办法》《教育部关于改进和加强研究生课程建设的意见》《教育部 国家发展改革委 财政部关于引导部分地方普通本科高校向应用型转变的指导意见》《教育部办公厅关于进一步做好高校毕业生就业创业工作的通知》《教育部关于进一步规范高等教育招生计划管理工作的意见》《教育部办公厅关于统筹全日制和非全日制研究生管理工作的通知》《教育部关于深化高校

① 习近平在全国高校思想政治工作会议上强调：把思想政治工作贯穿教育教学全过程 开创我国高等教育事业发展新局面. 人民网. http://dangjian.people.com.cn/n1/2016/1209/c117092-28936962.html[2016-12-24].

教师考核评价制度改革的指导意见》《促进高等学校科技成果转移转化行动计划》《高等学校“十三五”科学和技术发展规划》《学位与研究生教育发展“十三五”规划》《国家教育事业发展“十三五”规划》《关于进一步引导和鼓励高校毕业生到基层工作的意见》《统筹推进世界一流大学和一流学科建设实施办法（暂行）》《“十三五”促进就业规划》等。

纵观“十二五”期间颁布实施的高等教育领域的政策法规，其基本围绕：提升教育质量，培养高层次创新人才；提升科研水平，增强社会服务能力；优化高校结构，加快高校“双一流”建设；加强国际交流，提升国际化水平等为核心进行展开与细化的，一系列政策的颁布实施使我国高等教育政策法规建设取得了一定成就，有力地推动了高等教育事业的发展。但是同时需要注意的是，已有政策在内容上也存在着诸如：政策内容不够全面；政策体系不够健全；政策覆盖程度还需加强；缺少配套的法律法规；创新性、可操作性还需加强等问题，故而在“十三五”期间，我们需要以问题为导向，依据现实问题，对高等教育政策体系予以修订和完善。

（二）“十二五”期间高等教育的实践现状

“十二五”期间，我国高等教育事业取得了突飞猛进的发展，主要表现在：一是，这一时期内，我国高等教育大众化水平逐步提升，高等教育普及率有所增长，截止到 2015 年，我国高等学校毛入学率达到 37.5%，比 2009 年提高了 13.3 个百分点，超过中高收入国家平均水平。同时，我国高等教育政策逐渐向相对偏远地区倾斜，截止到 2015 年共招收农村贫困地区学生 7.5 万名，较 2009 年有了较大幅度的增长。二是，人才培养重视程度加强，高等教育质量有所提升。在此期间，我国开设实施了一系列的卓越人才教育培养计划和科教结合协同育人行动计划，建设了 150 个示范性中小学综合实践基地和 833 个国家大学生校外实践基地。在大学生创新创业训练计划中，全国共有 100 多所部属高校和 700 多所地方高校参与，共有 8 万多个项目获得资助，参与项目学生近 22 万人。截止到 2015 年，大学生创业及参与创业人数已达 42.3 万人。三是，高考招生制度进入试点阶段。考试招生制度改革实施后，上海、浙江启动高考综合改革试点，积极探索基于统一高考和高中学业水平考试成绩、参考综合素质评价的多元录取机制。减少和规范高考加分项目及分值，全国性鼓励类加分项目全部取消，地方性加分项目减少 63%，13 个省（自治区、直辖市）取消所有地方性加分项目，大部分省（自治区、直辖市）普遍降低分值。四是，研究生培养取得量的飞跃，截止到 2015 年底，我国硕士专业学位类型增加到 40 个，基本覆盖国民经济和社会发展的主要领域，据统计，专业学位招生占研究生招生总数的比例已经由 2009 年的 14.1% 提高到 2014 年的 43.5%，共提升 29.4 个百分点。五是，“双一流”建设进展顺利。《教育部　国家发展改革委　财政部关于引导部分地方普通本科高校向应用型转变的指导意见》《统筹推进世界一流大学和一流学科建设总体方案》《统筹推进世界一流大学和一流学科建设实施办法（暂行）》的出台，为优化我国高校整体结构，完成高校的分层与分类打下了基础，并为高校转型提供了依据，同时为高校“双一流”建设提供了实施办法。

同时，在这期间我国高等教育也出现了一定的问题，其中最主要的问题包括以下三个方面。

首先，高等学校招生考试制度改革问题。一是，考试招生是高等学校录取工作的重要环节，确保考试、招生公平、安全已成为教育界的共识。但是，我们必须清醒地看到，目前，我国高等学校考试招生环节中的舞弊问题仍然存在，2012 年湘潭研究生考试泄题、2013 年人民大学自主招生黑幕、2015 年江西高考替考等一系列案件的出现说明，目前我国反舞弊工作形势依然严峻。二是，目前考试招生制度改革正处于试点阶段，现实中产生的问题尚不明确，单从政策内容的角度来看，高等学校招生考试制度改革方案还存在着一定的问题。第一，不同类型的大学、不同类别的专业在录取学生时一般是有不同要求的，这是由未来学习的课程所决定的，那么如何选择考试科目，在进入高中时如何进行学业规划就成为一个问题。第二，在进行考试制度改革后，如何保证高考招生公平，在综合素质评价方面如何避免造假，学业水平考试的成绩是否具有权威性与可信度也成为人们关注的焦点。第三，改革后，语文、数学、外语三门考试依然是高考中的重头戏，那么这些学科如何避免应试教育，以及应试教育的层层下压依然是一个不好解决的问题。

其次，高等学校人才培养问题（高校结构问题）。“培养什么样的人”和“怎么样培养”是高等学校人才培养中一直面临的两大问题。在长时间的社会、经济发展过程中，高等教育的产出与社会需要相脱节的问题一直饱受诟病。从“十五”到“十二五”，我国高等教育经历了多年的快速扩张，已经成为全球规模最大的高等教育系统，但我国还远非一个高等教育强国。我国从 1999 年开始的高等教育“大扩招”政策主要是从经济上“扩大内需”的角度出发的，大多数地方都出现过教育主管部门向所属高等学校摊派必须完成的扩大招生指标的问题，而当时高等教育拨款的速度又一时跟不上学生数量的增长速度。在一段时间内，曾出现了包括生均经费在内的各种生均资源下降的问题，因此许多高等学校在扩招时都尽可能在成本较低的专业多招收学生。例如，文学、历史、哲学等文科类专业和法律、财会等专业的生均培养成本往往低于核物理、微电子等工程技术专业的生均培养成本。[①]因此，高等教育规模的扩展并没有从整体上十分注意高等教育学生专业分布的层次结构和科类结构与劳动力市场需求的匹配问题，从而造成，一方面高等学校毕业生“就业难”；另一方面经济社会发展急需的应用型人才短缺的问题。尽管目前我国创新创业教育在实施过程中取得了一定的成绩，然而就业率虚高、就业情况并未真正指导课程改革等问题却没有得到有效改善。就业市场与大学教育脱节，高学历人才就业难，国家经济发展人才短缺的问题日渐突出。

最后，研究生导师队伍建设问题。目前，从整体来看，我国研究生教育质量不尽如人意，其原因是多方面的，比如研究生教育投入不足，研究生开展科研的积极性不高，制度体系建设不完善等，但最根本的原因还在于研究生教育资源的不足[②]，其中又以研究生教育的师资资源缺乏最为严重。从数量来看，2015 年我国博士招生 74 416 人，硕士招生 57 036 人，全国共有博士生导师 14 844 人，硕士生导师 276 629 人，平均每名博士生导师指导博士研究生 5 人[③]，每名硕士生导师指导硕士研究生 2 人。从数据不难看出，我国研究生导师队伍建设远不及研究生数量增加的步伐，导师的任务加重，对研究生培养质量的提高并无益处。从质量来看，我国研究生导师队伍结构合理性欠缺，且部分研究生导师存在培养投入不足，培养能力不足等问题。导师的教育与指导贯穿研究生教育的始终，导师队伍数量与质量的欠缺势必会对我国研究生教育质量的提升产生消极影响。

（三）小结

根据以上对现有政策与实践问题的探讨，我们认为，“十三五”期间，高等教育要解决的问题主要包括，高等学校招生考试制度改革问题、高等学校人才培养质量问题及研究生导师队伍建设问题。

对于高等学校招生考试制度改革问题，我们认为应杜绝高考招生舞弊现象，保障高考招生公平，核心思路是推进考试招生相对分离，实行政府宏观管理，专业机

---

① 闵维方．“十三五”时期我国高等教育发展战略的若干问题．北京大学教育评论，2016，(1)：92-104，191.

② 梁传杰．论研究生教育改革三大关键问题之关系．学位与研究生教育，2016，(3)：21-27.

③ 2015 年教育统计数据．教育部网站．http://www.moe.edu.cn/s78/A03/moe_560/jytjsj_2015/2015_qg/index_1.html [2016-10-20].

构组织实施，学校依法自主招生，学生多次选择，打破现在的教招考一体化格局。因此建议制定：“关于试点推行高等学校入学考试与招生工作分离的指导意见”。

对于高等学校人才培养问题，如大学生培养质量下降，毕业生无法满足社会需求等，不仅仅是高等教育扩招的结果，其影响因素是多方面的，比如高校的管理方式、培养模式、考核评价等都是影响大学生培养质量的重要方面。另外，受高校教师评价引导，教师普遍存在重科研、轻教学的取向，导致本科教学质量下降也是一个不争的事实。要解决这些问题，我们认为要抓住两个方面：一是进行高等教育体制改革。例如，各院校要积极推行学分制和弹性学制，充分激发学生学习的主动性和创造性。二是高等教育管理制度改革。高等教育是进行学术研究的重要地方，在高等学校内部管理上要逐步淡化行政管理和科级管理模式，树立以人为本和服务的意识，增加校园的学术氛围。故而，建议制定：“关于进一步提升本科生培养质量的指导意见”，强调“以生为本”的教育质量建设，提倡教育质量保障活动中利益相关者的参与，倡导以事实和数据为基础的教育质量评价体系。

对于研究生导师队伍建设问题，解决的核心是转变对研究生教育发展模式的认知，一方面，保障与提升现有导师资源水平，完善选聘制度，建立导师培训与交流制度，创新导师评价体系；另一方面，吸纳与引进教育系统之外的教师资源，通过体制改革与机制创新，将研究生教育系统外的相关教育资源为我所用，弥补现有研究生导师资源的不足。因此，“十三五”期间建议制定：“关于进一步加强研究生导师队伍建设的指导意见”，促进我国研究生导师队伍数量与质量的稳步提升。

（四）高等教育政策建议

1. 政策名称：关于试点推行“高等学校入学考试与招生工作分离的指导意见”

政策目标：实施“高等学校入学考试与招生工作分离的指导意见”，推进考试招生相对分离，实行政府宏观管理，专业机构组织实施，学校依法自主招生，学生多次选择，不仅可以打破现在的教招考一体化格局，更可以有效地杜绝在高考考试、招生环节中出现的一系列公平性问题。

政策依据：《国家教育事业发展“十三五”规划》提出，要加大高校考试招生制度改革实施力度。积极创造条件，稳妥推进普通高校考试招生制度综合改革试点，逐步在全国推广实施高考综合改革方案，探索基于统一高考和高中学业水平考试成绩、参考综合素质评价的多元录取机制。《中共中央关于全面深化改革若干重大问题的决定》指出，要推进考试招生制度改革，探索招生和考试相对分离，学生考试多次选择，学校依法自主招生，专业机构组织实施、政府宏观管理、社会参与监督的运行机制，从根本上解决一考定终身的弊端。《国务院关于深化考试招生制度改革的实施意见》要求完善高校招生选拔机制。

政策结构：

第一章总体要求，包括：指导思想、基本原则、总体目标；第二章主要任务和措施；第三章组织实施。

政策内容：明确政府职能，政府的主要工作是对考试招生工作进行宏观管理与监督，并提供适当的帮助与指导。建立专业考试机构，建立独立的、专业的考试机构，独立命题、独立评分。学生多次选择，一年多考应与多次录取并行，真正使综合评价成为大学录取的决定性因素。学校依法自主招生，保障公平，设置独立的监督部门，建立社会监督与第三方监督并行的监督机制。试点运行，应从经济、文化、环境三个方面考虑，选择试点区域，保证测试结果公平、有效，具备指导意义。

政策颁布：建议由国务院颁布此政策。

2. 政策名称："关于进一步提升本科生培养质量的指导意见"

政策依据：习近平同志在致清华大学建校 105 周年的贺信中寄语：办好高等教育，事关国家发展、事关民族未来。我国高等教育要紧紧围绕实现"两个一百年"奋斗目标、实现中华民族伟大复兴的中国梦，源源不断培养大批德才兼备的优秀人才。[①]教育部部长陈宝生在对话《光明日报》时曾表示：教育者的本分是教学，要回归教学这个本分。提高教学水平，基础在本科。没有高质量的本科，就建不成世界一流大学。[②]《国家教育事业发展"十三五"规划》指出：人才供给和高校创新能力要明显提升；创新型、复合型、应用型和技术技能型人才培养比例要显著提高，人才培养结构要更趋合理；各类人才服务国家和区域经济社会发展、参与国际竞争的能力应显著增强。

政策目标：围绕"世界一流"办学目标和人才培养根本目标，在学生培养、

---

① 习近平：办好高等教育事关国家发展民族未来. 搜狐网. http://www.sohu.com/a/71122338_115512[2017-03-25].

② 教育部长陈宝生《光明日报》撰文：坚定不移办好中国特色社会主义教育. http://www.sohu.com/a/204081350_117882[2016-12-24].

教师管理、国际化战略、联盟建设、质量评价等方面积极改革，形成以提升教育质量为核心的创新机制。

政策结构：由背景、意见两部分构成（意见预计包括十条）。

政策内容：实现专业选择自由，尊重学生志趣，把选择专业的权利交给学生；学校予以指导，对专业选择合理规划；学校根据实际情况进行调控，避免热门专业“扎堆”。建立本科生毕业考核机制，推行学分制，建立高校淘汰机制；严格把控毕业设计质量，合理提高毕业门槛。加强专业建设与改革，大力发展互联网、绿色经济、低碳经济、环保技术、生物医药等战略性新兴产业相关专业；加强专业的交叉渗透，强化新兴交叉专业建设；稳步发展基础专业和农林、地矿等艰苦短缺行业专业建设；逐步建立与国家宏观经济政策和高校所处经济区建设相适应的专业体系，提升高等教育服务产业发展的能力。探索多样化人才培养模式，探索和完善学分制培养方案；允许辅修或兼修第二专业的复合型人才培养模式，设置创新实践学分、培养学生创新实践能力的培养模式，倡导研究式学习的学习能力培养模式，实行国内外高校校际交流的国际化人才培养模式等。加强高校实践育人工作，强化实践教学环节；加强教师队伍建设；保障实践育人基地建设。完善教学质量监控评价制度。

政策颁布：建议由国务院颁布此政策。

3. 政策名称：“关于进一步加强我国研究生导师队伍建设的指导意见”

政策依据：2014 年 11 月，在全国研究生教育质量工作会议暨国务院学位委员会第三十一次会议上，刘延东同志做了重要讲话并指出，研究生教育综合改革要牢固树立科学的研究生教育质量观、加快推进研究生培养模式改革、大力加强研究生导师队伍建设、建立健全内部质量保障体系、切实加强外部质量评价与监督、扎实推进研究生教育法治化进程、不断提高研究生教育国际化水平[①]。2017 年，教育部、国务院学位委员会联合发布《学位与研究生教育发展“十三五”规划》，提出要加强导师能力建设和师德师风建设，强化和完善导师责任制。建设教学交流和新任导师培训平台，支持导师国内外学术交流、访学和参与行业企业实践，提高导师能力。改革导师评聘评价机制，将承担研究生课程建设和教学工作的成果、指导工作量，以及质量评价结果列入相关系列教师考评和专业技术职务评聘要求。

---

① 刘延东：深化改革 大力提升研究生教育质量. 人民网. http://edu.people.com.cn/n/2014/1105/c1053-25982094.html [2016-11-10].

政策目标：通过“引”“育”人才相结合，壮大和优化研究生导师队伍，促进研究生导师专业发展，提升育人积极性，完善导师选聘制度，保障和提升研究生培养质量。

政策结构：政策分为六个部分，第一部分，总则，包括指导思想、总体目标与重点任务；第二部分，研究生导师思想政治教育与师德建设；第三部分，优化研究生导师队伍结构；第四部分，提升研究生导师专业化水平；第五部分，完善研究生导师管理制度；第六部分，实施与保障。

政策内容：政策主要从四个方面进行规定。一是提升研究生导师师德师风建设，提升教师学术修养，加大导师对研究生培养的投入程度；二是扩大与优化研究生导师队伍结构，完善校内外“双导师”制，引进教育系统外的相关学科领域专家、实践经验丰富的行业企业专家或境外专家加入导师队伍；三是完善研究生导师培养培训体系，建立培训交流制度，提升教师专业化水平；四是完善研究生导师的选聘制度与退出机制，健全研究生导师评价制度。

政策颁布：建议由国务院制定并颁布该政策。

五、职业教育政策

习近平同志在全国职业教育工作会议中指出，要树立正确的人才观，培育和践行社会主义核心价值观，着力提高人才培养质量，努力培养数以亿计的高素质劳动者和技术技能人才。在农村地区、民族地区、贫困地区职业教育的发展，旨在努力让每个人都有人生出彩的机会。职业教育的政策规范化、体系化的建设对于国民教育体系的完善和职业教育自身发展都有着直接的现实意义。[①]

（一）“十二五”期间职业教育政策现状

“十二五”期间，涉及职业教育政策约有 15 部，包括：《国家中长期教育改革和发展规划纲要（2010—2020 年）》《全国中等职业教育教学改革创新指导委员会章程》《教育部　财政部关于实施职业院校教师素质提高计划（2017—2020

① 习近平：加快发展职业教育 让每个人都有人生出彩机会. 新华网. http://news.xinhuanet.com/politics/2014-06/23/c_1111276223.htm[2016-06-23].

年）的意见》《国家中等职业教育改革发展示范学校建设计划项目管理暂行办法》《教育部关于推进高等职业教育改革创新引领职业教育科学发展的若干意见》《教育部关于“十二五”期间加强中等职业学校教师队伍建设的意见》《教育部关于加快推进职业教育信息化发展的意见》《教育部办公厅关于制订中等职业学校专业教学标准的意见》《职业院校教师素质提高计划中等职业学校专业骨干教师培训项目管理办法》《普通高等学校高等职业教育（专科）专业目录（2015 年）》《教育部关于确定第三批全国社区教育示范区的通知》《教育部关于深化职业教育教学改革全面提高人才培养质量的若干意见》《教育部关于深入推进职业教育集团化办学的意见》《职业院校管理水平提升行动计划（2015—2018 年）》《中华人民共和国国民经济和社会发展第十三个五年规划纲要》。

上述政策基本上确定了我国职业教育工作的方向、目标、思路与主要任务，且体现出以下特点：首先，职业教育的教学实践改革创新是一系列职业教育改革的重要一环，其重要性得到了高度的认可。在“十二五”期间颁布的职业教育政策中，教学方式与教学技术的改进被多次提及，作为职业教育的最直接环节，与促进职业教育长远和科学发展紧密结合在一起。其次，职业教育中的“双师型”教师培养，旨在提高教师综合素质。创新型且高素质的教师培养，与高质量人才培养有着密不可分的关系。高素质的教师具有创新意识和创新思维，懂得职业教育的特点与新形势下对于人才的需求，能为职业教育培养具有创新能力且符合市场需求的高素质人才。最后，示范学校建设是选择推进职业教育系统化和规范化的标榜，也是注重学校特色化发展的要求。示范学校既有与其他职业院校提升教学质量、提升教师素质和培养高素质人才的共同特质，也有在职业教育集团化办学和职业院校管理水平中的创新尝试和卓越成效。围绕职业教育发展，现有政策指出了几项重点工作内容，包括学校改革、办学特色和学校管理水平的建立。

上述政策的颁布对我国职业教育发展具有十分重要的指导意义，但是仍具有继续深化与提升的空间：首先，当前教育政策对于职业教育教学的改进仅仅是期望与现代信息化技术相结合，并未具体提出职业教育在教学上所要达到的程度，在与信息技术相配套的教学设备的改进投入中也未被直接提及，对于在教学上所直接使用的教材和大纲需要变动的范围和程度也未作出直接说明。因此，在教学改进上，对于教学方式、教学内容和教学设备，都应给予与专业相关的且具有弹性的指导或规范。其次，在人才培养方面，一方面是培养高素质的学生人才；另一方面是提升教师的专业素质。在人才培养方面，要多方位和全面性的提高学生和教师的素质，而不能只针对某一类人才的某一方面。最后，在学校管理方面教育政策并未给予直接的说明，学校对于管理权的诉求和自主程度，政策上未体现出较多灵活性，更多的是对于学校管理的要求与强调，在一些关键管理自主权和办学主体问题上缺乏具体的规定和具有可操作性的指导意见。

（二）“十二五”期间职业教育实践现状

自“十二五”规划纲要实施以来，在中央和各地的关注及推动下，我国职业教育体系不断完善，办学模式不断创新。招生规模和毕业生就业率不断跨上新台阶，驶上了发展的“快车道”。

中国正在举办世界上规模最大的职业教育。2015 年职业院校的招生规模总数已经达到 1100 万人，在校学生总数已超过 3000 万人。中等职业教育和高等职业教育的学生数量分别占据了高中阶段和高等教育学生数量的一半。在国家政策的扶持和职业教育自身体系的完善中，职业教育的招生人数呈明显的增加趋势，毕业生的就业率也达到了新高度。“工学结合、校企合作、顶岗实习”的模式，成了我国职业学校，尤其是中等职业学校毕业生高就业率的秘诀。

职业教育在不断完善中发现依旧存在亟待解决的现实问题，具体体现在以下几个方面。

第一，中等职业教育缺乏稳步发展的规划。2012 年 6 月 11 日，国务院新闻办公室发布《国家人权行动计划（2012—2015 年）》，提出 2012—2015 年我国将大力发展职业教育，保持中等职业教育和普通高中招生规模大体相当。扶持建设紧贴产业需求、校企深度融合的专业，建设既有基础理论知识和教学能力，又有实践经验和技能的师资队伍，逐步实行免费中等职业教育。但大量招生的同时，高等职业教育存在创新发展不足，职业教育中的教育信息化应用障碍和现代职业教育体系不完善等问题。

第二，职业教育与现实需求存在脱节。要将职业教育的发展放在大的社会发展背景下和社会各界对于职业教育的发展期许中。职业教育改革与发展仍然是在实践中不断探索和创新发展的，为了实现职业教育自身的发展和社会生产对于人才的多方位需求，职业教育培养出来的人才要与社会市场的人才需求相对接甚至是超前，人才与企业需求的一致性也需要相互促进。

第三，职业教育体制不完善且缺乏特色发展。职业教育在倡导集团化办学过程中面临着自身发展的问题和对外发展的问题。前者包括如何继续扩大职业学校校均规模问题和职业院校办学体制改革问题；后者包括社会对于接受职业教育还存在一定偏见，职业教育校企融合难，职业教育产教结合、中高职衔接等方面均存在问题。此外，还有政府对于扩大和落实职业学校办学自主权，以及职教优化专业设置宏观指导问题。在院校的自身发展中职业教育集团章程不规范，职业教育缺乏特色化办学及职业教育的课程规划不到位也深受诟病。

（三）小结

纵观已经出台的职业教育政策和有关职业教育发展实践，较为集中的问题是教师培养、体制创新、教学管理、特色化办学和办学集团化等。这些问题的解决和配套措施是促进职业教育体系发展的基石，随着时代的发展和教育现代化的推进，对于职业教育的要求更为直接和现实。

从学校优化管理角度看，宏观上中等职业教育需要一个稳步发展的规划，以促进解决职业院校办学体制改革。中观上职业教育需要加强教育信息化的应用，增强校企间的平等、互惠交流，这将极大地带动高等职业教育的创新发展和职业教育的特色化发展。微观上有针对性地对职业院校加强实习基地建设和“双师型”教师培养，是促进职业院校的优化发展和人才培养的必要条件。

从人才培养角度看，职业教育政策的核心点是合理扩大职业学校办学自主权及落实；其次是通过完善职业教育专业设置和课程体系，解决职业教育产教结合和中高职衔接问题。总之，要根据专业和地区特色选择适当的实习基地和企业合作等项目，促进职业教育技能培训的同时提高学生就业率和就业质量。

（四）职业教育政策建议

政策名称：“示范性骨干职业教育集团评价标准”

政策依据：在全国职业教育工作会议中习近平同志指出，要树立正确人才观，培育和践行社会主义核心价值观，着力提高人才培养质量，弘扬劳动光荣、技能宝贵、创造伟大的时代风尚，营造人人皆可成才、人人尽展其才的良好环境，努力培养数以亿计的高素质劳动者和技术技能人才。要牢牢把握服务发展、促进就业的办学方向，深化体制机制改革，创新各层次各类型职业教育模式，坚持产教融合、校企合作，坚持工学结合、知行合一，引导社会各界特别是行业企业积极支持职业教育，努力建设中国特色职业教育体系。[①]

① 习总书记谈职业教育：人人皆可成才、人人尽展其才. 教育部网站. http://www.moe.gov.cn/jyb_xwfb/xw_zt/moe_357/jyzt_2017nztzl/2017_zt11/17zt11_xjpjysx/201710/t20171016_316450.html[2016-10-16].

政策目标：建立示范性骨干职业教育集团评价标准，首先能为国家规范和评价职业教育集团，加强对职业教育的宏观管理，及时解决职业教育发展中存在的问题，提升职业教育的办学水平，达成职业教育教育目标；其次为学校的办学提供可供借鉴的办学模式，提高学校的管理水平和教学水平，保证示范性骨干职业教育集团作为优中取优的学校，提升整个院校的竞争活力，从内部提升院校的各方面水平；最后对于社会方面而言示范性骨干职业教育集团评价，能够提升职业教育和职业院校的社会认可度，对于职业教育良性发展带来积极的社会效应。

政策结构：第一部分，学校管理，包括：办学指导思想、管理机构与管理制度、管理者素质、师资管理、教育集团办学规划；第二部分，人才培养，包括：师资培养、人才培养目标、人才培养模式、教学质量、教育结果认可度、教育效能影响力。

政策内容：从学校优化管理角度来看，宏观上中等职业教育需要一个稳步的发展规划，以加快解决职业院校办学体制改革问题；中观上中等职业教育需要加强教育信息化的应用，增强校企间的平等、互惠交流，这将带动高等职业教育的创新发展和职业教育的特色化发展等；微观上有针对性的对职业院校加强实习基地建设和“双师型”教师培养，是促进职业院校的优化发展和人才培养的必要条件。从人才培养角度来看，首先在招生问题上，要合理地扩大职业学校办学自主权且落到实处；其次由于职业教育课程具有适应性、中介性、个体性、历史性和实用性等特点，对于其专业设置和课程体系的完善就是基础，这也有利于解决职业教育产教结合和中高职衔接问题。根据专业和地区特色选择适当的实习基地和企业合作等项目，在促进职业教育技能培训的同时提高学生就业率和就业质量。从体制方面来看，如何通过国家制度落实意见精神，重点解决扩大职业学校校均规模、职业院校办学体制改革及扩大和落实职业学校办学自主权等问题，是“十三五”期间，职业教育事业发展的一个关键问题。从特色方面来看，要鼓励职业教育集团实行特色化办学，不断提升职业教育集团服务区域经济社会发展的能力；不断提升职业教育集团服务城乡与区域协调发展的能力；不断提升职业教育集团服务就业创业的能力。

政策颁布：建议由教育部颁布此政策。

六、民办教育政策

民办教育属于公益性事业，是社会主义教育事业的重要组成部分，是教育事业发展的重要增长点和促进教育改革的重要力量。民办教育在丰富教育资源供给，满足人民群众多样化教育需求，适应国民经济和社会事业发展需要等方面作出了积极贡献。为此，要采取积极有效的措施，大力支持、鼓励民办教育发展。

（一）“十二五”期间民办教育政策的现状

“十二五”期间，涉及民办教育的政策约有 10 部，包括：《国务院关于鼓励和引导民间投资健康发展的若干意见》《教育部关于组织申报国家教育体制改革试点的通知》《国家中长期教育改革和发展规划纲要（2010—2020 年）》《教育部高等教育司 2012 年工作要点》《中华人民共和国民办教育促进法》《国务院办公厅关于政府向社会力量购买服务的指导意见》《国务院关于鼓励社会力量兴办教育促进民办教育健康发展的若干意见》，以及修订的《中华人民共和国教育法》《中华人民共和国高等教育法》《中华人民共和国民办教育促进法》等。

上述政策基本确定了我国民办教育工作的指导思想和发展方向，体现在：指导思想上坚持社会主义办学方向和“积极鼓励、大力支持、正确引导、依法管理”的方针，以立德树人为根本任务，加强社会主义核心价值观教育，为培养德智体美全面发展的社会主义建设者和接班人发挥重要作用，以实现民办教育规模、结构、质量协调发展。发展方向上加强政策引导和规范管理，促进民办教育内涵发展、特色发展，办好一批高水平民办学校，努力扩大优质教育资源；鼓励社会力量以多种形式举办民办幼儿园，支持义务教育阶段民办学校办出特色、办出水平，探索民办普通高中多样化发展的体制和培养模式，积极发展民办中、高等职业教育，提高办学层次和水平，保持民办高校（独立学院）规模稳定，规范学校管理，提高办学质量。引导和规范发展紧缺类、实用型民办非学历教育，建立健全民办教育发展服务平台，逐步完善终身教育体系。

上述政策的颁布对我国创新人才培养工作具有十分重要的指导意义，但是仍具有继续深化与提升的空间：首先，民办教育法律和条例的具体化和程序化相对滞后。一些相关法律和条例规定的具体化和程序化严重滞后，如用地优惠、税收优惠、捐赠奖励、信贷优惠、资金扶持、合理回报、表彰奖励、地方制定扶持与奖励措施，还没有出台具体的政策。其次，民办学校的合法地位没有得到落实。公办学校与民办学校都是中国教育体系的必要组成部分，两者应当在公平竞争的原则下优势互补、共同发展。但目前在政策上，两者的界限与功能定位较模糊，相互关系不顺畅。社会对民办教育的歧视性思维依然存在。民办学校的办学自主权落实不到位，在自主招生权、自主定价权、设置专业和课程权方面均受到限制。

（二）“十二五”期间我国民办教育实践现状

改革开放以来，我国的民办教育快速发展，事业规模和所占比例都有较大提升。民办教育的发展缓解了公办教育供给不足的状况，帮助部分适龄人口实现了受教育权利。民办教育作为一种选择性教育，满足了人民群众日益增长的差异化教育需求，推动了教育管理体制改革，促进了政府职能转变。总之，我国民办教育的蓬勃发展，既扩大了教育资源总量，增加了教育的选择机会，也促进了教育投入体制改革、办学管理体制的创新，增强了教育改单发展的活力；在提高教育服务水平、满足人民群众多样化教育需求方面发挥了积极作用，为实现教育事业的整体跨越、经济社会发展进步作出了重要的贡献。

当前我国民办教育实践仍旧存在很多不足，主要体现在以下几个方面。

首先，民办教育发展不够。民办教育整体规模占教育总量比重偏小，高水平、多样化、选择性教育服务少，区域发展不平衡，不能满足群众的优质教育需求。

其次，政策法律落实不到位。一些地方政府部门重视但不平等对待，管理但不服务，鼓励但不扶持，民办学校及师生未享受与公办学校同等的法律地位和政策待遇。政府专项资金、税收优惠、社会捐赠、金融信贷、教育用地等政策落实不到位，管理存在缺位越位，公共服务滞后。

再次，办学自主权缺乏保障。学历教育招生多采取政府计划、调剂，招生指标优先确保公办学校，造成民办学校生源不足，校舍设备闲置甚至倒闭。民办学校常常遭遇政府限价令，不同层次的学校执行同样的收费标准，背离了成本质量差异和“优质优价”的原则，影响民办学校的内生动力和优势发展。

最后，相关民办教育法律条文冲突且不完善：①在民办高校产权主体所追求的几项主要权利之中，投资者的所有权、控制权则受到了《中华人民共和国民办教育促进法》及其实施条例限定，而收益权和剩余财产分配权并没有法律规定的认可和保护；②《中华人民共和国民办教育促进法》没有明确规定返还或者折价返还出资者的投入比例，完全回避了对举办者的投入和办学积累增值部分的校园财产的产权及清偿债务和剩余财产的归属分配问题。

（三）小结

总的来看，宏观上我国民办教育的政策制定执行存在以下两个显著问题。

首先，办学自主权缺乏保障，民间教育投资积极性不足。目前民办学校的办学经费主要来自学生的学费，如此才能维持基础运转，已无力进行校舍、教学设备、教师培训等条件的改善。曾被誉为“中国民办教育第一品牌”的山西南洋教育集团，2005 年秋因为到期的各校教育储备金无法兑现，最终引发全国南洋学校挤兑风潮而崩盘。南洋教育集团的倒闭是多种因素共同影响造成的，但最直接的原因还是由准备资金不足引发的资金链断裂。

其次，民办教育活力不足。民办教育活力不足究其原因很大部分是民办学校是否营利的问题。为了鼓励民间资本投入民办教育事业，合理回报是政府对出资人的一种有条件的奖励。从《中华人民共和国民办教育促进法》的立法目的上看，合理回报应当视为奖励。但是，从法律法规的内容及现实情况上看，又很难说合理回报没有利润的性质，这与探讨民办教育的性质是一致的。民办教育本身不能说就是公益性的，或者就是营利性的。这一问题的本质还是在于对教育“公益性”的根深蒂固的传统观念及缺乏对社会组织进行类型化、体系化的思考。

要解决上述问题要从以下两个方面来进行政策的制定、修订、完善。①建议制定“政府向社会力量购买公共教育服务的指导意见”；②建议修订《教育部关于鼓励和引导民间教育资金进入教育领域促进民办教育健康发展的实施意见》。

（四）民办教育政策建议

1. 政策名称：“政府向社会力量购买公共教育服务的指导意见”

政策依据：2013 年，国务院颁布了《国务院办公厅关于政府向社会力量购买服务的指导意见》，其明确指出，“教育、就业、社保、医疗卫生、住房保障、文化体育及残疾人服务等基本公共服务领域，要逐步加大政府向社会力量购买服务的力度”[①]。显然，教育作为一项社会公共服务，其应当也必然会被纳入政府购买的这一新型财政体制之下，与此同时，这对于传统的政府办学模式也是一项重大的改革，而且会推动教育管理体制的全新变革。但《国务院办公厅关于

① 国务院办公厅.国务院办公厅关于政府向社会力量购买服务的指导意见. 中华人民共和国中央人民政府网. http://www.gov.cn/zwgk/2013-09/30/content_2498186.htm[2016-10-09].

政府向社会力量购买服务的指导意见》对于政府向社会力量购买公共教育服务中购买主体、承接客体、具体的购买内容、监督管理方面的规定还存在一系列问题，尚未形成一套完善的制度且随意性较大。建议制定“政府向社会力量购买公共教育服务的指导意见”，也是针对国家的财政支持对民办教育支持不足的政策问题。

政策目标：首先，进一步理顺政府与教育的关系。摈弃传统的举办模式，梳理更具有广阔发展空间的购买模式。其次，进一步增进办学活力。消除政府办学带来的官僚思想浓厚、学校活力不足等现象。促进政府购买教育服务，推进教育竞争与激发学校活力，促进我国民办教育的可持续发展。最后，进一步助推当前教育体制的改革。

政策结构：一、指导思想；二、工作内容；三、机制规范。

政策内容：①指导思想。明确政府购买公共教育服务也是政府教育责任的一种方式，推进政府购买公共教育服务的市场化、规范化、制度化，从而适应社会主义市场经济的改革发展。②工作内容。规范有序地开展政府向社会力量购买公共教育服务行动，明确相关的购买主体、承接客体、具体的购买内容，以及购买机制、购买标准、购买规范、购买模式等一系列管理工作，特别是在购买价格的招标管理与监督机制的建立方面，更应当内容明确、规定细致，促进购买服务的市场化、制度化和程序化管理，同时以便于各地有力地执行法度规范。③机制规范。推动政府购买公共教育服务的发展，明确工作机制与管理规范，以竞争性合同购买的形式购买公共服务；拥有明确的规范引导工作宣传、各级政府的推进工作，以及有关的监督管理措施。

政策颁布：建议由教育部颁布此政策。

2. 政策名称：修订《教育部关于鼓励和引导民间教育资金进入教育领域促进民办教育健康发展的实施意见》

政策依据：首先，依据习近平同志系列重要讲话精神和“四个全面”战略布局，以及党中央、国务院决策部署要求牢固树立并切实贯彻创新、协调、绿色、开放、共享五大发展理念，全面贯彻党的教育方针，坚持社会主义办学方向，坚持立德树人，培育和践行社会主义核心价值观。以实行分类管理为突破口，创新体制机制，完善扶持政策，加强规范管理，提高办学质量，进一步调动社会力量兴办教育的积极性，促进民办教育持续健康发展。其次，2012 年教育部专门下发了《教育部关于鼓励和引导民间资金进入教育领域促进民办教育健康发展的实施意见》。然而遗憾的是，该实施意见由于缺乏相应的配套设施或监督机制，在教育实践中的影响却是非常有限的。最后，十八届三中全会通过的《中共中央关于全面深化改革若干重大问题的决定》提出，要积极探索运用政府补贴、政府购买服务、助学贷款、基金奖励、捐资激励等制度，鼓励社会力量兴办教育，推动民间资本进入教育领域①。

政策目标：确立政府与市场的“双轮驱动”，优化教育资源配置，激发学校办学活力的动能，特别是对于非义务教育阶段，充分调动社会力量办学尤为重要。

政策结构：本政策修订共包含两个部分的内容。

政策内容：该实施意见第一部分是：“拓宽民间资金参与教育事业发展的渠道。”该部分内容不仅应当明确拓宽的“渠道”问题，更应该制定拓宽的鼓励措施。建议能够从物质与精神两方面进行大力弘扬与鼓励。物质方面：政府应当明确进行必要的资金配套，比如义务教育的生均拨款、委派公办教师进行帮扶，以及必要的场地与教学设备的资助等具体政策措施；精神方面：可以优先考虑道德模范人物的评选，或者进行专门的表彰鼓励等。

该实施意见第二部分是：“制定完善促进民办教育发展的政策。”在政策完善方面，应进一步突出民办学校的办学自主权问题，特别是招生自主权。落实招生自主权，就要实现完全的、不再与高考成绩挂钩的自主招生。充分的自主招生权，有助于各类特色人才的涌现，有助于从根本上打破中学生课业负担过重的问题。

“支持高水平有特色民办学校建设”也需要更为明确的“支持”措施，正如国家对于中西部或者民族地区的教育政策倾斜一样，既然作为一种“支持”观点，就应该有具体的内容支撑，如资金的支持，大师级人才队伍的扶持输送等。建议政策设置面向高水平民办学校发展的专项资金与特定项目，出台更为具体的高水平民办学校发展措施。

政策颁布：由国务院出台修订此政策。

七、家庭教育政策

家庭是社会的基本细胞，是人生的第一所学校。无论时代和生活格局发生多

① 中国共产党第十八届中央委员会. 中共中央关于全面深化改革若干重大问题的决定.人民网. http://politics.people.com.cn/n/2013/1116/c1001-23560979.html[2016-10-09].

大变化，我们都要注重家庭、注重家教、注重家风，发扬光大中华民族的传统家庭美德，促进家庭和睦，促进亲人相亲相爱，促进下一代健康成长，使千千万万个家庭成为国家发展、民族进步、社会和谐的重要基点。家庭教育在我国自古受到重视，但随着时代的发展和社会关系的变革，家庭教育已不单单是家庭自身的责任，而是需要社会力量的参与来促使家庭教育更加规范化、专业化，让家庭教育意识更加清晰，方法更加科学。

（一）“十二五”期间家庭教育政策现状

“十二五”期间，涉及家庭教育政策约有 4 部，包括：《全国家庭教育工作“十二五”规划（初稿）》《全国家庭教育指导大纲》《关于指导推进家庭教育的五年规划（2011—2015 年）》《中国儿童发展纲要（2001—2010 年）》。

上述政策基本确定了我国家庭教育工作的方向与思路，体现出以下特点：首先，家庭教育的合理地位已被认同，家庭教育的本质与内涵也逐步得到揭示与澄清，家庭教育工作的相关政策性文本集中在规划和建议层次上。其次，有关家庭教育的政策规划时间跨度较大，多属于中长期规划。在高速发展的社会背景和家庭的变化下，这样长时间跨度的政策对于家庭教育的新兴问题很难有契合性及时效性。最后，“十二五”期间，关于家庭教育的政策文本数量极少，这与日益突出的家庭教育问题不成正比。中长期的规划和指导性的大纲占据了仅有的四篇家庭教育政策，且并未出台具体的和针对某一家庭教育问题的具体政策。

上述政策的颁布对于我国家庭教育工作具有十分重要的现实意义，但是仍具有继续深化与提升的空间：首先，有关家庭教育的问题不能仅止于规划与大纲，应该有更为详细的和可操作性的具体文本。在政策理论层面，应该有关于家庭的概念界定和职权范围、家庭教育参与者的权利与义务，以及家庭教育与其他类型教育的关系。在实践层面，应该有关于家庭教育的教育方法，教学方式和教育技术的指导。因此，应该完善或是建立一部较为全面的有关家庭教育的法律或者条例来框定家庭教育所面临的理论与实践问题。其次，笼统的规划与大纲很难解决现实中最直接的问题，国家在家庭教育方面提供的经费支持、设立有关家庭教育的部门机构，使得家庭教育在政策文本上的效力增强，促使人们对于家庭教育规范化和专业化的认知有所提升。因此，在“十三五”期间，有必要制定专门的法律或条例来推进此项工作。

（二）“十二五”期间家庭教育实践现状

家庭教育，是大教育的组成部分之一，是学校教育与社会教育的基础。家庭教育是终身教育，它开始于孩子出生之日（甚至可上溯到胎儿期），婴幼儿时期的家庭教育是“人之初”的教育，在人的一生中起着奠基的作用。孩子上了小学、中学后，家庭教育既是学校教育的基础，又是学校教育的补充和延伸。其教育目标应是：在孩子进入社会接受集体教育之前保证孩子的身心健康发展，为接受幼儿园、学校的教育打好基础。随着时代的发展，人们对于家庭教育的重视程度和投入力度都有所提升，但在现实中过度保护、过度溺爱、揠苗助长和过分专制等问题仍然层出不穷，这主要表现在以下几个方面。

第一，家庭教育人员教育意识不强，方法欠佳。家庭教育是对人的一生影响最深的一种教育，它直接或者间接地影响着一个人人生目标的实现。很多家长对于家庭教育内容的认识也较浅薄和不全面，而我们对于家庭教育的方法大都是简单地说教，缺乏科学性和针对性。还有相当数量的家长在意识中还存有教育是学校的事情的想法。所以，家庭的主体在对于家庭教育的认识还有待提升。

第二，家庭教育主体、客体的权利义务缺乏法律规定。家庭教育中教育主体教育能力有限，教育方法单一和家庭教育法律关系秩序难以得到法律保障，这是实在的现实困境。

第三，家庭教育的内容和范围缺乏法律规定。根据联合国教科文组织提出的21 世纪青少年应该具备的“四个学会”，即学会学习、学会生存、学会发展、学会与人相处。在我国比较流行的家庭教育定义是三道教育，即为生之道、为人之道、为学之道，简称为“3M”。我们通过问卷法、访谈法和文献法对目前家庭教育存在的问题做了收集和分析，在教育不断提升中发现，家庭教育依旧存在亟待解决的现实困境，如家庭教育中的参与者地位不平等，家庭教育缺乏内容和范围的界定及家庭教育方式、方法难以选定。

第四，家庭教育与其他教育的关系模糊。家庭教育与学校教育的关系缺乏法律调整，家庭教育中教育主体对家庭教育认知不清，家庭教育是否存在只针对未成年人的教育与其他年龄段无太大关系。家庭教育与社区教育和学校教育之间如何联动和有效互补的能动关系还缺乏指导。家庭教育与其他各级各类教育之间的关系也缺少说明。

（三）小结

纵观已出台的家庭教育政策和实践中有关家庭教育发展的问题发现，政策只给出了泛泛的指导意见和一些构想，对于解决家庭教育的现实问题略显宏观，而现实中的家庭问题矛盾还是比较明显的。首先的问题是我们意识到家庭教育的重要性，但对于如何实施家庭教育和具体家庭教育中的权责仍然模糊不清。社会力量需要更广泛地参与到家庭教育之中，但如何协调各个参与方的力量也是没有清晰界定的。其次，在宏观的权责清晰界定后就是科学的教育方法和教育资源的合理运用。国家政策层面应尽快给出一个宏观的指导性文件，家庭教育的实施细节方可依据总的章程进行合理、有序开展。

（四）家庭教育政策建议

政策名称："家庭教育促进条例或者家庭教育法"

政策依据：习近平同志的讲话中曾提到："家庭是社会的基本细胞，是人生的第一所学校。不论时代发生多大变化，不论生活格局发生多大变化，我们都要重视家庭建设，注重家庭、注重家教、注重家风，紧密结合培育和弘扬社会主义核心价值观，发扬光大中华民族传统家庭美德，促进家庭和睦，促进亲人相亲相爱，促进下一代健康成长，促进老年人老有所养，使千千万万个家庭成为国家发展、民族进步、社会和谐的重要基点。"①

政策目标：弥补政策和法律上的缺失，明确家庭教育的地位、家庭教育的范围、家庭教育的权限等内容；明确家庭教育主体、客体的权利与义务，保障家庭教育法律关系秩序；协调家庭教育与学校教育和其他类型教育的关系，提升大众对于家庭教育的重视程度；促进家庭教育得到针对性、专业性、系统性和服务性的指导。

政策结构：第一章，总则，制定本法缘由及目的；第二章，家庭教育主体，确定家庭教育主体，明确家庭教育主体权利与义务；第三章，家庭教育客体，确定家庭教育客体，明确家庭教育客体权利与义务；第四章，家庭教育范围与方法，在法理上确立家庭教育的教育范围，以及可采取的教育方法；第五章，人员培养，对于家庭教育者培养原则、方式和效果的说明；第六章，经费保障，规定保障家庭教育经费充足的主体；第七章，法律责任，对不履行家庭教育责任，侵

① 习近平：为伟大祖国和人民自豪. 新华网. http://news.xinhuanet.com/mrdx/2015-02/18/c_134004958.htm[2017-02-18].

害他人家庭教育权利等行为的惩处性规定；第八章，附则，包括：家庭教育与其他类型教育的权责关系，保护家庭教育中主客体的权利的主体，家庭教育的上位法。

政策内容：将家庭教育纳入教育法律体系，在法律上明确家庭教育的重要性，用法律保障正确家庭教育的实施，用法律来规范和促进政府在家庭教育方面发挥应有的作用。这一立法的核心是，通过家庭教育的主客体权利与义务界定、家庭教育的内容和范围界定，以及明确家庭教育与其他类型教育的法律关系等，促进家庭教育的具体方法选择和家庭主体的能力提升。

政策颁布：建议由全国人大常委会制定并颁布此条例或者立法。

八、特殊教育政策

党的十八大以来，我国国家领导人多次作出重要批示和讲话，深刻阐述了办好特殊教育的重要意义，深入分析了我国面临的新形势、新任务，对各级政府落实责任、切实加强特殊教育工作提出了明确要求，就组织实施特殊教育提升计划作了系统部署，为加快推进特殊教育事业改革发展指明了方向。为此要充分认识办好特殊教育对于保障残疾人平等参与社会的权利、增加残疾人家庭福祉和促进社会公平正义的重要意义，把深入推进特殊教育改革发展作为深化教育领域综合改革的重要任务，作为推进教育公平的有力抓手，作为保障和改善民生的重大工程，进一步增强责任感、使命感、紧迫感，将特殊教育摆上更加重要的位置，努力为每一个残疾孩子提供良好的教育和公平发展的机会。

（一）“十二五”期间特殊教育政策的现状

“十二五”期间涉及特殊教育方面的政策约有 6 部，分别是：《教育部　中央编办　国家发展改革委　财政部人力资源社会保障部关于加强特殊教育教师队伍建设的意见》《特殊教育提升计划（2014—2016 年）》《残疾人参加普通高等学校招生全国统一考试管理规定（暂行）》《盲校义务教育课程标准（2016 年版）》《聋校义务教育课程标准（2016 年版）》《培智学校义务教育课程标准（2016 年版）》。

上述政策基本确定了我国特殊教育工作的方向、目标、思路与主要任务，体现出以下特点：首先，特殊教育是实现一系列国家战略的关键环节，其重要性得到了高度的认可。在“十二五”期间颁布的教育政策中，特殊教育作为实现教育公平的重要内容，与实现国家发展战略高度契合、紧密结合在一起，被赋予了重要的历史使命。其次，特殊儿童通过培养也能成才，能够提升我国人才培养质量标准。因此要支持特殊教育，提高家庭经济困难学生资助水平，让每个孩子都能成为有用之才。要鼓励引导社会力量兴办特殊教育。要加强特殊教育教师队伍建设，提供师德水平和能力，增强教师教书育人的荣誉感和责任感。

上述政策对我国创新人才培养工作具有十分重要的指导意义，但是仍具有继续深化与提升的空间。

从总体上说，从改革开放到“十二五”期间都没有一部专门针对特殊儿童的法律来保护他们的平等受教育权。目前我国特殊教育领域依据的只有《残疾人教育条例》《特殊教育学校暂行规程》，分别是国务院和教育部制定的法规和规章。我国应当制定“特殊教育法”，规定特殊儿童教育的根本性、方向性、总体性的内容，在特殊教育领域对特殊儿童教育具有普遍约束力、宏观指导性和高位权威性的政策规范。它最大的特点是与国家根本制度和教育基本制度的根本性质直接相关，且不会随着时间变化而废止，只能不断修订；它规定的内容不是具体事项，而是宏观的、根本性的问题。

具体来说，专门单列的特殊教育课程与教学政策仅有三项，分别是《特殊学校的教学计划（1984—1987）》《课程计划（1993—1994）》《义务教育课程设置实验方案（2007）》。从文本篇幅看，管理方面和教师方面的规范远远多于课程与教学，且其中也仅仅有《关于开展残疾儿童少年随班就读工作的试行办法》《特殊教育学校暂行规程》《关于“十五”期间进一步推进特殊教育改革和发展的意见》《关于进一步加快特殊教育事业发展的意见》《特殊教育提升计划（2014—2016年）》5 个政策文本中单列了教育教学方面的一级或二级政策条目。这反映出政府和教育部对特殊教育发展改革等管理的高度重视，亦反映了特殊教育管理方面的矛盾及其政策需求，但对管理政策的偏重必然带来地方政府意志和特殊学校自主办学空间的萎缩；教育教学政策偏少导致许多学校的教育教学缺少必要规范；从特殊学校教育和随班就读安排形式来看，存在随班就读政策数量严重短缺的问题。因此总的来说，在特殊教育领域，特殊教育管理政策、教师政策创新变更快，课程与教学政策和财政政策相对迟缓。

（二）“十二五”期间特殊教育实践现状

1978—1989 年，我国特殊教育政策的重心在教学计划的制订、地方政府对残疾儿童少年义务教育阶段的责任、经费保障等方面；1990—2001 年，我国的特殊教育政策重在职业教育体系的构建、特殊教师的职后培训、关注随班就读的发展状况等方面；到了深化发展阶段以后，我国的特殊教育政策注重完善特殊教育政策体系，强调以职业教育为主的高中阶段教育，加强对特殊教育科研等方面。

我国的特殊教育进入到发展的新阶段，还存在以下几个问题。

首先，特殊教育的立法层次较低，约束力不够。纵观改革开放以来我国特殊教育政策的发展历程，虽然颁布了许多促进特殊教育发展的政策，但绝大多数属于狭义上的政策，多以“指示”“决定”“通知”“意见”“纲要”“标准”等文本表现出来，而以教育法律、教育行政法规为文本表现形式对特殊教育进行详细规定的政策还很少。到目前为止，我国仅有一部关于特殊教育的行政法规——《残疾人教育条例》和一部涉及特殊教育方面的法律——《中华人民共和国残疾人保障法》。我国的特殊教育政策与其他国家和地区存在很大的差距。

其次，特殊教育政策的相关内容不完善。我国目前的特殊教育政策，基本上是模仿普通教育制度建立起来的，很多内容不健全。特殊教育政策的制定应根据残疾人自身的特点来制定。因此我国的特殊教育政策在内容上存在以下四个方面的缺失：一是缺乏对教育主体应承担的法律责任的明确规定，造成现实中在普通学校就读的相当一部分特殊儿童与其说是“随班就读”不如说是“随班混读”，学校对这一问题也往往是视而不见；二是缺乏为特殊儿童制订个别教育计划方面的规定，特殊教育对象比普通教育对象最为突出的一个特点就是个体之间存在巨大的差异，尤其是智障儿童；三是缺乏对残疾学生家长权利的规定，基本上只认识到了其应承担的责任与义务，只规定了学校对家长负有“联系”“家长培训”等责任，而对家长享有哪些权利才能更好地维护残疾学生受教育权这方面的规定不足，如未涉及家长在特殊教育各方面的参与及决策权，排除了家长对其子女教育过程的监控与参与；四是缺乏对特殊教育对象进行评估与鉴定方面的明确规定，这就造成在特殊教育实践中往往出现残疾学生的定义与分类混乱，鉴定环节中时常出现测量工具（如智力测量量表）被滥用、结论仅凭经验而被任意得出的现象，尤其在智力落后、自闭症、学习障碍等儿童的鉴别上，由于各种因素而时常出现分歧。

最后，特殊教育政策缺乏可操作性。我国特殊教育政策的内容大多停留在宏观层面上，对特殊教育的某些具体问题未能作出细致的规定，“使得政策的实际操作性不强”。例如，《关于发展特殊教育的若干意见》第十七条提出：“各地应从已征收的教育费附加中，拨出一定的比例用于特殊教育。”《中华人民共和国残疾人保障法》第二十六条规定：“提供特殊教育的机构应当具备适合残疾人学习、康复、生活特点的场所和设施。”

（三）小结

宏观上我国特殊教育在政策制定上存在两个方面的问题：一是特殊教育的立法层次较低，约束力不够，没有专门的特殊教育法；二是特殊教育领域特殊教育管理政策、教师政策创新变更快，课程与教学政策和财政政策相对迟缓，其中的特殊教育政策的相关内容不完善。微观上我国特殊教育在政策实施上也存在两个方面的问题，一是对特殊教育的某些具体问题未能作出细致的规定，政策具体实施起来难度大；二是各级地市、县乡等基层政府对特殊教育的重视程度不一、部分地市基础教育管理部门在特殊教育工作方面有缺失，以及各有关部门没有形成良好的协作机制。

随着政治、经济的发展，我国特殊教育领域出现了很多新问题、新情况。

一是“十二五”期间，我国投入了 72 亿元新建、改扩建了 1182 所特殊教育学校，解决了近 20 万特殊儿童中的残疾儿童的教育问题。但是，一方面，仍有 589 个人口在 30 万以下的县没有特殊教育学校，实名登记未入学的适龄特殊儿童中的残疾儿童还有 10 多万（实际数据可能远远超出）。另一方面，仍然有 50%以上的特殊儿童中的残疾儿童在普通学校随班就读，这些学生基本没有享受到特殊教育的经费，普通学校的融合教育专业水平低、教学设施差的情况非常突出。

二是特殊儿童的界定不明确。比如，自闭症儿童是否属于特殊儿童，法律中并没有给出明确的界定，很多自闭症儿童不能像正常的儿童一样享受教育。我国尚未有一部法律可以来维护这些自闭症儿童的权益，这是我国特殊教育法的缺失。

三是特殊儿童教育政策不健全，包括：残疾儿童教育政策中多是关于义务教育阶段课程的规定，还缺乏职业教育课程的专项政策；在中等教育阶段聋校的职业课程在设置上存在问题；缺乏对不同类型的残疾儿童，尤其是多重残疾儿童，进行具体安置的规定；在教师政策中，缺乏独立的特殊教育教师发展的政策规定；残疾人的业余教育、不同阶段的教育（如特殊儿童的学前教育、残疾人高中阶段教育、高等特殊教育）和不同种类的教育（如残疾人职业教育、普通文化基础教育）的发展水平不均衡。

（四）特殊教育政策建议

政策名称："特殊教育法"

政策依据：首先，在"十三五"期间要按照习近平同志"四个全面"的战略布局，以维护残疾人教育权利为出发点，以全面加快残疾人小康进程为目标，以深化教育改革为动力，以落实好一系列法律法规和政策措施为抓手，完善残疾人教育体系，扩大残疾人受教育机会，提高教育教学质量，推动残疾人教育改革发展；党中央国务院高度重视特殊教育。其次，党的十八大要求支持特殊教育，十八届三中全会要求推进特殊教育改革发展，十八届五中全会明确要求办好特殊教育。最后，《残疾人教育条例》提出为残疾人接受非义务教育提供更多机会，该条例调整了残疾人教育事业发展目标和理念，完善了残疾人入学安排，规定统筹安排特殊教育资源，强化了对教育教学的规范，加强了教师队伍建设和对残疾人教育的保障和支持。

政策目标：该法规的制定可以在教育资源分配、课程安排、评价机制等方面充分照顾残疾人的特殊需要。通过立法的人文关怀，使残疾人实现个体自由和谐发展，在主流社会中获得平等对待，享受其作为社会成员的平等权利。

政策宗旨：公立学校包括特殊教育学校与普通学校平等接收特殊教育需要儿童，保证特殊教育需要儿童接受九年义务教育，以及高中阶段教育、高等教育的权利。

政策内容：①对特殊教育的师资培训进行系统的规定，明确各级师范院校，以及教育培养机构的各级学位教育、教师培训课程中应包含特殊教育课程模块；②对特殊儿童教育的财政投入、教学资源保障、各类学校应提供的设施与支持进行严格的规定；③对特殊儿童教育的教育安置形式、入学条件、学制、教材、教学内容与方法、课程调整、教学评估手段、升学、职业教育的形式等进行详细规定；④对区（县）、乡乃至学校针对特殊教育需要儿童建立资源教室的条件、标准、服务对象与内容，以及对资源教室教师的数量与资格进行规定；⑤对特殊儿童学校后的生活，即学校与相关就业指导、康复、福利部门的衔接进行规定。

政策颁布：建议由全国人大制定此法律。

第五章　教育政策过程的前瞻性研究

教育政策过程分析就是对教育政策的决策、执行和评价进行分析。教育政策决策分析，是指对教育政策决策过程，包括确定政策问题、制定和筛选解决问题的政策方案及决定和出台政策方案等环节所进行的分析。教育政策执行分析包括目标分析、方式分析、过程分析及偏差分析。教育政策评价分析包括评价标准分析、评价程序或过程分析、评价方法分析及评价结果分析。本章从实际出发，以问题为导向，重在发现目前我国教育政策过程即教育政策决策、执行和评价中存在的问题，进而为“十三五”期间我国教育政策过程的改革与发展提供对策建议。

第一节　教育政策决策的问题与对策建议

“十二五”以来，我国教育改革发展取得了显著成就。特别是党的十八大以来，在以习近平同志为核心的党中央坚强领导下，我国教育事业迈上了新的台阶，总体发展水平进入世界中上行列。近年来，我国教育领域重大决策充分听取各方面的意见建议，把公众参与、专家论证、风险评估、合法性审查、集体讨论决定等作为必经程序，在科学、民主、依法决策方面取得了长足进展，科学性和实践性逐步加强，出台的很多政策文件有效解决了当前教育的一些主要问题，决策过程更注重加强顶层设计与基层探索有机互动，加快推进了教育改革，努力激发了教育发展活力。例如，《统筹推进世界一流大学和一流学科建设实施办法

（暂行）》的制定和颁布，使一流大学和一流学科建设受到国际社会广泛关注，受到国内众多高校的支持拥护；《国务院关于深化考试招生制度改革的实施意见》的制定和颁布，标志着全面考试招生制度改革的启动，这是恢复高考以来最全面、最系统的一次考试招生制度改革；制定实施《国家中长期教育改革和发展规划纲要（2010—2020 年）》，为我国教育事业的进一步发展提供了前进的方向，并取得了较高的人民满意率。这些政策的颁布极大地促进了我国教育事业的良性发展，体现了我国教育政策决策科学化水平的进一步提高。但是，在政策制定的过程中，仍然存在一些问题，我们尝试提出解决教育决策过程问题的对策建议。

一、教育政策决策存在的问题

教育政策决策过程经常会出现各种不理性的行为，因而，政策决策过程的各个环节都应有章可循、有据可依，调查问题、征求方案、公开听证、民主监督、评估问责等都应成为一种常态。高质量地完成政策决策的每一个环节都需要时间、人员、信息、组织等多方面的保障。这不仅是为了在形式上体现决策过程的科学民主，也是切实提高政策决策质量的内在要求。通过调查我们发现，当前我国教育决策过程中主要存在两方面的问题。

（一）主体参与不足

主体参与不足主要表现在三个方面，以下分别进行论述。

1. 过于强调顶层决策，地方参与决策空间不足

教育政策问题的发现是教育政策决策的逻辑起点，政策问题的认定直接影响到后续阶段政策目标的制定、政策方案的选择、政策的执行和政策的效果。政策问题的顶层决策是增强改革系统性、协调性和整体性的需要，是确保改革方向性、一致性的需要，是确保中央集权制国家中央政府权威性、统一性的需要。但是，顶层决策不是中央统一决策、集中决策，更不是中央单极决策、垄断决策，顶层决策要以地方充分参与为前提。以顶层决策为主要特征的传统集权化、标准化和模式化的教育决策模式，不能很好地适应地方差异性显著的中国国情，还会

导致教育发展多样性、地方性和特色性的丧失。调研发现，很多看上去很好的教育政策在地方水土不服，造成了不必要的浪费。试想，即便中央层面能够研制出契合全国 80%的地区的教育政策，依然可能在 20%的地区无法落地，在幅员辽阔的中国，这项政策成本依然非常高。

从政策基础的角度来看，以 2015 年 6 月 1 日发布的《乡村教师支持计划（2015—2020 年）》为例，该计划提出县域内重点推动县城学校教师到乡村学校交换轮岗，教师交流作为未来义务教育的一项基本政策已经在国家和地方层面上得到共识。在我国的某些地方，探讨教师交流政策已经十多年，但是由于顶层设计等方面存在不足，导致教师交流政策陷入执行难、效果差的境地。

首先，各地在制定教师交流政策时，强调以政府为主导，通常把相关利益主体如交流教师、交流学校、接受单位等看作政策指令执行的服从者和执行者，缺少自下而上的过程。很多教师有时迫于行政命令参加城乡教师交流。其次，教育决策部门在制定教师交流政策的时候，并未展开广泛的调查取证，没有掌握地域的实际情况，以及相关主体的真实意愿。例如，区域城乡教师比例及可参与城乡教师交流的比例与特征，乡村学校发展的短板及对需求教师的年龄、能力、特征要求等。

所以，此项政策虽然覆盖范围广、规模大，却未取得预期的效果。有学者对四川某县曾经参与交流或正在进行交流的数百位教师的调查结果显示，36%的教师迫于外界压力参与交流，高达 91%的教师认为城乡教师交流政策流于形式。

以教育部和国家发展和改革委员会公布的《2016 年部分地区跨省生源计划调控方案》为例，依据教育部生源调控方案，在总共需要调出 16 万个高考录取名额的 12 个省（自治区、直辖市）中，从湖北、江苏被调出的名额最多，分别为 4 万和 3.8 万个。该方案发布后，引发社会关注，更是引发湖北、江苏等省（自治区、直辖市）的家长不满。2016 年 5 月 13 日，湖北省教育厅厅长刘传铁提出了“四个不低于”的承诺；5 月 14 日，江苏省教育厅厅长沈健提出了三个“不减少”。随后，教育部也发声，高招计划将以不降低各支援省（自治区、直辖市）的高考录取率、本科录取率为基本前提，并确保各省（自治区、直辖市）2016 年高考录取率、本科录取率稳中有升。

从实践的角度来说，在该政策决策过程中，从江苏和湖北两个省调出了几万人的招生计划，投放到西部，从政策立意上来说是好的，但是政策决策过程出现了问题。从宏观上看，跨省调控生源的目的在于平衡教育资源，促进教育公平，但政策制定过程，没有充分进行广泛的调查取证，导致政策执行过程存在多重困难，政策出台 20 多天即被否定。从微观上看，决策部门在政策决策过程中并未充分尊重地方政府改革方案，未达到互相促进、协作共赢的目的。地方政府或教育决策部门更多地扮演服从者和执行者的角色，不能够在政策制定的过程中施加影响，导致地方的利益诉求得不到满足。

2. 忽视决策主体的多元参与，利益相关者代表性失衡

与高校扩招政策类似，我国出台的多数政策都属于“问题解决”型政策，即为解决某些比较紧急的社会问题而出台的相应对策。这类政策问题研究的紧迫性使决策者很难对现实世界正在发生和可能发生的事件有充分的把握，这就需要多元主体参与决策，需要更充分的专业的分析论证。实际上，优秀的政策不应该只停留在解决问题的层面，而应该有更强的预见性和对各方利益主体的整体考虑。

通过调研我们发现，教育政策决策存在忽视主体多元参与、利益相关者代表性失衡的问题。利益相关方都能够充分参与是教育政策决策的基本前提，既不能让一方代表不足，也不能让另一方代表过度。决策过程中各行为主体站在各自立场，以不同视角和不同方式回答不同问题，说服他人的能力也是参差不齐的，他们也不具有平等的话语权。正如科尔巴奇所言，并不是所有与政策问题有关的人都会在谈判桌上拥有席位，即便如此也不是每个位置都是一样的分量。考试招生制度改革首先应站在学生和家长的立场，这是基本共识。实际情况却是他们通常并不处在决策的中心，他们的代表性相对不足。同时少数政府官员却主导话语权，削弱了参与者的话语权。在专家咨询论证环节，由谁决定参与专家名单、邀请什么样的专家参与也会影响决策质量。

从政策文本基础来看，近几年来我国制定的许多教育政策如高校扩招政策、高校合并政策、“减负”政策、“3+X”政策、基础教育课程改革政策、区域教育发展政策等，其中都贯穿着决策主体的利益矛盾与冲突。

首先，从中小学阶段的“减负政策”来看，2000 年，教育部下发《关于在小学减轻学生过重负担的紧急通知》，并召开“减轻中小学生过重负担工作电视会议”。2004 年，教育部明确提出减负“五项不准”政策。2010 年 7 月《国家中长期教育改革和发展规划纲要（2010—2020 年）》提出要标本兼治“减负”。2010 年 12 月，教育部发布了一批推进素质教育、切实减轻中小学生课业负担的试点地区。2011 年 5 月，教育部召开“减轻学生课业负担保障学生睡眠时间”的工作座谈会，再次强调要贯彻落实“科学安排学习、生活、锻炼，保证学生睡眠时间”的要求。教育部门年年强调减负，却年年接到大量投诉，由此可见，减负政策的实行并未起到预期的效果。从政策制定的角度分析，主要的原因在于，减负政策的关键主体——家长、学生、学校的利益没有得到充分的表达，政策出台不能有效地整合各方利益。第一，减负政策的出台，并不符合家长和学生的利

益，教育部门实施减负举措，不让学校补课，一些家长反而给孩子报名在校外补课，学生负担并未减轻。第二，减负政策不符合学校的实际利益，应试教育下，升学率是衡量学校水平的重要指标，学校为了自身的生存和发展，只能增加学生的课时和作业。最终导致“减负”成为停留于政策层面的美好愿景。

其次，针对高中阶段的《2016 年部分地区跨省生源计划调控方案》再次论证，该方案在制订过程中，忽视多元主体的参与，利益相关者代表不平衡，该政策颁布 20 多天即被撤销。对此，专家表示，设置这项计划就是为了平衡各地高等教育资源的差异，计划主要是给中西部这些高等教育资源欠发达的地区，增加当地考生的录取机会。而调给外省（自治区、直辖市）的生源计划应该属于“增量”，在原有的招生计划基础上增加的名额，匀给其他省（自治区、直辖市）。但是在实际操作中，原有招生计划的名额调给外省（自治区、直辖市），意味着江苏、湖北两地录取率的降低，这无疑侵犯了两地学生权益，从政策制定过程看，政策制定利益相关者代表失衡是主要原因之一。

3. 过于关注教育决策“事后处理”，忽略了教育决策“事前预防”

教育事业始终处在发展变化之中，任何新情况和新问题都会不断涌现，教育决策并不能对决策后果作出精确的分析和预见，因此，并不能确定制定的教育政策是否真的具有针对性和可行性。例如，在高校扩招政策施行之前，人们预期分析高校扩招政策能够拉动社会经济增长和满足日益高涨的教育需求，但是这种预期分析存在许多不确定性，比如政府、团体和个人因高校扩招所进行的投资会挤占原本对其他领域的投资；高校扩招会高估高等教育对国民经济的拉动程度，进而高估实际的就业机会；高校扩招后毕业生的就业与经济发展的需求产生矛盾，可能会影响居民投资高等教育的积极性；如果高校所收学杂费远远抵不上其机构成本，而各级财政对高校扩招的部分应增拨的事业费不到位，可能会影响高等学校的教育质量和声誉；如果对贫困家庭的学生没有相应的配套政策，高校扩招会对教育机会均等构成威胁，进而导致社会不稳定因素等。事实上，自高校扩招以来，诸多事与愿违的负面效应已经日益凸显，这是教育决策预期分析所始料不及的。因此，任何政策的制定过程都必须在政策实践中反复地进行调适和修正。

从政策文本基础来看，以教育部印发的《基础教育课程改革纲要（试行）》为例，对于如何贯彻执行该纲要，教育部并没有在文件中明确表示，作为地方政府教育行政部门，应该按照上级文件精神，结合地方的特色制定相应的实施细则，确保文件精神能够贯彻落实。但是由于教育系统的复杂性，教育管辖权、责、利的分散，决策者更倾向于教育政策决策的“事后处理”。

高等教育成本分担的相关政策是我国特定时代背景下政策先行的产物。由于新政策出台后有诸多不完善的地方，同时政策涉及多方面的利益主体，因此在实施的过程中也面临着许多问题。政策在颁布之初，没有明确国家、地方、高校和学生应该承担的成本比例，关于成本分担一度成为人们热切关注的话题。

由此可以看出，我国教育改革在发展过程中，缺少相应的保障机制，对于可能出现的问题预估不足，缺乏教育政策决策的“事前预防”。

（二）教育决策过程制度建设缺失，公众参与渠道不畅通

通过调研发现，教育决策过程公众参与的渠道不畅通，相应的制度建设缺失。能否实现公民对公共政策的有效参与，制度是关键。有效参与并不仅仅是指人民群众对政府决策和政策执行的影响、制约的程度，而是指公民政治参与的条件和途径方面的法律的、制度的和程序的保障是否充分。法律所规定的公民的民主权利的充分行使，必须有可操作性的程序支持。一方面强调公众参与到政策制定过程中来，另一方面却面临着公众参与机制短缺的尴尬，其结果最明显的就是形式上的参与而非实质上的参与。公众参与有助于增强教育政策与公民需求之间的相互适应性，但不可否认的是，公众参与同样也可能影响政府组织效益与效率的达成，使政府无法在决策的过程中一手包办。伴随着参与机制的短缺，也就产生了符号化的参与。例如，一些地方创立了公众参与的具体形式，如现场办公、市长接待日、市长热线、市长信箱等，但往往由于没有制度化、规范化，这些好的形式往往变成走过场或一阵风，无法收到良好的效果。

在现实生活中，政治体系所提供的公众参与渠道是否充分、参与方式是否多样，直接影响和制约公众的参与行为。如果参与渠道通畅、参与方式众多，那么参与要克服的障碍也较少，公众参与的广度和深度也就较高。目前，我国公众参与公共政策制定的正式渠道主要为两种：其一，人民通过选举人民代表和推荐政协委员的方式参与政策规程；其二，党和政府开设的来信来访、领导接待日、各种不定期的座谈会等。前者为主要的参与渠道，但对于普通公民来说，能够直接参与的机会不多；后者为辅助的参与渠道，但在很大程度上是为了方便党和政府联系群众、克服领导机关和领导者的官僚主义作风而开设的。此外，公众虽然可以通过各种形式的政治组织如青年团、妇联、工会、各种学会、协会、大众传播媒体等来表达自己的愿望和要求，但在现实生活中，这些团体大多也扮演着党和

政府与人民群众之间的桥梁和纽带的角色，有的甚至内化为党和政府的附属机构，而没有发挥其压力团体的作用。

以 2015 年 8 月国务院出台的《国务院关于加快发展民族教育的决定》为例，该决定对我国民族教育发展的各方面进行了全面部署，且在原文发布后，各个媒体开始转发，部委不仅通过官方网站对原文进行转载，而且专门召开新闻发布会，如教育部召开新闻发布会进行解读和说明，其他网络媒体的解读和宣传更是数不胜数。我们可以发现，该决定发布后出现政府网络参与多，民间网络参与较少，公众对此政策的了解仍是知之甚少，反馈就更少的现象。

从政策制定的角度分析，政府主导的政策制定过程，是自上而下地进行政策宣传和制定的，并未开放和明确公众作为利益相关者参与制定的途径，更不用说公众相应的选择权。在公众参与机制缺失的前提下，只有在政策执行过程中，真正触碰到绝大多数群众利益的时候，公众才会提出意见，容易导致执行偏差大。归根结底在于制定过程中公众参与机制缺乏，主要表现为：制度不健全，途径不明确，选择性较少。

值得庆幸的是，中华教育改进社发布的《2011 年中国教育改进报告》指出，经过《国家中长期教育改革和发展规划纲要（2010—2020 年）》公开征求意见的过程之后，公众和媒体对教育的关注度日益增高，在改变教师准入制度、校车事故及《校车安全条例》征求意见、打工子弟学校被拆等若干热点问题上，不同主体的多种声音得以发出。网络及各种新媒体的发展为公众对包括教育在内的公共事务的监督提供了更有利的条件，也更有利于公众表达自己的利益诉求。我们相信，这种相对宽松的教育舆论环境有助于教育在一个相对开放的环境中逐渐完善和提升。

二、优化教育政策决策的创新策略

通过对“十二五”期间已经出台的教育政策过程的案例分析，针对出现的问题我们提出了相应的对策建议。

（一）加强多主体深度参与，完善相关主体参与决策机制

教育政策决策是一个复杂的、系统的工程。主体包括决策主体、执行主体、参

与主体，每一种主体都代表着相应阶层的利益，政策决策的过程实际上也是各方利益进行协调的过程。

1. 改变精英把持决策的状况，完善利益相关者参与决策机制

为了保证所分配的利益或价值合乎公平正义，必须保证政策制定过程的公开透明，保证各利益群体可以发出自己的声音，表达自己的诉求确立自己的社会地位，实现自己的利益。政策制定过程的民主化实际上是对每一个利益群体的理性的尊重，承认他们都有着健全的心智、理性的判断，因而他们的利益诉求也有一定的理性基础和得到尊重的必要。政策过程的民主化也体现了政策制定者的理性和睿智，因为民主化的政策过程本身也是充分获取决策信息、减少决策失误风险的重要途径，同时还是增强政策的合法性、促进政策有效执行的重要途径。利益相关方参与决策，是民主决策的重要体现，是公共政策出台的应有程序。办好人民满意的教育，促进教育与区域经济社会发展紧密结合，就要建立和完善利益相关方和社会相关方有序参与决策的机制，以共治求善治。

例如，《国家中长期教育改革和发展规划纲要（2010—2020 年）》的决策过程就是最好的证明，它的出台充分调动了各个阶层的代表广泛参与讨论，充分尊重了不同利益主体的观点，并尽可能地在政策方案中兼顾不同人群、不同阶层的切实要求。实践证明，这是一个成功的教育政策决策过程。再如，北京市东城区等地建立学区工作委员会，工作委员会成员由教委领导、学区内的学校校长、责任督学、教育直属部门、学区所在街道社区、属地派出所、驻区单位代表、家长、学生代表及人大代表、政协委员共同组成。学校也要完善治理结构，建立依法办学、自主管理、民主监督、社会参与的中国特色现代学校制度。政策就是价值和利益表达。从民主决策来看，要考虑市场经济条件下利益主体多元化的现实，充分征求和合理反映不同利益主体的意见和建议。同时要建立争端解决机制，使政策符合大多数人的利益。例如，询问一项政策对与错，可能见仁见智，而询问一项政策是否得到多数人支持，则比较容易操作。但这里仍需要关注：一是取样是否科学，因为有时会面临“沉默的大多数”；二是有时不能采用简单的多数即正确的方法，民主决策是手段，科学决策是标准，教育事业同时具有公共性与专业性双重属性，这就要求在强调民主决策的同时，坚持制度理性和专业选择，关键是符合人民群众的根本利益；三是有时大多数是相对的，如进城务工人员随迁子女在流入地、就学地考试，就会存在不同范围的多数，这时就需要分析和统筹。

公众参与的能力和效能感是影响公众参与公共政策的重要因素。尤其是参与

效能感，它是人们对自己影响能力的认知，决定着公民参与公共政策的范围和层次。如果公众觉得自己的参与能够影响政府政策的制定，他们就会选择参加，否则就会选择退出。公众的参与能力包括认知能力，即对公共政策的实质的认识、思考能力；程序能力，即发现公共政策程序和运用程序的能力；习惯性能力，这种能力是关于感觉义务的能力，即感觉到有一种集体共享的利益，值得去做一件事。要提高公众的参与能力和效能感，必须通过大众传媒，采取群众喜闻乐见、通俗易懂的形式，普及政治知识，并引导群众积极参加讨论，提升群众对政治事务的兴趣，提高广大群众的政治感受力和参与热情，使他们觉得有能力影响政府。在这点上，卢梭认为，参与本身就具有教育、民主训练等功能。公众参与的成功实践，会增强他们自身的参与能力和效能感，并在此过程中形成良性循环。听证会是公众参与公共政策制定的一种途径，近年来这种民主参与的形式逐渐被推广，如立法听证会、行政听证会、价格听证会等，各级立法机关和政府部门，经常采用听证会的形式吸收公众的意见来进行民主决策。这种流行确实可以在某种程度上反映出我国在积极探索民主行政的有效形式。然而这种良好的参与方式，到了各级立法机关和政府部门那里大多数却极易流于形式。

2. 加强教育决策主客体理性，坚持自下而上与自上而下相结合决策模式

在政策过程中，理性的决策者将充分认识到决策过程需要理性，同时又理性地认识到自己与其他每个个体一样，在信息的收集和把握、分析问题的角度、对政策结果的预测等方面都必然存在着缺陷和不足，因此需要遵循规范的程序、发挥集体的作用，同时他们也应清晰地认识到不是所有的问题都应该马上解决；不是所有需要解决的问题都应该由政府来解决；政府制定政策是为了解决问题，但是政府能力有限，即使问题得到了解决，通常又会产生新的问题甚至更复杂的问题。因此，拥有理性，才能避免决策失误。作为政策课题的普通民众也同样需要理性。政策实质是价值的分配，作为理性个体，他们应该看到，自身利益与他人利益、公共利益是密不可分的，只有尊重和维护他人的集体利益，才能维护自己的利益。

在政策主体和客体理性的参与下，在充分调研各地问题解决策略、政策创新经验的基础上，才能够较好地集中决策，出台国家层面的政策，并且使改革更接地气，精准对接发展所需、基层所盼、民心所向。同时，国家层面的政策多应为指导性的，这样也为地方自主探索留下空间。从形成教育改革的面上决策而言，试点是重要方法。严格地说，面上改革应在法律框架内进行，在整个改革过程中

都要高度重视运用法治思维和法治方式，发挥法治的引领和推动作用，但经批准的“试点”“试验区”则可以在规定的权限内突破现行滞后法律的限制，从而特批了这些地方大胆探索的合法性。通过试点的突破为面上决策提供经验，加快解决经济社会发展对高质量、多样化人才需要与教育培养能力不足的矛盾，加快解决人民群众期盼良好教育与资源相对短缺的矛盾，加快解决增强教育活力与体制机制约束的矛盾。开展教育体制改革试点，要善于从“模范”中发现“模式”，重在体制机制创新，为国家层面教育改革提供典型经验和示范引领，实现“重点突破”与“整体推进”的良性互动、“自上而下”与“自下而上”的有机结合。

促进科学决策要把理想与现实相结合。学术的使命是求真，行政的使命是求善；研究以善求真，决策以真求善。政策研究要坚持辩证唯物主义和历史唯物主义，把真与善、前瞻性与针对性、必要性与可行性、理想与现实都统一起来，从而使政策建议管用、可操作。把政策研究与政策评估统一起来，高考改革的研究与决策就是如此。作为教育政策研究的独特组成部分，教育政策评估可以分析政策是否得到执行、政策目标是否达到，从而提出政策继续、政策调整或政策中止的建议，这十分重要，应予以高度重视。应加强对教育政策的评估。以客观的角度、前瞻的视野、扎实的研究，拿出高水平、建设性、切实管用的政策建议，形成质量高、效果好、针对性强的研究成果，充分发挥战略研究、政策建言、人才培养、舆论引导的重要功能，充分发挥思想库、智囊团、参谋部、宣传队的重要作用，服务教育科学、民主、依法决策，破解重大教育改革发展难题。

3. 充分代表与深度协商相结合，合理完善优化教育决策机制

政策过程不仅包括追求共有目标，而且要为参与者之间的集体行动构建基础，教育决策应该综合利用传统及现代沟通交流技术，为各行为主体的充分表达诉求提供渠道和机会，促使主宰政策过程的官员与在政策问题中有着切身利益的外围大众形成政策共同体。允许组织化的利益群体自主确定一种声音代表委托人或者政策受益者，在内外沟通、相互论辩、上下磨合的集体行动中达成一致，让教育决策符合大多数人意愿、合理且可行。需要专业人士决定的事项不一定要问政于民，如考试内容和考试科目、考试形式、测试方法等必须由相关领域的专家决断，考试时间、异地高考、加分项目、招生名额分配等则可以在兼听各种意见得失中作出抉择。

只有好的教育决策机制才能制定好的政策。优化教育决策需要决策体制机制创新，需要从政府主导走向社会治理。教育决策应由利益相关方代表共同组成调

研组或工作组，不能单靠政府的政策能力而无视专业判断，必须动员政府之外的权威加入到共同框架当中。教育决策是不同参与者之间持续的结构化交互作用过程，该过程不仅会吸引专家共同体的兴趣，还会成为公众争论的主题，在此过程中，各种备选方案和立场意向都会在媒体中得到公开讨论。公开听证会也会为潜在利益者提供探讨其他政策方案的机会。此外，确保决策者维护公共利益，不受约束的权力无论是集中在教育部还是下放到学校，都会容易产生腐败。改革的首要问题是识别并动员拥护改革的核心力量，让他们从决策之初就参与进来。否则，即便有了路线图、任务书和时间表，实施过程也会困难重重。

（二）加强教育决策过程制度建设，完善公众参与的相关法律制度

近年来，教育领域重大决策在制定过程中均充分听取各方面意见建议，把公众参与、专家论证、风险评估、合法性审查、集体讨论决定等作为必经程序，在科学、民主、依法决策方面取得了长足进展。科学、民主、依法决策是一个元问题，对教育发展至关重要。所以，加强教育决策过程的制度建设，完善公众参与的相关法律和制度显得尤为重要。

加强制度建设，健全和完善公众参与的法律法规。只有宪法和相关法律明确而详细地规定了公民的权利，明确规定了政府的权限及其不同部门之间的相互关系，公共参与的制度基础才能真正确立起来。只有从立法方面为公众参与公共政策的制定建立相应的保障机制，明确规定公民在公共政策制定中享有知情权、检举权、参与权等方面的权利，才能使公众参与顺利进行。同时应建立健全公众参与教育政策的相关机制。目前，需要完善的制度还有很多，如建立征集公众建议的制度、完善社会公示制度、社会听证制度、建立民意调查制度、积极培育民间调查组织、增加辩论会、建立政策咨询等。要大力发展非政府组织，发挥其利益综合与协调的枢纽作用，在法律上确立其社会地位并给予积极的政策支持，为非政府组织的发展创造良好的外部环境，从而在我国构建真正意义上的市民社会，拓宽制度参与渠道外的非正式参与的途径。

教育决策过程的质量需要一系列制度予以保障，这是教育决策科学化和民主化的内在要求。制度抑制着可能出现的机会主义和个人行为，因此，公众参与教育决策过程必须建立健全相应的制度。通过制度直接调整决策主体之间的利益关系，可以使决策主体通过制度调整决策观念和规范决策行为。离开了制度的制约，教育决策过程的质量将无法得到根本保障。

第二节 教育政策执行的问题与对策建议

“十二五”期间，教育政策的执行取得了显著的成效，主要体现在以下几个方面。

首先，政策执行者对政策目标的准确认知，对政策的执行产生了积极影响。“如果政策执行者对政策本身理解不透，就会导致政策在传达、宣传、执行中的失真、失当。”①一项政策能够顺利执行的基础，是政策执行者对于一项政策目标的共同认知。为了使教育系统中的成员，包括教育行政部门的官员和各个学校的管理人员能够具备共同的基本常识，执行者内部形成了较为成熟的认知建构体系，最为常见的方式就是召开学习会议。“社会建构本身就是一个学习过程，在整个过程中，组织成员持续参与着思想和经验的共享，这样，他们能更好地理解他人的观点。”②因而，政府通常通过集体学习等方式，统一人们的社会知识，为政策的执行提供准备。

其次，建立了目标责任制。“在衡量教育表现的过程中，最为重要的问题就是如何测量、规避风险和保证公正。”③为了提高政策执行的效率，在教育行政过程中形成了一套行之有效的任务分配和完成考量方式。具体到指标到校政策执行的过程，体现为责任分包与目标考核，以保证教育政策能够顺利地实施。在指标到政策执行过程中，最为重要的指标分配任务是由教育局完成的，这些任务通过责任目标分配的方式，下发给下级。通过责任分包，可以使得地方教育行政机关能够细化上级行政机关下派的任务，起到“上下连接”的作用。

再次，可操作性极强的责任目标设立，使得各级政府和行政单位能够有的放矢地完成自己的工作。同时，明确的目标分配，还便于上级机关的考核和验收。每一年年末的绩效考核，是教育行政机关最为重要的工作。

最后，在政策执行过程中，形成一套行之有效的激励方式。通过达成共识、责任发包、目标考核和政策宣传，有效地解决了“权责不清、考核不严、评价不

---

① 钱再见. 论公共政策执行中的偏差行为. 探索，2001，(4)：63-65.

② 全钟燮. 公共行政的社会建构：解释与批判. 孙柏瑛，张钢，黎洁等译. 北京：北京大学出版社，2008.

③ Ferris J M. School-based decision making：A principal-agent perspective.Educational Evaluation and Policy Analysis，1992，14（4）：333-346.

合理”的问题，其实质是解决了行政机关中的“信息不对称”问题。

虽然教育政策的执行取得了很大的成就，但是依旧存在一些问题。

教育政策通过政策目标及行为准则规范，约束政策执行机构及其人员的执行活动，而教育政策执行机构及其人员是实现教育政策的主体，教育政策目标须通过机构组织各部门及其人员的协同合作才能实现。教育政策执行机构由执行人员构成，执行人员的素质与协作度直接决定了执行机构的效能，而同时教育政策执行人员也受执行机构规章制度的约束，教育政策执行机构与人员通过制订政策执行方案或计划来调适目标群体的行为，目标群体的行为改变状况又反馈给政策制定者及政策执行者，从而使政策制定者不断完善政策，使政策执行者不断调节执行方式。然而教育政策执行并非只在其系统内部运行，还须依托外在的包含制度、文化、物质等各方面的大环境，特别是在政策执行方案制订时，更应考虑政策执行环境所提供的制度环境、经济条件、社会文化及心理氛围等。与此同时，教育政策执行通过不断达成政策目标的行为活动也在不断地创造与改变政策执行环境。政策执行问题是政策未按照原来设想被执行或政策执行带来的结果并非政策制定者所要求的一种不协调状态，当前我国教育政策执行问题主要表现为政策执行偏差。[①]

一、教育政策执行存在的问题

（一）基本要求和规范的缺失，缺乏明确指令

教育政策的行政执行过程是一种自上而下的执行模式，上级部门即顶层的要求、指示、意见等是整个执行的前提条件，换言之，在自上而下的政策执行模式中，政策是按照上级部门的指示运行的，下级部门的主要职责就是服从上级部门的命令而行事，如果没有或者没有明确的上级部门的指示和意见，整个执行过程将在执行内容、执行时间等多方面出现混乱状态。

从政策基础角度来说，教育政策的执行需要在政策文本中明确说明，比如在新课程改革政策的行政执行过程中，教育部在印发《基础教育课程改革纲要（试行）》，以及某省教育厅转发该纲要的文件中，对下级部门应该如何执行该纲要和

① 胡福贞，吴梅芬. 学前教育政策执行偏差的归因及其矫正. 现代教育管理，2014，(7)：55-59.

有关新课程改革政策方面的要求非常含糊，缺失必要的规范，如教育部印发的该文件只写了“请结合实际认真贯彻执行”；而在某省教育厅转发的文件中，对于如何贯彻执行此文件没有明确的要求和指示，而是侧重对新课程改革实验工作进行了安排和部署。

从实践角度来说，关于如何理解《基础教育课程改革纲要（试行）》的性质、任务、目标、意义，以及如何贯彻执行，全国教育行政管理系统的顶层——教育部并没有给出明确意见，而作为省级教育行政管理系统的顶层——教育厅仍然没有给出明确意见，这就造成各级教育行政部门陷入不知如何执行或者如何执行此文件都可以的局面，教育部印发的此纲要的通知中仅仅提出了“请结合实际认真贯彻执行”等极其含糊的要求，就连“及时”等最起码的执行要求都没有提出，这与文件本身的地位、作用、目标和意义等太不相符。[①]

通过访谈辽宁省教育厅的相关行政人员，我们了解到，在教育政策的执行过程中，政策执行组织机构框架是一个金字塔接一个金字塔的倒挂金钟式的模式，执行的命令由金字塔最上面的最高层次逐级向下传递和执行，每一级教育行政部门内部还有多个职能部门之间的协调、合作，无论哪一个层级、哪一个职位的人员，都有本岗位的职能职责，都有履行职能职责方面的制度规则体系，如果上级没有明确的指令，下级容易含糊执行政策。

（二）政策宣传力度不强，群众对政策知情度较低

政策的制定和执行归根到底是为公众服务的，政策宣传在政策执行过程中发挥着不可替代的作用，通过反映舆论、影响舆论、组织舆论来引导公众根据党和国家的总目标，把握组织导向，既可以向公众宣传党和国家的政策，又可以及时反映广大民众对政策的心声，随时纠正政策中存在的偏差。

从政策基础来看，教育政策的执行会受舆论导向的影响，从而决定采取何种执行措施，如 2015 年 8 月，国务院出台的《国务院关于加快发展民族教育的决定》，对我国民族教育发展的各方面进行了全面部署。通过网络检索，该决定首先由国务院于 2015 年 8 月 11 日在中国政府网上发布，发布形式包括两个：全文发布和政策解读。在《国务院关于加快发展民族教育的决定》的全文发布后，中国政府网对该决定进行了政策解读，形式涵盖文字版解读——“解读《关于加快发展民族教育的决定》决不让一个少数民族掉队”和图文版解读——“图解：国

① 胡春梅. 教育政策的行政执行过程之偏差分析.教育理论与实践，2009，(13)：24-26.

务院关于加快发展民族教育的决定”，文字版解读来源于《人民日报》对该决定的解读，图文版解读则为中国政府网的解读。《国务院关于加快发展民族教育的决定》原文发布后，各个媒体开始转发，包括网络媒体和纸质媒体在内的官方媒体、搜索平台，以及教育部和国家民委在内的两个部委网站，中央与地方等官方媒体、各大门户网站都进行了原文转载。国务院各部委不仅通过官方网站对该决定进行原文转载，而且专门召开新闻发布会，如教育部召开新闻发布会进行解读和说明；之后，《中国教育报》和《中国青年报》又对此次新闻发布会进行了报道。中国民族语文翻译局对该决定进行了彝文、壮文、朝鲜文、哈萨克文、维吾尔文、藏文、蒙古文 7 种民族语言的翻译工作，国家民族事务委员会也在其网站上转载发布了相关内容。各大媒体也对该决定进行了政策解读，主要内容包括直接转载中国政府网发布的两篇解读文章，以及各新闻媒体基于自己的理解对文件内容进行解读。

从实际实施的角度来说，民族教育政策多有传播，鲜有互动。民族教育政策在网络上多为传播，鲜有评论，较少收集到作为利益相关者的普通民众的反馈意见。在传播路径方面，官方媒体传播居多，非官方的传播较少。民族文字的翻译语种较少。目前，仅以《国务院关于加快发展民族教育的决定》为例，对此政策仅进行了 7 种民族文字的翻译工作。我国共有 55 个少数民族，其中有本民族文字的共有 22 个。民族教育政策事关各民族的相关利益，国家民族事务委员会和中国民族语文翻译局应该组织所有有民族文字的民族进行翻译工作，以更好地宣传国家出台的民族教育政策文件。民族教育政策的宣传方式、路径单一。对现有的民族教育政策的宣传方式和路径的分析发现，民族教育政策的主要宣传方式为原文转载和新闻报道，对于民族教育政策的解读工作较少，尤其是图文并茂的文件解读更是不多。仅以《国务院关于加快发展民族教育的决定》为例，国家在 2015 年 8 月 11 日出台了此决定，在网络上引起了广泛传播，传播的热度随时间推移呈递减趋势，至 12 月初，已不见任何传播、解读迹象。中央政府出台的政策文件一般较为宏观，地方政府应根据地方情况，因地制宜地出台与中央政策相呼应的具体执行文件，使政策更具有针对性和可操作性，以增强民族教育政策的宣传、执行效果。

从访谈的结果也可以看出教育政策宣传的问题，在一个具体的教育政策出台前，没有进行广泛的宣传，民众对于政策的细节知之甚少，在教育政策真正执行时，尤其是触动到民众的具体利益时，人们才会对教育政策进行关注，甚至提出反对的意见，原因就是对教育政策的宣传不到位。

（三）象征性执行——“不求神似，只求形似”

从政策基础来说，教育政策的执行不是一个简单的照章办事、贯彻落实的过程，而是一项极为复杂的社会实践活动，是由一系列不同层次的解释、宣传、实验、实施、协调与监控等活动组成的统一过程。根据《中华人民共和国教育法》，我国学前教育是我国国民教育体系的奠基阶段，是基础教育的重要组成部分，因此，从事学前教育的幼儿教师理应是基础教育教师的一部分，理应享有与中小学教师同等的政治、经济和社会待遇。《中华人民共和国教师法》规定幼儿教师包含在“中小学教师”群体之内，享受与其他中小学教师相同的待遇，且各地也响应中央政策而作出相关规定。

从实践的角度来说，在幼儿教师待遇政策执行过程中，仅仅采取“以文件转发文件，以会议传达会议”等一些象征性的执行措施，最终会影响政策目标的实现。[①]由于主客观诸多因素的影响，我国幼儿教师的待遇仍然普遍偏低，接受继续教育的机会和条件也没有相应的保障。学前教育政策体系内缺乏有力规范执行者行为的法律法规，在实际操作过程中，政策执行人员将“中小学教师”惯常的理解为九年义务教育范围内的教师，使“幼儿教师与其他中小学教师享有同等待遇”的政策并未真正执行，或只在部分公办幼儿园中得到执行。另外，随着全面“二孩”政策落地，有些地方班级规模过大，师幼比超标，教师队伍合格率低，在幼儿教师编制、待遇方面，国家一直未出台政策明确幼儿教师编制和待遇。这些因素都制约着学前教育的发展。

从访谈的结果来看，受访者也提到他们自身只是教育政策的执行者，不太关注教育政策的具体内容，上级部门安排工作，他们就是按照要求做表面工作，没有触动教育政策的实质内容，这就导致教育政策的意义大打折扣。

（四）照搬性执行——“敷衍塞责，机械复制”

在我国，一些地方政府、教育行政管理部门和教育工作者在素质教育政策执行过程中往往不能结合地方教育实际情况，将党和国家制定的素质教育政策完全照搬到地方素质教育实施过程中，党和国家制定的政策往往是针对整个国家而言的宏观政策，只有总体的目标和原则，因此，地方政府或教育行政管理部门在政

① 叶怀凡. 义务教育教师绩效工资政策的执行偏差与矫正. 中国教育学刊，2016，（4）：31-36.

策贯彻实施之初就应根据地方实际制定具有可操作性的实施办法。但实际情况却是，我国部分地方政府、教育行政管理部门和教育工作者为避免出错或受地区环境限制照搬照抄政策，从而造成政策无法有效落实，缺乏与地方实际相结合的可操作性。①

从政策基础来说，在义务教育教师绩效工资政策中，在绩效工资的分配方面，《关于义务教育学校实施绩效工资的指导意见》提出，“根据实际情况，在绩效工资中设立班主任津贴、岗位津贴、农村学校教师补贴、超课时津贴、教育教学成果奖励等项目”②。其主要目的就是让政策执行主体结合本地区、本单位的实际情况，特别是针对中学与小学、城镇学校与农村学校之间具有较大差异的实际情况，进一步完善和细化，体现工作量和实际贡献的项目。

从实际的角度来说，从政策执行的实际情况来看，各省（自治区、直辖市）、市、县（市、区）制定的实施办法，大多直接引用了《关于义务教育学校实施绩效工资的指导意见》的这一内容，有的甚至是一字不漏地照搬照抄，而“体现教师实际贡献”的其他一些项目，如指导新教师津贴、教学责任津贴、边远地区津贴、民族地区津贴、教研成果奖励等，在一些县（市、区）的实施办法中却没有得到应有的体现，一些基层学校在制订本校的绩效工资实施方案时，也没有“根据实际情况”，而是完全照搬照抄，以至于个别中心城区学校在“体现工作量和实际贡献”的项目中，甚至出现了农村学校教师补贴，如此机械地照搬执行政策，不仅阻碍了政策效力的实现，而且也容易在社会上造成不良影响。

从访谈结果来看，国家宏观层次的教育政策只是在总体上提出要求，具体到地方应该是因地制宜，根据本地实际情况有所改变，但是到地方以后，部分教育政策的执行者敷衍塞责，为了不出错地完成任务，直接按照总的宏观政策机械复制，导致总体要求不适合本地情况，使教育政策的执行出现偏差。

（五）选择性执行——“断章取义，为我所用”

任何一项教育政策都是一个有机的整体，政策的整体性要求在政策执行过程中，必须全面贯彻落实政策，但在实践中，一些政策执行主体在执行政策时，依据自身对政策的偏好，故意曲解政策的精神实质或部分内容，对政策作出符合自

① 周鼎. 我国素质教育政策执行中的失真现象及矫正对策. 教学与管理，2015，(9)：17-19.

② 教育部. 关于做好义务教育学校教师绩效考核工作的指导意见. 教育部网站. http://old.moe.gov.cn/publicfiles/business/htmlfiles/moe/s7051/201412/xxgk_180682.html[2016-12-28].

身利益的诠释与利用。[①]执行者选择部分政策内容进行执行，使政策为我所用，有利则落实，无利则摒弃，从而以部分代替整体，导致政策目标无法有效实现的现象。

从政策基础来说，《〈教师资格条例〉实施办法》对教师资格认定条件、认定申请、资格认定和资格证书管理作出了明确的规定，其中关于认定幼儿园和小学教师资格时，“申请认定幼儿园和小学教师资格的，参照《中等师范学校招生体检标准》的有关规定执行；申请认定初级中学及其以上教师资格的，参照《高等师范学校招生体检标准》的有关规定执行”[②]。另外《国家中长期教育改革和发展规划纲要（2010—2020年)》也提出：“完善并严格实施教师准入制度，严把教师入口关。”[③]《中华人民共和国教师法》第十一条规定了取得教师资格应当具备的相应学历：“取得幼儿园教师资格，应当具备幼儿师范学校毕业及其以上学历。”[④]

从实际执行的情况来讲，部分地方执行机构选择《教师资格条例》中的部分条款予以执行，而对幼儿教师须具备教师资格的政策则敷衍了事，沿用执行中华人民共和国成立后提出的政策，用“培训合格证书”取代教师资格证书作为幼儿教师入职门槛来缓解地方幼儿教师的紧缺状况，这严重影响了幼儿教师的质量。[⑤]近年来，幼儿教师“虐童”事件常有发生，引起了社会各界的强烈反响。与之而来的幼儿教师资格准入制度出现的问题也逐渐成为大家关注的焦点。我国自实施幼儿教师资格制度以来，幼儿教师专业发展取得了一定成效，但幼儿园教师资格准入制度急需改革与完善。只有解决了幼儿园教师资格准入制度存在的问题，才能提高幼儿教师的入职“门槛”，把好幼儿教师的入口关，进而保障幼儿教师队伍的稳定与质量。

在访谈的过程中，我们也了解到幼儿教师的教师资格认定存在一定的问题，幼儿教师资格认证过程形式化严重，专业性不突出，难以对教师的专业素质作出实质性考核，尤其是民办幼儿园的快速发展更使政府管理、监督力不从心。政府监管的不力，使得幼儿园处于市场的调控之下。这导致一些民办幼儿园在招聘过

---

① 叶怀凡. 义务教育教师绩效工资政策的执行偏差与矫正. 中国教育学刊，2016，(4)：31-36.

② 教育部. 《教师资格条例》实施办法. 教育部网站. http://www.moe.edu.cn/srcsite/A02/s5911/moe_621/200009/t20000923_180473.html[2016-12-26].

③ 国家中长期教育改革和发展规划纲要工作小组办公室. 国家中长期教育改革和发展规划纲要（2010—2020年）. 中华人民共和国中央人民政府网. http://www.gov.cn/jrzg/2010-07/29/content_1667143.htm[2016-09-04].

④ 全国人民代表大会常务委员会. 中华人民共和国教师法. 中华人民共和国中央人民政府网站. http://www.gov.cn/banshi/2005-05/25/content_937.htm[2017-4-21].

⑤ 胡福贞，吴梅芬. 学前教育政策执行偏差的归因及其矫正. 现代教育管理，2014，(7)：55-59.

程中肆意降低聘任标准，忽视聘任条件，甚至将没有符合国家规定的教师资格和任职条件的人员吸收到幼儿教师队伍中，使得幼儿教育成为“看小孩”，幼儿教师成为“保姆”。同时，由于优质幼儿教育资源的缺乏，出现了众多的“天价幼儿园”，产生了“入园难”“入园贵”等一系列问题。幼儿教师招聘行为的混乱，导致幼儿教育质量的下降，也必然影响整个幼儿教育行业的发展。

（六）替代性执行——“上有政策，下有对策”

替代性执行是公共政策执行中一种极为严重的执行偏差，主要表现为“上有政策，下有对策”的执行态度和“金玉其外，败絮其中”的“替代政策”，其一般做法是在政策执行过程中，将政策内容替换成表面上与政策要求一致而实际上却与政策要求相背离的内容，替代性执行的危害极大，不仅会损害政策的权威性和严肃性，有时甚至还会导致政策的目标和性质发生根本改变。[①]

从政策基础上来说，我国先后颁布过三个幼儿园课程标准：20 世纪 50 年代初颁布了中华人民共和国成立后第一个幼儿园课程标准《幼儿园暂行教学纲要（草案）》；1981 年，颁布了《幼儿园教育纲要（试行草案）》；2001 年，颁布了新的幼儿园课程标准——《幼儿园教育指导纲要（试行）》。近些年来，学前教育出现了“小学化”的趋势，2011 年末，教育部下发了《教育部关于规范幼儿园保育教育工作防止和纠正“小学化”现象的通知》。为了进一步指导幼儿园和家庭教育的实施，进行科学的保育和教育，促进幼儿身心全面和谐发展，2012 年 10 月，教育部正式发布了《3～6 岁儿童学习与发展指南》。《教育部关于规范幼儿园保育教育工作防止和纠正“小学化”现象的通知》规定“幼儿园不得以举办兴趣班、特长班和实验班为名进行各种提前学习和强化训练活动”，《幼儿园收费管理暂行办法》规定，严禁以开办兴趣班、特色班、实验班、课后培训班等特色教育为名向家长另行收取费用。

从实际的角度来说，政策在执行过程中仍然有部分幼儿园表面上响应中央政策，实则将兴趣班等办成社团形式，照样收费，“换汤不换药”。幼儿园为了迎合家长和市场的需求，过早地把小学的教学内容搬到幼儿园，开展以拼音、写字、数学计算为主的教学，教学形式和方法“小学化”，大多数幼儿园都采取单调的“填鸭式”教学方式。

从访谈的内容可以得知，教育厅的行政人员也表示现在给孩子减负已经非常

---

① 李树林. 我国公共政策执行中存在问题的成因及对策分析. 理论研究，2004，(Z1)：39-41.

明确，不过还是有幼儿园有“小学化”倾向，造成这一现象主要有四大原因：首先，是整个社会教育观念的问题，家长都把学习好和就业好联系在一起，总想着好好学习将来就能找到好的工作，把对孩子的教育看成了简单的知识堆积；其次，教育机构和利益挂钩，同时也是为了迎合家长的要求，开设了很多特色班、特色课程等；再次，一些民办幼儿园，为了增加收入而增办特色项目；最后，相关的职能部门没有进行系统的管理，也没有治理的力度。

（七）附加性执行——“添枝接叶，何患无辞”

附加性执行即执行的扩大化，具体指政策执行主体在执行过程中自行增加该政策原本没有的规定，使政策的调控对象、范围、力度、目标超出原有政策的要求，间接使政策变形走样。

2014 年为了贯彻《国务院关于进一步推进户籍制度改革的意见》，教育部召开专题会议，研讨了当前随迁子女义务教育工作面临的困难和问题，对切实保障随迁子女平等接受义务教育、建立健全农村留守儿童关爱服务体系作出部署。地方政府应切实负起责任，为进城务工人员随迁子女入学和农村留守儿童提供保障。

从实践的角度来说，在教育部 2012 年正式发布的《3～6 岁儿童学习与发展指南》之后，虽然已经过了 6 年，但是幼儿教育的小学化倾向仍然存在，还有很多幼儿园在课程上加入了小学化的内容，民办幼儿园尤为严重，有些时候幼儿教师还要给孩子讲解卷子，还要利用午休时间帮幼儿改写错题。再比如，有些地方政府对实施就近入学政策具有地方保护主义，如“中央政策规定，在流入地居住半年的农民工子女可以在当地公立学校入学，但上海某区教育局的政策规定，农民工子女若在该区公立学校就读，必须提供户籍及身份证、在该区连续居住一年以上的租房合同及产权证、公房使用证等住所证明、父母双方在沪就业的劳动（聘用）合同、营业执照等工作证明及相关证明，如属转学需提供子女户籍所在地的学籍证明、户籍所在地县级以上计划生育部门出具的计划生育证书等五项有效证件”[①]。海口市教育局政策规定，对于完成范围内招生任务仍有余力接受其他生源的义务教育学校可适当招收少量借读生，这就给学校名正言顺招收借读生提供了可乘之机，学校有可能实际上并没完成范围内的招生任务，但学校为了招

① 祁型雨．我国就近入学政策分析——兼谈对农民工子女就近入学权益的维护教育科学研究．教育科学研究，2010，(7)：5-9.

收付费生或优秀生而特意留下学位。[①]

从访谈内容来看，教育厅的行政人员解释说，对于国家的教育政策，他们不能全盘接受，需要根据地方实际有条件的取舍与添加，不能以损坏地方利益为前提实施国家教育政策。

（八）推脱性执行——"利益冲突，互不妥协"

利益追求是教育政策执行主体与客体行为的内在驱动力，正是利益推动着人们去执行或违反教育政策。教育政策执行涉及对社会教育利益的重新分配和调整，这就意味着原来的利益均衡局面被打破，会引起各方面的力量对教育政策执行施加影响，力图使教育政策朝着最有利于自己的方向执行，这会导致多元利益主体的利益矛盾与冲突。因此，教育政策执行过程中的利益矛盾与冲突是导致教育政策执行偏离的直接动因。

从政策基础的角度出发，《国家中长期教育改革和发展规划纲要（2010—2020年)》明确提出，到2020年，要形成适应发展方式转变和经济结构调整要求，体现终身教育理念，中等和高等职业教育协调发展的现代职业教育体系。从2010年《国家中长期教育改革和发展规划纲要（2010—2020年)》颁布到2014年《国务院关于加快发展现代职业教育的决定》出台，以推动现代职业教育体系的形成为主线，一个具有中国特色的职业教育政策体系已经初具雏形。

从实际执行的情况来看，"任何一项教育政策的执行必然会涉及不同教育团体之间的利益再分配，每个团体必然会从维护自身最大利益出发，去解释和执行教育政策"[②]。当职业教育政策不能满足甚至损害各级地方政府、学校和家长的既得利益时，为了维护自身利益，追求利益最大化，各级地方政府、学校和家长就会采取各种应对措施，使政策难以认真贯彻执行。政府各个部门互相推诿，地方财政部表示投入职业教育的经费较高，使得财政部门财政压力大，人事部门表示现在教师编制紧张，不能再为职业教育多设编制。部门相互之间互不妥协，坚持维护自身利益，使得职业教育在政策难以有效实施。

从访谈的内容中看，教育厅的行政人员也表示了他们的苦衷，教育政策的实施、执行，不只是教育部门的问题，还需要各个部门相互协调与帮助，但是教育

---

① 符小花. 义务教育阶段少年儿童就近入学法规实施现状分析——以海口市美兰区为例. 西南大学硕士学位论文，2011：30.

② 袁振国. 教育政策学. 南京：江苏教育出版社，2001：332.

政策制定者的政策意图，教育政策执行者所代表的区域性局部利益，甚至是个别部门、机构、个人的利益和目标群体自身利益，都交织出一幅纷繁复杂的利益矛盾与冲突的斑斓图景。

（九）教育政策执行后缺少评估

教育政策评估是教育政策过程的重要组成部分。通过科学的评估活动，人们能够判断某一教育政策本身的价值，从而决定政策的延续、革新或终结；同时，还能够对政策过程的各个阶段进行全面的考察和分析，总结教训，吸取经验，为以后的政策实践提供良好的基础。执行评估是指政策执行过程中的评估，旨在检视执行过程是否按原定政策方案进行，如果继续执行是否能达到预期目标；后果评估则是对政策执行后的产出和影响进行的评估，包括政策效益评估、效率评估和影响评估。

首先，对政策传达是否到位缺乏评价。比如，对于“一费制”，很多家长根本不知道哪些收费是合法的、哪些是非法的、哪些该交、哪些不该交，只能听任乱收费者摆布。

其次，忽视执行资源的评价，如对于高考扩招政策，对执行资源未能及时进行评价，导致扩招政策在实施过程中出现部分学校师资队伍不足、教学条件全面紧张、教学质量滑坡等问题。

最后，在执行教育政策的过程中往往只重视检查相关部门是否严格落实政策，而未能深入到政策情境中对产生问题的原因进行分析。

二、改进教育政策执行的创新策略

以往政策执行经常被看作“理性的科学管理活动和技术事务”。在这种语境下，教育政策执行过程中的偏差现象被认为类似于“政策执行亏空”，实际上，政策执行过程并非单一的、垂直的过程，而是“一个复杂的、由多方行动者相互作用构成的、讨价还价的过程”[①]。地方教育行政部门对教育政策的影响不可忽视，“执行过程同时又是一个再决策的过程”[②]。教育政策执行过程中的偏差现

① 林小英. 教育政策变迁的策略空间. 北京：北京大学出版社，2012.

② 米切尔·黑尧. 现代国家的政策过程. 赵成根译. 北京：中国青年出版社，2004.

象，与其说是出现了执行问题，不如说是“重构了政策”。安东尼·吉登斯的结构化理论认为，“结构并不是外在于个人的，它既有制约性同时又赋予行动者以主动性”①。作为一个全程参与政策执行的主体，地方教育行政部门并非单方面受到教育政策的制约，其本身也发挥着重新解释政策、构建政策内容的作用，是一个教育政策的再制定者。当我们面对教育政策执行过程中出现的偏差现象时，不应该草率地得出“政策执行出现问题”的结论，而应该以行动为中心，重新解构执行过程中各个主体之间的互动过程，找出内在的运作逻辑。因此，可以从政策文本的阐释空间、政策的社会合法性及利益分析等方面，尽可能减少教育政策执行过程中的偏差现象，增强教育政策的执行力。

（一）强化教育政策执行信息的沟通与交流

信息的交流与沟通对政策执行的效果具有重要的影响。因此，在政策执行过程中，无论是政策执行人员，还是政策执行的目标群体，都需要充分了解并尽可能多地占有与政策执行相关的信息。对于政策执行人员来说，只有对所要执行的政策的价值目标、主要内容、实施原则等有准确的理解和深刻的认识，才有可能选择正确的行为方式，并积极主动地执行政策，从而减少出现政策执行偏差的可能性；对于政策的目标对象来说，只有知晓政策、理解政策、认同政策，才会从内心深处支持政策的执行并以自己的实际行动践行政策，从而减少政策执行的阻力，促进政策目标的实现。

因此，各级政策执行组织和机构必须要运用多种手段，切实加强对绩效工资政策的意义、目标、原则、方法和步骤等的宣传，不仅要面向政策执行人员加强宣传，同样要面向政策的目标群体加强宣传。加强绩效工资政策宣传，要求做到内容真实全面、覆盖面广、方式方法灵活多样，尤其是随着信息技术的高速发展，应更加重视运用网络来加强绩效工资政策执行有关信息的宣传、沟通和在线交流。例如，通过设置独立的网站或网页，既可以完整地向社会公开绩效工资政策的相关信息，方便有关人员随时查看自己关心和感兴趣的内容，也可以及时地发布政策执行的相关信息，增加政策执行的透明度。同时，还应着力构建横向的人事、财政、教育主管部门等各个政策执行组织之间经常化、制度化的信息交流与沟通机制，克服政策执行过程的盲目性。

---

① 安东尼·吉登斯. 社会的构成：结构化理论大纲. 李康，李猛译. 北京：生活·读书·新知三联书店，1998.

（二）健全政策的民主决议机制，强化政策问责评估机制

公共政策研究者认为，对于问题较为复杂、利益相关者众多、潜在方案较多的“结构不良”公共政策，其问题并不在于政策过程中矛盾、冲突、博弈和妥协的存在，而在于矛盾的悬置和弱势群体的缺席，导致的政策偏离公共利益。为了应对这一问题，应尽早通过民主参与，达成某种程度的一致并实现政策过程的合法化。

具体而言，在设定政策议题和制订方案时，应通过公共论坛、团体咨询、网络等渠道了解各利益相关群体的认识和诉求，并通过交流、争论、博弈、妥协达成相对一致。其中，尤其需要关注处境不利群体的表达渠道，以增强其政策博弈能力。与此同时，应关注民主决议机制的教育功能，采用大众传媒、公共论坛、会议等形式向利益相关群体宣传政策议题和方案。此外，还要建立和强化包括纵向问责、横向问责和社会问责在内的政策问责评估机制，惩罚和抑制政策执行者在普惠性学前教育政策执行中的权力寻租等机会主义行为。[①]

（三）加强监管力度，切断利益链条

传统的“自上而下”模式强调政府在政策执行过程中的核心地位，忽略了其他利益相关方和行为主体，特别是基层组织和执行者对政策执行的影响。在教育政策制定过程中，上级和下级教育行政部门之间在政策制定和执行上可以形成一定的规则，在价值前提和事实前提达成基本共识的基础上，下级教育行政部门拥有自由裁量权，帮助下级政府介入政策制定过程，实现教育政策过程的上下互动。下级教育行政部门在行使自由裁量权的过程中，模糊了政策制定与政策执行的界限，因此，界定执行机构的地位和身份，以及组织环境的整体信任程度，影响着政策的执行情况和后果。[②]主管部门需要赋予政策利益相关者以明确的权责身份，在政策过程的每一个环节增加多元主体的参与，避免单一主体的话语霸权。

具体而言，以异地高考政策为例，为了提高异地高考政策的执行力，政策在实施过程中需不断修改，以完善异地高考政策，此过程监督与评估缺一不可。对异地高考政策的评估是检验该政策的效果、效益和效率的基本途径，即使异地高

---

① 刘颖. 普惠性学前教育政策的执行偏差：表现、原因及对策分析. 教育发展研究，2016，(6)：18-24.

② 林小英. 教育政策过程中的规则和自由裁量权：以民办高等教育政策为例. 清华大学教育研究，2007，(4)：98-106.

考政策的制定合理合法、构思精良，但将其投入运行后究竟会取得怎样的效果，实际效益和效率如何，即随迁子女是否真正能够在当地参加高考，有多少随迁子女在当地参加了高考，随迁子女在何时才实现了异地高考，这些往往不是一目了然的，有必要利用各种调查手段全面收集政策制定、政策执行、政策影响、政策效益等方面的信息，并在此基础上进行系统的整理分类、统计和分析，运用相应的评估方法对异地高考政策进行评估，并得出评估结论，客观、公正地反映出异地高考政策的实际效果。进而，利用对政策评估的结论指导政策的修正、调整和完善，以更好地保障随迁子女的受教育权。为了保证异地高考政策的顺利贯彻及实施，提高政策制定与执行的质量，促进既定政策目标的实现和提高政策效率，除了对政策进行评估外，对政策的监督也是不可或缺的。对异地高考政策的监督，需要司法审查机关、行政执法机关和社会公众的共同参与和努力，特别是要充分发挥社会监督的作用，新闻媒体及时跟进政策落实的情况，确保政策执行过程公开、公正、透明，使公众清晰掌握政策执行的及时动态，及时反馈意见信息，督促政策正确执行。

第三节　教育政策评价的问题与对策建议

《中华人民共和国国民经济和社会发展第十二个五年规划纲要（2011—2015年）》明确提出，要“加强规划监测评估”，明确要求“完善监测评估制度，加强监测评估能力建设……强化对规划实施情况跟踪分析”。在此期间我国教育政策评价的全面性和独立性逐步得到加强，评价的标准更符合政策的价值取向。但同时，教育政策评价也存在一些问题，因为政策效果缺乏监测与评估，导致政策效果无从得知，造成在关于这些项目运行及其评估的报告大多没有将评估信息包括进去。为此，我们将努力尝试提出相关的问题及对策方法。

本书主要从教育政策评价的过程和类型两个维度对问题政策进行剖析。从过程维度来说，它涉及评价目标、评价主体、评价内容和评价标准；从类型维度来说，它涉及评价活动组织的严格性（正式评价和非正式评价）、评价主体所处的地位（内部评价和外部评价）和评价在活动中所处的阶段（预评价、执行评价和后评价）。

一、教育政策评价存在的问题

（一）教育政策评价目标宏观性强，缺乏可操作性

任何形式的科学研究都应该有一定的目标。明确的教育政策评价目标会指明未来评价研究的方向，能够有效指导评价研究自身的顺利进行，有助于得出正确的结果。否则无论是理论研究还是实证研究都难免会出现偏差。然而，目前在对追踪和检视政策实施成效的过程中，往往是在宏观性较强的目标引领下实施教育政策评价的。

2011 年 1 月 4 日，为了贯彻落实全国教育工作会议精神和《国家中长期教育改革和发展规划纲要（2010—2020)》，建设高素质专业化教师队伍，中华人民共和国教育部就当前和今后一个时期进一步加强中小学教师培训工作提出了《教育部关于大力加强中小学教师培训工作的意见》。针对该意见，学者的评价是：目标宏观性较强、操作性较弱。例如，陈强指出此项政策的评价目标具有发展性、层次性、差异性、阶段性与多样性。从时间上来看，包括中小学教师培训近期目标、中小学教师培训中期目标和中小学教师培训长期目标；从层级来看，包括国家、地方与学校层面的目标；从范围来看，包括教师个体与教师群体的目标；从对象来看，包括专业政策评价者和非专业政策评价者。①所以，不管是从时间、层次、范围和对象来看，都只是从宏观上指出了教育政策评价的目标，而无实际的操作性，针对我国的教育政策评价需要更细化和更具操作性的教育政策评价目标。

（二）教育政策评价主体封闭单一，评估机构培育不足

现阶段我国教育政策评价主体还是以教育行政部门为主，虽然评价的实践模式包括政府自评价、政府委托评价、独立机构评价、媒介评价及公众评价等模式，但社会组织和社会公众参与度较少，而且这些所谓的“第三方”独立机构最终都需要将教育政策评价结果以自下而上的形式交予国家教育行政部门进行汇总，由国家教育行政部门对各项政策进行整体评价。所以，从本质上讲，“管办评”中的“评”并没有实现真正意义上的由第三方中介评估机构独立评估及公布

① 陈强. 试论中小学教师继续教育政策的有效性. 教师教育研究，2011，(4)：22-26.

结果。培育社会第三方中介评估机构，在目前面临很多问题：一是评估机构的资质质量认可制度还未建立，从业人员的专业培训有待开展，具体的行业规范与管理制度有待完善。由于高等教育评估具有极强的专业性，需要中介机构具备稳定的专业队伍，保证评估的权威性。但是，当前评估机构的准入门槛较低，缺乏相关法规制度建设，中介评估机构的资质认定和从业人员培训也亟待开展。二是专业评估机构的经营维持面临着自营收入不确定和物力财力投入不足的问题。由于利益相关者关系等方面的猜测，第三方评价的真实性和可靠性经常受到各种质疑。三是政府对于第三方中介机构缺乏有效的监管，第三方中介机构发布的信息的权威性、可靠性有待进一步提升。四是第三方评估机构发展不平衡，市场不规范。有的研究机构有充足的研究经费和研究力量，而有的机构在人员、经费、场地方面都缺乏保证，自身生存发展面临朝不保夕的困境。

《国家中长期教育改革和发展规划纲要（2010—2020 年）》实施 5 年以来，我国高校内外部质量保障体系建设的路径大致可以勾勒如下：首先，以“管办评分离”作为深化高等教育管理体制改革的突破口，通过厘清政府宏观管理、高校自主办学、社会评估评价之间的关系，搭建新的高等教育管理体制框架，为高校内外部质量保障体系建设营造全新的制度环境；其次，在“管办评分离”之后的“管办评”三条线路上分别采取若干新制度、新措施，分别推进高校内外部质量保障体系建设工作。[①]这一举措取得了很大的成效，一定程度上弱化了政府教育审批的管理权力，使高校拥有更多的自主权。进一步改进和完善了高等教育评估评价制度体系，实施“五位一体”，集自我评估、院校评估、专业认证及评估、状态数据库常态监测及国际评估于一体，多元化、多角度对教育教学进行评估等突破性的进展。但高校内外部质量保障体系建设中仍存在着很多的问题，如“管办评”中评价主体过于封闭单一、第三方评价机构发展极不成熟等。

沈阳市在进行“管办评分离”试点改革的进程中，充分认识到评估机构要打破单一的由政府控制的体制内评估机构为主导的局面，努力探索和引入社会评估和市场评估机制的体制外评估机构。和平区经过投标的方式，与沈阳市东软云技术服务有限公司签订协议，委托该公司独立开展沈阳市和平区初中学业负担状况评估；河南新区利用北京师范大学专家团及大数据对学校办学质量进行了评价。但是，在探索第三方评估机构的改革进程中，也遇到了真正意义上的第三方评估机构缺失的瓶颈。现有的评估机构并不是“真正意义上”的评估机构主要表现在以下几个方面。

① 李国强. “管办评分离”进程中的高校外部质量保障体系建设. 中国高教研究，2016，(1)：12-20.

1. 体制外第三方评估机构的专业资质审定“缺”

由于进行体制外第三方评估对于沈阳市来讲还处于探索阶段。因此，在进行过程中，明显感到体制外第三方评估机构专业资质审定缺失是没有真正意义上的第三方评估机构的重要原因之一。从沈阳市已采取合作的体制外第三方评估机构的基本情况来看，目前体制外第三方评估机构资质的认定和审定无论从组织结构还是程序上都是缺失的。例如，缺乏对评估机构资质认证权限的限定；缺乏组建专门的懂教育规律、懂教育发展的第三方教育评估机构资质认证的机构；缺乏设定体制外第三方评估机构资质审定的基本程序；缺乏体制外第三方教育评估机构资质审定标准的建立。这些问题使得无论是政府购买的第三方评估还是市场引入的第三方评估都不是真正意义上的第三方评估。

2. 体制内第三方评估机构的独立性“虚”

从沈阳市采用合作的体制内第三方评估机构来看，还存在着体制内第三方评估独立性不够的问题，表现为：从机构设置上看，教育评估机构主要有两大主体，一是各层级的教育督导评估机构；二是各层级的教育研究院或基础教育研究中心。但是这样的教育评估机构设置仍隶属于政府部门。目前体制内的教育督导室虽然挂着政府的牌子，但是教育系统内外部依然将它看作教育行政部门的一个内设机构。因为，一是督导室主任一般由教育局局长兼任；二是督学都是教育系统编制人员，领的都是教育行政部门的工资；三是督学岗位都是由教育行政领导安排的；四是办公地点大都设在教育行政机关内。

从评估类型上看，都属于以政府为主导的政府自评价或者政府委托评价，评价者既是政策的制定者也是政策的执行者。这种内部的自我评价，难免会从自己部门的局部利益和个人利益出发，容易造成片面性。

从评估活动上看，教育督导行为仅作为教育行政管理工作中决策、执行、监督、反馈等一系列管理环节中的一个重要组成部分，隶属于教育管理活动的内部行为。

3. 评估机构的评价标准和评价工具的科学性“弱”

从评估标准来看，责任不清晰。例如，在沈阳市中小学评估指标体系中，都有“办学条件”一类的指标，若学校硬件达不到要求，将直接导致学校在评估中成绩不高。此类本属于政府责任的“指标”与学校办学质量的评价指标混淆在一起，不仅不科学、不合理，也容易导致地方政府权责不明。

从评估工具来看，评估指标体系落后，对于教育均衡发展、教育公平内容体现不充分。硬件指标易于测量，但权重过高；软件指标不易于测量，于是被忽视，导致评估的专业性和权威性不够。

从评估内容来看，现行的体制内评估机构采用的是一种以判断、鉴别为主的功能性评估，较忽视主体间的纵向比较，重视群体间共性的比较，忽视学校内部的个性评估。体制内的评估成为以价值取向和工具取向为主的评估活动，忽略了评估主体未来的发展趋势和发展的可能性。评估也从对教育教学的办学评价变为对学生成绩的评价，从对学校的监督、检查、指导、反馈变成了只有监督、检查，忽略了指导和服务的功能。

（三）教育政策评价内容宽泛，缺乏系统性梳理

目前针对教育政策评价的内容研究主要集中在“教育政策评价本质的研究”“教育政策评价标准的研究”“教育政策评价类型的研究”“教育政策监测与评价体系的研究”“教育政策评价存在的问题与对策研究”五个方面。有关教育政策评价的个案研究较少，并且对于国家层次的教育政策评价较多，关于地方的教育政策评价较少；重视教育政策评价的概念性研究，较少探讨教育政策评价的本质性特点；重视衡量相对于社会总体的影响，一定程度上忽视了部分群体的利益；重视对教育政策当前收益和成本的评价，较少对教育政策未来收益和成本的潜力的评价；评价某一具体政策时，只涉及单方面评价，没有处理好其他评价和该项评价的关系。

2010 年 7 月，中共中央、国务院印发了《国家中长期教育改革和发展规划纲要（2010—2020 年）》，进一步明确提出了到 2020 年建成一批国际知名、有特色、高水平的高等学校，若干所大学达到或接近世界一流大学水平的目标。该项政策出台以后，很多学者进行了研究和探讨，通过文献统计发现，大多数的学者都是通过国家层面评价“双一流”政策的利弊，很少有学者评价研究地区性的政策。我国土地辽阔、地大物博，每个地区由于气候、土壤等环境不同，区域性变得尤为明显，所以评价地区性政策更有针对性。以辽宁省落实国家政策的《辽宁省统筹推进世界一流大学和一流学科建设实施方案》为例，众所周知，辽宁作为老工业基地，工业一直是支柱产业，这就导致辽宁会大力扶持理工类学科，使其在一流学科建设中占很大的比重。综上所述，学者进行地区性教育政策评价更有价值和针对性。除此之外，很多学者进行教育政策评价时大多关注眼前利益和既得利益，很少关注长远利益和未来利益，在阐述“双一流”政策时都是看短期的

成果，评价近几年中国大学在世界排名的提升，而较少评价未来的走向和趋势，这样会使政策无法得到长远性发展。

（四）教育政策评价标准局限性，难以科学有效把控

标准是用来判断最终成果好坏的依据，是区分事物的规则，是把控整个流程的戒尺。要想判断教育政策的事实是否科学合理，评价主体需要依据一定的评价标准，才能达到教育政策预期目标。

教育政策评价的标准是指在评价教育政策之前，相关人员对政策的属性或方面在质上的规定。它是政策制定者审查或选择教育政策方案的依据，是衡量教育政策优劣、质量高低的价值尺度，同时对教育政策的制定、执行也具有规范、导向和激励的作用。查找资料发现，国内外有关教育政策评价标准的文献较少，评价标准的制定范围主要围绕政策后果，即在政策实施后，学者根据政策的实施效果进行评价标准的划分，评价标准存在一定的局限性和片面性。

2014 年 9 月，国务院出台了《国务院关于深化考试招生制度改革的实施意见》，明确提出减少和规范考试加分。为了贯彻落实该实施意见的有关要求，2014 年 12 月，《教育部 国家民委 公安部 国家体育总局 中国科学技术协会关于进一步减少和规范高考加分项目和分值的意见》正式发布。因为与学生的升学息息相关，此项政策一出，立即引起了热议，多数学者对于教育政策评价标准的制定存在局限性，或从经济学的视角分析效率、效益和效果，或从政策目标是否恰当、政策方案是否可行、政策执行是否严格、政策效益是否最佳的角度出发，都不能以全面系统的标准评价这一项政策。

（五）网站媒体评价较多，按程序的专业评价较少

在教育政策评价活动或是公共政策评价活动中这种非正式的评价是大量存在的，因为这种评价活动灵活多变不受政策主体的控制，社会各个阶层和公民都愿意参与其中，尤其是近几年网络的快速发展，在各大网站上都听到了民众的意见和呼声。但网络与生俱来的优势也导致了很多问题。因为评价主体掌握的资料有限，所以他们对于评价政策不能够很全面、科学和客观地得出结论。

以 2015 年 10 月《国务院关于印发统筹推进世界一流大学和一流学科建设总体方案的通知》为例，这一方案的出台意味着新一轮的优质高等教育发展国家战

略正式拉开序幕，重点资助一批大学和学科争创世界一流，对于我国全面建成高等教育强国将具有强大的推动作用。《统筹推进世界一流大学和一流学科建设总体方案》是继“211 工程”“985 工程”之后由中央政府直接主导并统筹实施的旨在建成具有世界一流水平高等教育的宏大工程，具有规格高、资金量大、涉及面广等特点。这必定会对我国的高等教育产生深远的影响，但是在该通知出台之前，网络媒体和非正规组织机构对于我国的一流大学和一流学科进行了缺少客观论证和实地考察的评价，这种不正规的评价甚至是有价值取向的评价引起了各个高校的注意。问题的主要原因是评价主体缺少相对正式评价方法和评价组织。

（六）政府内部的评价相对片面，外部评价路径需改进

我国缺乏系统的和完整的教育政策评价制度，现以政府为主导的政府自评价和政府委托评价模式占主导地位，评价者既是政策的制定者也是政策的执行者。虽然这便于评价者掌握关于教育政策的最新信息和第一手资料，可以从全局上对整个教育过程进行了解，并直接参与教育政策的执行活动，依据评价的结果，及时地调整教育政策。但是这种“既是裁判员又是运动员”的评价模式也存在弊端，政府自评价的组织框架由三类机构组成：中央政府及其相关部委（如教育部、财政部）负责政策制定；省（自治区、直辖市）市、县（市、区）三级政府建立政策监测、分析、评价机构；统计局及下属项目数据采集人员负责数据的一线采集。[①]外部评价由于每个评价主体都有自身的利益诉求，不同的主体其社会经历、经验、文化水平、身心素质参差不齐，对教育政策的评价容易出现不同的结果。非理性的教育政策评价有时会误导舆情，造成不好的影响，激化民众与政府的矛盾。

例如，择校费问题。2014 年，教育部、国家发展和改革委员会、财政部、审计署、国家新闻出版广电总局五部门联合出台了《教育部等五部门关于 2014 年规范教育收费治理教育乱收费工作的实施意见》，强调要坚决查处“以钱择校、以分择生、以权入学”等违规行为。同年，《教育部办公厅关于进一步做好重点大城市义务教育免试就近入学工作的通知》要求，坚决查处个别学校收取择校费的行为，坚决切断收取择校生与获得利益的联系。但是在过去的几年中，政府的价值观一直在社会稳定与教育公平的道路上前行，而治理“乱收费”的规定并不是在制度建设上下功夫，没有采取教育体制改革、均衡发展、规范招生行为等措施，来达到治理“乱收费”的长效机制，也没有从根本上解决择校的民生问题，

① 邓旭，赵刚. 我国教育政策评价的实践模式及改进路径. 国家教育行政学院学报，2013，（8）：66-70.

只是缓解了其一时之痛。

（七）政策预评价和执行中评价不够充分，事后评价较多

以“异地高考”政策为例，2012 年两会期间，教育部发表声明，要求各地政府在 10 个月内出台“异地高考”的相关政策，推进教育公平。一石激起千层浪，政策还未出台，就引起了社会各界的强烈反响。有人认为这是大势所趋，也有人认为这是缓和社会矛盾，更有人提出这是对本地考生权益的侵犯。一个以公平为核心的政策理念为何还未推行就争议不断？改革又应该着力于哪些方面？这些都是评价需要考虑的问题。政策制定出台之前缺少充分的预评价，高考改革牵扯着各方的利益，冰冻三尺非一日之寒。在政策执行过程中看看政策的目标是否已得到所需要的各种资源、服务、利益，政策执行机构在执行的过程中遇到哪些问题，才可以及时调整。而在“异地高考”政策执行过程中执行评价是较少的，往往都是后评价。教育是培养人的社会活动，当问题的结果呈现给大家的时候，往往都已经很晚了，耽误了几届的应届考生。

“异地高考”无论是从政策层面、组织层面还是操作层面上考虑，都是具有一些问题的。多年来，高考改革之所以举步维艰，根源在于支撑现有高考体系的各种制度具有极强的稳定性。这种稳定性是制度变迁的主要阻力，也会对公共政策的执行造成较大影响。[①]

二、完善教育政策评价的创新策略

（一）教育政策评价目标以需求为导向，做到切实可行

教育政策评价目标要体现促进教育事业发展，促进人的全面、自由、和谐发展的价值取向。评价目标内容要具体，要明确指出是取得教育政策效果，或是教育政策效益，还是教育政策效率的信息，这些信息是解释政策还是修正政策。教育政策评价目标要稳妥而合理，要结合评价研究本身而定。[②]教育政策评价目标

① 孙志远．“异地高考”前瞻：政策过程的视角．高教探索，2013，(1)：19-22.

② 孙绵涛．教育政策分析——理论与实务．重庆：重庆大学出版社，2011：142.

以需求为导向，要做到切实可行。结合《教育部关于大力加强中小学教师培训工作的意见》具体政策，我们认为教育政策评价目标可以依据评价主体、评价内容和评价类型的不同需求定位，公布政策评价的相关信息，从而提高政策的效率和效益，确保评价研究履行向民众说明解释其政策的责任及实现影响教育政策走向的使命。[①]《教育部关于大力加强中小学教师培训工作的意见》的政策评价目标是：使政策更好地执行，取得最大化的效果。为了实现这一目标，首先要了解中小学教师、中小学教师培训工作的切实需求，根据政策的运行结果提出评价的方法、内容、标准等信息，根据信息改善教育政策，最终实现教育政策评价目标。

（二）多元选择教育政策评价主体，促进机构良性发展

不同主体从多个侧面提供评价信息有利于提高评价结果的客观性。针对当前高等教育评估政策评价主体的主观随意性过强的弱点，评价主体的选择应集思广益，多元选择政府、专业评估组织（包括高等学校和研究机构）、社会组织和公众，特别是“受到影响的相关利益群体代表”等对高等教育评估政策的评价，从而形成一个完整、有效的政策评价主体系统。

针对社会第三方评估机构培育不足的薄弱环节，建议在“十三五”期间，尽早研究制定高等教育第三方评估机构的许可制度、行业规范等制度体系；进一步加大对省级教育评估机构和社会专业评估机构的鼓励和扶持力度。在社会专业评估机构自营生存相对困难的情况下，本着可控的营利性前提，加快专业评价机构的培育工作，以尽快形成多样评价主体、多元评价、公开透明、合作与竞争并存的高等教育评估体系；加强对各省市教育评估机构和社会中介机构的资质认定、跟踪评估及后期管理工作，确保高等教育评估行业的良性、健康与可持续发展。[②]此外，还应与专业评估机构展开长期合作，建立健全招投标制度和绩效管理制度，保证教育评价服务的质量和效益；培育体制内“第三方”评价机构；保证评价质量，合理利用评价结果。

1. 全国范围内招标，遴选理想的“第三方”评价机构

为了保证第三方评估的权威性和专业性，沈阳市教育局正在完善第三方评价机构的招投标制度，经过招投标程序遴选第三方评价机构。和平区作为“探索第

① 徐赟. 教育政策评价分析的理论构建与实践反思. 沈阳师范大学硕士学位论文，2011：47.

② 李国强. “管办评分离”进程中的高校外部质量保障体系建设. 中国高教研究，2016，（1）：12-20.

三方评估”的单项改革试点，在第三方评价机构建设方面取得了很大进展。经过招投标的方式，与沈阳东软云科技有限公司签订协议，委托该公司独立开展和平区初中学生学业负担状况评估。教育局依据该公司提供的评估报告，制定下发了《和平区教育局关于加强义务教育阶段学生作业管理的几项要求》。

2. 依托教育科研部门，培育体制内“第三方”

针对独立的第三方评估机构数量少、权威性差的情况，沈阳市教育局允许培育体制内的第三方评价机构，增强了评估结果的可信度。例如，和平区教师进修学校成立了测评中心，对学生的学业成绩、学习成本进行监测评价，并且与沈阳市教育研究院测评中心及大连市现代教育学院等部门积极合作，以做好相关测评工作。此外，还成立了与教育部门相对独立的教育评价机构——和平区政府督导室调评中心，任用 8 位特约督学，搭建群众满意度调查平台，对学校的办学满意度等情况进行了科学评估。

3. 创新评价模式，构建多方合作的评价形式

为了提高评价效率，保障评价结果的客观性，沈阳市教育局对多方合作的评价模式进行了实验。比如，浑南新区实施了三维评价，即通过教育督导评价、引入第三方专业权威专家评价、利用大数据进行社会满意度评价三方面对学校办学质量进行评价。2016 年 4 月 25—27 日，北京师范大学专家团对北京师范大学沈阳附属学校进行了初始化引导评估。另外，浑南新区还与沈阳市教育研究院进行了深度合作，利用研究院资源，与同方股份有限公司及东网科技有限公司合作成立了“创新协同发展中心”实现大数据评估。再如，沈北新区近年来从多方面实施了教育改革评价，包括：由区教育局基础教育研究监测中心牵头，对中小学进行指导性监测和评价；由区政府教育督导室牵头，组织学生家长、社区代表、人大代表、政协委员进行满意度调查；由区教育局牵头，定期组织专门人员对学校领导班子建设及履行职责情况进行考核；由政府教育督导室实施教育专项督导；由政府出资，通过购买服务实施第三方参与的专业评价。

（三）教育政策评价内容遵循教育规律，全面科学概括

在教育政策评价过程中，科学的评价内容要涵盖政策方案的评价、政策内容的评价、政策决策的评价、政策执行的评价、政策效果的评价及政策环境的评价

六个方面。结合“双一流”政策的案例，全面系统的评价内容应该是在政策未出台以前由教育政策决策主体和咨询主体共同组成评价主体，从众多方案中选出最优的方案。“双一流”政策由国家出台在地方实施后，学者会对其产生的效果进行评价以影响教育政策的最终走向。教育政策的效果评价既可以是实施中的教育政策的效果评价也可以是政策终结后的效果评价，即在整个“双一流”政策的实施过程中处处存在评价，不能仅对效果进行评价，要时时把关、处处评估，争取将问题的隐患扼杀在摇篮里。因为政策环境是在时刻变化的，新的环境对将来的政策、正在实施的政策都有影响，因此，政策与环境之间的特殊关系都需要重新评价。虽然各省（自治区、直辖市）、各地方都是落实国家出台的教育政策，但由于自身地域的特殊性，政策的实施效果各不相同，所以处理好政策和环境之间的关系很重要。

只有全面、科学地评价教育政策内容，才能达到评价的真正效果，反之，一般化、零散化的政策评价内容会使政策修改后仍然不利于政策健康良性地发展，也不利于教育事业的长远发展。

（四）建立系统的教育政策评价标准

现有的研究由于缺乏对教育政策价值这一前提性问题的探讨，因而对教育政策评价标准的把握不够全面系统。教育政策应包括价值存在（质、量、尺度）、价值规范（应该）和价值必然性（正当）三个层次的评价标准。目前我国众多学者对教育政策价值存在的“质”和“尺度”标准的设计比较全面，并且大都简单移植了公共政策的一般评价标准，但还缺乏在充分认识教育活动的本质特征基础上对价值存在的“量”、价值规范的“应该”和价值必然性的“应当”标准的把握，而这几类标准恰恰是教育政策最为核心的评价标准。这类标准正是衡量教育政策是否适合教育政策主体目的的实在等级。没有这类评价标准，事实上就否定了主体需要或利益的类别和层次，从而导致“形式主义”或“预存论”，教育政策也最终会丧失其动力再生的性质。

教育政策评价标准研究应该体现在四个方面，以《国务院关于深化考试招生制度改革的实施意见》为例：第一，紧密结合考试招生制度的本质特征，进一步完善和充实教育政策评价标准研究的理论基础；第二，进一步探讨和阐明教育政策评价标准的内在规定性；第三，针对教育政策的内容和过程，设计系统的、具体的评价指标；第四，尝试运用构建的评价标准和评价指标，对我国教育政策的内容、过程、环境等进行评价。最终在此基础上提出改进《国务院关于深化考试招生制度改革的实施意见》政策的相关建议。[①]

（五）加强专业性政策评价，完善媒体评价

目前，许多先进国家的教育政策评价已经进入了专业化的发展阶段，出现了许多相关的研究成果，我国也有学者对政策进行了相关研究，孙绵涛、袁振国等学者认为，政策评价是按照一定的价值准则，对政策对象及其环境的发展变化，以及构成其发展变化的诸多因素所进行的价值判断。[②]肖元军教授认为教育政策评价的标准主要包括认定问题是否正确、政策目标是否恰当、政策方案是否可行、政策执行是否严格、政策效益是否最佳五个维度。[③]祁型雨认为，教育政策评价本质上是对教育政策价值的评价，即按照一定的评价标准，对教育政策的过程和内容在事实判断的基础上作出价值判断。[④]

第一要加强专业性教育政策评价，我国的教育政策评价目前正走向专业的教育政策评价分析，在这里我们主要以孙绵涛教授的教育政策评价标准为主，从教育政策执行结果的评价的角度，从四个维度提出评价标准：教育政策投入，教育政策效益，教育政策效率，教育政策回应程度。

1. 教育政策投入

首先，能否配置足够数量和具备足够质量的政策人员是教育政策投入的重要条件。其次，教育政策必须与国家总的经济实力相配合，必须得到财政、物质资源的支持和保证。再次，信息、技术、设施，以及时机上是否可行。最后，政策执行机构健全也是政策投入不可或缺的条件。

2. 教育政策效益

明确而有价值的目标是教育政策效益评价的前提条件。第一，政策目标是否契合了该政策所要解决的问题。第二，目标是否达成利益团体间的平衡。第三，目标程度是否适中。第四，子目标间是否协调有序。第五，表达形式是否具体明确。

---

① 曹连众，祁型雨. 教育政策评价标准研究述评. 山西师大学报（社会科学版），2011，（5）：137-140.

② 孙绵涛. 教育政策学. 北京：中国人民大学出版社，2010.

③ 肖远军. 教育政策评价标准的探讨. 浙江教育学院学报，2002，（3）：86-91.

④ 祁型雨. 论教育政策价值及其评价标准. 教育科学，2003，（2）：7-10.

3. 教育政策效率

教育政策效率是指教育政策结果与政策投入之间的比例关系，其目的是分析政策在支出各项成本之后是否获得了充分的收益，与其他政策相比成本是否更加经济有效。在此期间要考虑政策的交替成本、执行成本和时间成本等因素。

4. 教育政策回应程度

评价教育政策好坏最直接的方式就是看此政策的影响程度，把一项教育政策放到整个教育及社会系统中，从与之相关的其他要素的相互关系中，对该政策所产生的影响所作的综合判断，主要包括：政策的正面影响和负面影响，政策的短期影响和长期影响，政策的直接影响和间接影响。

第二要完善媒体评价，媒体评价是外部评价的一种方式，也是政府自评价的一种有效补充。由于其评价手段和传播方式灵活，在社会上有了独特的话语权，但同时也出现了专业性不够、具有价值取向等问题。完善媒体网络对教育政策的评价，首先要采取问责的机制对媒体组织进行整改，其次要鼓励和扶持网络媒体进行发声，两种方式同时进行，才能有效提高媒体评价的专业性和公平性。

（六）提高政府自评价系统，健全外部评价机制

政府自评价系统中，各级评价机构是核心力量。

首先评价方案的制订和实施都需要其完成，上要对其上级主管部门负责，下要对其下属各统计单位进行沟通、协调，指导他们进行数据的采集，对数据进行分析统计。不仅要向上级部门提供及时的评价报告，同时还需处理来自社会团体、科研机构、媒体及个人的问责，为他们提供公开透明的相关信息，及时采纳、梳理各方合理性的建议和意见。

其次可以设立专门的教育政策评价小组，开展周期性的、正式而全面的政策评价。评价的方式可以是内部评价和外部评价共同进行，也可以以区域政府协调组织中的专门委员会承担内部评价者的角色。由于该评价小组处于政策主体的核心视角，同时兼有超越成员个体的客观性，有条件充分整合外部评价者的成果，为政策的调整提供更有针对性的改进方案；研究机构、专业咨询公司等外部评价者，在专项领域评估方面能够充分体现其专业的优势，擅长融合多

元政策主体的意见。区域协调机构通过与外部评价者合作，可以实现客观、完整的政策评价。

最后广泛吸收和听取公众评价，公众评价是教育政策评价实践中最广泛的实践模式。教育政策的制定是为了教育目标的实现，其与公众的切身利益息息相关，是公众愿意对教育政策问题进行评价的重要参考标准之一。①

（七）充分论证事前和事中政策评价，改善事后评价

第一种是以政府为主体的内部评价对政策进行预评价、执行评价和后评价。加强预评价，我们知道内部评价有着先天的优势，评价者掌握着有关政策的大量的第一手资料，对整个教育过程有着全面的了解，政府内部无论是操作人员进行评价还是由教育行政部门的专职评价人员进行评价都应该进行充分的政策推演，中央相关教育部门人员可以联合地方教育部门进行联合协商，探讨政策是否可行；也可以广泛地征求各地相关执法部门的意见，亦可以向地方中等教育学校发放调查问卷，整合一手资料进行充分论证。提高执行评价，教育政策非常复杂，很多问题在预评价过程往往没有显现出来，这个时候就要在执行过程中对政策进行适当调整。在“异地高考”政策过程中政府可以根据一些相关数据，如应届高考流动随迁子女的数量，参加当地高考报名的人数及占总人数的百分比，不能参加高考的原因等，对政策进行适当的调整，以期普及全民高考。完善后评价，后评价也是一种评价方式。建议政府在完善教育政策评价的过程中引入公众幸福指数。一个教育政策好与坏，要看其能否带给人民便利，提高人民的幸福指数，此政策的效果能否完完全全地展现在受教育者的身上。受教育者的幸福指数就是教育政策的价值所在。

第二种是以第三方评价机构为主体的外部评价对政策进行预评价、执行评价和后评价。众所周知，第三方评估机构置身于机构之外，与机构没有直接利益关系，所以具有天然的客观性和公正性。如果政府要将评价工作委任给第三方评估机构，那首先就要拟定《第三方教育评价机构资格认证条例》，包括第三方教育评价机构的法人属性、基本条件、专业条件、工作范围、工作结果、服务价格、工作纪律等，这些都是亟待解决的问题。

第三种是以政府内部评价为主、以外部评价为辅对政策进行预评价、执行评价和后评价。这种评价方式是最合理的，因为政府评价主要以价值判断为

① 邓旭，赵刚. 我国教育政策评价的实践模式及改进路径. 国家教育行政学院学报，2013，(8)：66-70.

主，但是缺乏事实逻辑，外部评价主要以事实判断为主，但是缺少价值判断。两者融合后可取长补短，但是这种方式也存在一定的问题，在人力、物力、财力和时间上均是一种考验。总之就是要在评价的过程中要注重用发展的眼光和全局的视野来看待问题。

总体而言，政策评价的开展，应坚持具体问题具体分析的原则。根据不同的情况选定适宜的评价方式和形式，有利于真正发挥政策评价的作用——提高政策制定的水平，提升政策实施的效果。

第六章　教育政策环境的前瞻性研究

教育政策环境分析就是分析教育政策处于一种什么样的环境之中，这些环境对教育政策有什么要求，教育政策对这些环境有什么回应等。教育政策环境分析作为教育政策改革发展阶段中的必要存在条件，同时贯穿于教育政策前瞻性研究的其他五方面之中，具有重要的研究意义。因此，本章着重研究当前影响中国教育政策的经济环境、政治环境和文化环境，找出当前这三类环境存在的问题，并在理论研究与事实分析的基础上提出改革和完善影响我国教育政策的经济环境、政治环境和文化环境的基本策略，最终为“十三五”期间我国教育政策的制定、执行和评价等提供政策性参考。

第一节　教育政策经济环境的问题与对策建议

教育政策的经济环境是指教育政策所联系和依赖的各种经济条件。也就是说，经济状况是教育政策制定和实施的基本物质条件，它影响着教育政策改革的实施情况与实施效率。只有在教育政策改革与国家或地区的经济整体水平相一致的前提下，教育政策改革的实施才能获得财力、物力等经济资源的充分支持。

一、教育政策经济环境存在的问题

面对错综复杂的国际环境和艰巨繁重的国内改革发展稳定任务，“十二五”

期间，我们党团结带领全国各族人民顽强拼搏、开拓创新，奋力开创了党和国家事业发展的新局面，经济总量稳定增长、经济结构显著优化、基础设施水平全面跃升、科技创新能力明显增强、对外开放成绩显著、生态文明建设取得新进展，经济发展取得了新的重大成就，我国经济实力又上了一个大台阶。但是，也要看到："十三五"时期是全面建成小康社会的决胜阶段，也是中国教育改革与发展的关键时期。目前我国的经济发展水平，不能完全满足教育的需要，导致教育政策在实施的过程中遇到困难，一些教育政策尚未完全落实，需要各方共同努力推动教育政策的落实，使我国的教育事业不断向更好的方向发展。

教育发展在遵循经济发展规律的同时还要适应我国整体的经济环境。教育政策的制定要根据国家整体经济环境的变化作出相应的调整。目前我国的总体经济形势逐渐从"缓中趋稳"向"稳中求进"转变。虽然我国的经济增长速度在各国之中处于领先地位，但是目前的经济形势很严峻，所处的经济环境也不容乐观。过去的经济发展战略已经不能满足我国当前经济发展的需要，所以要转变经济发展方式，改善经济环境。各地区经济发展差异也是我国当前经济发展的一个重要现象，受各地区自然条件和社会条件差异的影响，我国各地区的经济发展情况存在很大的差异，而经济发展的差异也直接影响到各地区教育事业的发展。经济发达的地区教育水平较高，各方面的配套设施较全面，经济相对落后的地区教育水平偏低、教育资源不足，这些都拉大了区域之间教育水平的差距。为了实现均衡发展，国家要提高对欠发达地区的政策支持力度，促进协调发展。随着全球经济一体化进程的不断加快，创新型发展成为推动经济发展的主要力量。面对国家创新、创业的发展形势，必须要转变人才培养方式，打破旧的思想观念，培养创新型人才，故而会对"十三五"期间教育政策的制定产生影响。

（一）教育资源投入存在的问题

教育资源投入是教育政策制定和实施的基本物质前提，没有教育资源投入，教育政策的改革也就没有了物质基础。调查显示：政府投入的教育经费比例低、教育投入模式与体制陈旧、教育信息化建设滞后这三个问题是目前教育资源投入方面急需解决的突出问题。

1. 政府教育经费比例还需持续增长

《国家中长期教育改革和发展规划纲要（2010—2020 年）》明确提出，2012

年要实现公共教育经费占国内生产总值比例达到 4%的目标。国务院于 2011 年 6 月 29 日印发了《国务院关于进一步加大财政教育投入的意见》。其后，国务院多次召开全国教育投入和管理工作电视电话会议，对进一步加大财政教育投入、切实加强教育经费管理工作进行了部署。这充分体现了党中央、国务院对增加财政教育投入、促进教育优先发展的高度重视。国际上一般用公共教育经费占国内生产总值的比例这一指标来计量和评价政府教育经费投入水平。根据联合国教科文组织的统计，2005 年世界政府教育经费占国内生产总值的平均比例是 4.9%，其中发达国家 5.5%，发展中国家 4.7%。[①]2012 年，我国公共教育经费占国内生产总值的比例首次超过 4%，达到 4.28%。2013 年、2014 年、2015 年分别为 4.3%、4.1%和 4.26%。虽然近几年教育经费的投入有了较大的提升，且达到和超过了 4%，但中国经济增速的下降给政府教育经费也带来了新的挑战，所以“十三五”期间，政府教育经费比例还需保持继续增长的势头。

2. 社会资本投入教育事业不足

2015 年 11 月，国务院发布的《国务院关于进一步完善城乡义务教育经费保障机制的通知》提出：“适应新型城镇化和户籍制度改革新形势，按照深化财税体制改革、教育领域综合改革的新要求，统筹设计城乡一体化的义务教育经费保障机制，增强政策的统一性、协调性和前瞻性。”[②]该通知明确提出我国教育投入模式与体制有待创新，我国社会力量办学、投资教育的门槛和条件较高，配套激励政策不足，造成教育事业融资体系不健全，社会资本没能成为教育事业发展中的重要力量。据统计，1980—2005 年，我国社会与私人教育投入超高速增长，增长速度年均达 19%。但 2005—2012 年社会与私人的教育投入增速下降到 2.6%，民间教育投入占比从 2005 年的 39%下降到 2012 年的 20%。[③]尽管有关统计显示，近年来全国民办学校数量在增加，但实际上新增的多为投入相对较少的民办幼儿园，而非中高等教育机构。以上数据普遍反映出民办教育被三个方面的问题困扰：“民营非企业单位”的法人定位，使民办教育政策不完整、不配套；制度环境有欠公平，使民办教育发展缺少后劲；缺少办学自主权，民办学校很难办出特色，同时教育质量也很难提高。此外，民办教育在发展过程中经济压力也比较大。

---

① 袁连生. 我国政府教育经费投入不足的原因与对策. 北京师范大学学报（社会科学版），2009，（2）：5-11.

② 国务院. 国务院关于进一步完善城乡义务教育经费保障机制的通知. 教育部网站. http://www.gov.cn/zhengce/content/2015-11/28/content_10357.htm[2016-09-29].

③ 朱永新. 用“五大理念”引领“十三五”教育改革发展. 今日教育，2015，（12）：8-10.

3. 教育信息化建设投入不足

《国家中长期教育改革和发展规划纲要（2010—2020 年）》强调要把教育信息化摆在非常重要的位置，强调“信息技术对教育发展具有革命性影响”，并提出了“加快教育信息基础设施建设”的要求。[①]2016 年，教育部印发的《教育信息化“十三五”规划》提出：我国信息化建设推进进度不平衡，受制于经济社会发展水平等多种因素，信息化区域发展水平仍存在较大差异。[②]教育信息化是国民经济和社会信息化的重要组成部分，对促进教育思想、观念、内容和组织形式的深刻变革，探索新型教育教学模式和人才培养模式具有重要作用，是推动教育创新、深化教育改革、提高教育质量的重要手段，是缩小教育差距、实现教育跨越式发展的重大举措。从经济学的角度来看，教育信息化是教育界的一场革命，它提高了教育的劳动生产率，在人才培养方面也更具创新意识，但是教育信息化在实际应用的过程中存在的问题也是不容忽视的。最主要的问题就是在进行教育信息化建设的过程中投入不足，其中投入不足包括两个方面：一是资金投入不足，在教育信息化基础设施建设、教育信息化资源的开发和应用方面缺乏资金保障。因为各区域、各学校之间经济水平不同，使教育信息化发展产生不均衡的现象。城镇学校教育信息化基础设施建设比较完善，资源充足，而乡村学校受学校条件的限制，教育信息化基础设施建设较差，甚至因为缺少资金支持无法完成教育信息化基础设施的建设。二是技术投入不足，首先，缺少专业的技术人员对教育信息化系统进行标准化、规范化的管理；其次，教师对教育信息化系统和设施了解较少，在实际应用的过程中存在一定的问题，需要专门的技术人员帮助教师使用教育信息化的系统和设施，才能顺利完成教学任务。

（二）教育资源分配存在的问题

教育资源分配是教育政策制定和实施效率、效果的关键，教育资源优化配置，将会使教育政策的改革事半功倍。调查显示：公共教育经费配置亟待优化、支撑创新的资金不足、优质教师资源不均衡、幼儿教师编制少且待遇低这四个问题，这是目前教育资源分配方面急需解决的突出问题。

---

① 国家中长期教育改革和发展规划纲要工作小组办公室. 国家中长期教育改革和发展规划纲要（2010—2020年）. 中华人民共和国中央人民政府网. http://www.gov.cn/jrzg/2010-07/29/content_1667143.htm[2016-09-04].

② 教育部. 教育信息化“十三五”规划. 教育部网站. http://www.moe.edu.cn/srcsite/A16/s3342/201606/t20160622_269367.html[2016-09-29].

1. 公共教育经费配置亟待优化

2001 年下发的《财政部、教育部关于做好农村中小学公用经费标准定额核定工作确保学校正常运转有关问题的通知》提出，要按公用经费标准定额核发才能确保农村中小学正常运转。2010 年 6 月，中共中央政治局召开会议审议并通过了《国家中长期教育改革和发展规划纲要（2010—2020 年）》，会议强调要合理配置公共教育资源，向农村地区、边远贫困地区、民族地区倾斜，努力办好每一所学校，教好每一个学生，保障公民依法享有受教育的权利。2013 年国家发展和改革委员会、教育部、财政部、人力资源和社会保障部、公安部、农业部的《关于实施教育扶贫工程的意见》、2013 年的《教育部 国家发展改革委 财政部关于全面改善贫困地区义务教育薄弱学校基本办学条件的意见》、2014 年的《教育部办公厅 国家发展改革委办公厅 财政部办公厅关于印发全面改善贫困地区义务教育薄弱学校基本办学条件底线要求的通知》都提及：统筹城乡义务教育资源均衡配置，加快缩小区域、城乡教育差距，促进基本公共教育服务均等化，特别是要全面改善贫困地区义务教育薄弱学校基本办学条件。所以，公共教育经费的规模仅仅是问题的一个方面，另一个更为重要的方面是其流向，即支出结构的不合理。这种公共教育经费配置的失衡体现在多个方面，如不同层级教育之间、地区之间、城乡之间、学校之间等，目前重高校、轻基础，重城市、轻农村，重重点、轻薄弱等现象还没有得到根本性的改善。

2. 支撑创新的资金不足

2014 年 10 月，《国务院关于改进加强中央财政科研项目和资金管理的若干意见》强调，要通过加强科研项目和资金配置的统筹协调让科技创新核心要素活起来。2010 年 4 月，人力资源和社会保障部等在《关于实施“2010 高校毕业生就业推进行动”大力促进高校毕业生就业的通知》中要求，要通过税收优惠、贴息扶持等政策，鼓励高校毕业生创新创业。2016 年 11 月，人力资源和社会保障部、教育部印发《关于实施高校毕业生就业创业促进计划的通知》，提出拓宽多元化资金支持渠道，落实创业担保贷款政策，鼓励天使基金、风险投资和创业投资基金等社会资本，以多种方式支持高校毕业生创业。高校不仅为国家培养了大量创新型人才，为国家科技创新提供了人力保障，还是进行科技创新的重要场所，目前我国很多高校都积极响应国家政策进行科技创新，但是资金问题是阻碍高校进行科技创新的主要问题。目前各高校在科技创新中的投入主要来源是政府财政资金的支持，普通高校得到的财政资金没有那些具有丰富科研经验的知名高校多，所以普通高校在科技创新方面仍存在资金不足的问题，这严重影响了科技创新工作的开展，也影响了教师和学生进行科技创新的积极性，使科技创新缺少持续发展的动力。同时，资金来源单一、数量不足等问题已成为制约大学生创业的最主要障碍。

3. 优质教师资源不均衡

2012 年，国务院印发的《国务院关于深入推进义务教育均衡发展的意见》指出，目前我国在区域之间、城乡之间、学校之间办学水平和教育质量还存在明显差距，人民群众不断增长的高质量教育需求与供给不足的矛盾依然突出。深入推进义务教育均衡发展，着力提升农村学校和薄弱学校的办学水平，全面提高义务教育质量，努力实现所有适龄儿童“上好学”，对于坚持以人为本、促进人的全面发展，解决义务教育深层次矛盾、推动教育事业科学发展，促进教育公平、构建社会主义和谐社会，进一步提升国民素质、建设人力资源强国，具有重大的现实意义和深远的历史意义。2016 年，在全国两会上，中国教育学会副会长、广东省中小学校长联合会会长吴颖民认为：“择校热”反映出城市教育资源配置不均衡，难以满足家长对优质教育资源的需求的问题。受经济发展水平的影响，全国各地区之间在优质教师资源数量、质量方面都存在分配不均衡的现象。从数量上看，经济发达地区的优质教师数量充足，而经济欠发达地区的优质教师数量则比较匮乏。从质量上看，发达地区教师的学历和职称水平都要高于欠发达地区。经济发达地区的学校办学条件较好、配套设施全面、工资待遇高、教师培训和发展机制健全。而经济欠发达地区的学校一般都是在偏远的乡镇，学校办学条件较差，交通不方便，教师的福利待遇也偏低，所以优质教师大都流向了经济发展水平较高的城市或者区县。同时，政府对偏远地区教育事业的资金支持力度不足也是优质教师资源不均衡现象产生的原因之一。经济发展水平较高的地区，一般经济基础都比较好，教育设施完善，政府在教育方面的财政拨款一般都用于教师的培养进修方面。通过系统专业的培训，教师的整体素质和教学水平都能得到很大的提高，优质教师比例较高。而欠发达地区经济基础较差，学校的整体环境较差，政府的财政拨款首先要用于学校建设，如教学楼、宿舍楼等硬件设施。这些支出已经用掉资金的一大部分，因此，在教师培养和教学资源引进等方面的资金就偏少，不能满足当地教育事业的发展和优质教师培养工作的开展。这就直接导致了教师质量偏低和资源不足的问题，也拉开了和城镇学校的距离，产生了优质教师资源不均衡的现象。

4. 幼儿教师编制少且待遇低

2014 年 11 月，《教育部 国家发展改革委 财政部关于实施第二期学前教育三年行动计划的意见》强调，着力扩大农村学前教育资源，重点解决好连片特困地区、少数民族地区、留守儿童集中地区学前教育资源短缺问题；充分考虑城镇化发展、老城区改造和人口流动的实际，重点解决好城镇及城乡结合部学前教育资源总量不足的问题；努力增加残疾适龄儿童的入园机会。按照十八届五中全会“发展学前教育，鼓励普惠性幼儿园发展”的要求，政府需加大对学前教育的资金投入，目前我国公立幼儿园的数量明显增加，但是随之而来的问题是幼儿教师的数量不能满足当前的需要。调查显示，我国公立幼儿园目前在编的幼儿教师数量仅仅占幼儿教师总数的一半。工资福利和发展机制的不健全，使很多民办幼儿园和幼儿教师不签订劳动合同，幼儿教师福利待遇较差，导致其流动性较大。幼儿教师编制和待遇问题产生的原因是财政经费未落实到实处。国家对学前教育投入的经费大多用于公办幼儿园的建立和民办幼儿园的补贴，主要解决的是入园难和托费贵的问题。教师对教育的发展起着重要的作用，但是财政资金没有运用到教师发展的问题上，现在幼儿园教师的福利待遇偏低、入编制难，导致很多毕业生不愿意从事幼儿教师的职业，一些从事幼儿教育的教师可能对工作也没有归属感，幼儿教师的基本权益没有得到保障，幼儿教育质量就很难得到保障。

（三）教育资源使用效率存在的问题

教育资源使用效率是教育政策制定和实施成效的集中体现。调查显示：教育国际交流信息传递不通畅且费用高、学生资助政策缺少监督机制、弱势群体受教育权利未得到保障、教育的供给侧改革推进缓慢这四个问题是目前影响教育资源使用效率的突出问题。

1. 教育国际交流信息传递不通畅且费用高

2012 年教育部印发的《高等教育专题规划》指出，将创新和完善国家公派出国留学机制，加强对自费出国留学的政策引导，加大对优秀自费留学生的资助和奖励力度，培养更多能够参与国际事务和国际竞争的人才。随着全球经济一体化的进程不断加快，教育间的国际交流也不断增强。目前中国与外国在教育方面的交流逐渐增多，很多学生都走出国门，到外面去接受新鲜的教育。教育的国际交流使中国的教育打开了新的局面，培养和引进了更多的优秀人才，为中国教育事业的发展提供了重要的人才保障。同时，在国际教育交流的过程中也存在着一些不可忽视的问题。随着国家经济的不断发展，老百姓的腰包鼓了起来，基本的温饱问题已经解决，人们开始追求更高层次的发展。越来越多的父母将教育的眼光放在了国外，积极送子女出国留学。但是他们在选择要去的国家和学校的时候掌握的信息不够全面，导致选择的学校可能不太满意甚至耽误了入学时间。社会上也有很多机构看准了教育国际交流的市场，开设出国辅导班，帮助家长选择学校，帮助学生顺利入学。但是一些家长因为自身信息掌握的不全面，又过分地信任这些机构，而部分机构却没有认真负责地去帮助学生，反而会耽误学生的正常选择。在家长看好国外教育送孩子出国留学的同时，很多学校也开始增强和外国学校的交流，增加交换生名额，一些学生在校期间还可以到合作的学校出国访学。这些都为国际学习交流提供了便利条件，但是出国接受教育的费用问题也是我们不能忽视的。现实的情况是，学校为一些学习好的学生提供出国的名额，但是出国的高昂费用，让很多家庭条件不好的优秀学生对出国接受教育望而却步。

2. 学生资助政策缺少监督机制

教育部正在探索建立精准识别机制，将家庭经济困难的学生全部纳入资助范围，确保“一个对象也不能少”；将所有资助项目落实到位，确保“一个项目也不能少”；将资助资金及时足额发放，确保“一分钱也不能少”，因此学生资助政策监督机制的构建非常重要。经济问题是困难学生最大的实际问题，资助工作的首要任务是为困难学生提供经济支持，帮助其完成学业。资助育人工作的开展需要坚实的经济后盾，政府财政、学校经费、社会力量的支持必不可少。近些年相关部门出台了很多政策来提高学生助学金的金额，扩大享受助学金的人数。但是在实际中，还是有很多需要资助的学生没有享受到国家的这笔助学资金，导致他们未能完成学业。这些情况发生的原因之一是政府部门监管跟踪不到位，在贫困学生认定的环节没有认真负责地做好认定工作，后期对贫困生的动向跟踪工作也做得不到位，没有专门的机构对助学资金的使用情况进行监管，导致部分助学资金流向了根本不需要资助的学生手里，真正需要资助的学生却没有享受到国家的资助。

3. 弱势群体受教育权利未得到保障

十八届三中全会通过的《中共中央关于全面深化改革若干重大问题的决定》

提到各地区要做好随迁子女就学的政策措施，各地要根据城市规模合理确定随迁子女入学条件，积极接受随迁子女入学。[①]对于留守儿童的问题，《教育部等 5 部门关于加强义务教育阶段农村留守儿童教育和关爱工作的意见》指出，要优先满足留守儿童教育基础设施建设，优先改善留守儿童营养状况，优先保障留守儿童交通需求，加强留守儿童受教育的全程管理，加强留守儿童心理健康教育，加强留守儿童的法制安全教育。虽然国家出台了一系列的政策，但是弱势群体教育情况仍然很不乐观。随迁子女因为父母工作不断变化流动性比较大，他们受教育的权利没有得到保障，留守儿童就读的学校在硬件设施和师资力量方面与城市学校相比也有很大的差距。对于随迁子女而言，父母到哪里工作就要带他们到哪里读书，一些父母可能没有稳定的工作，没有固定工作的地点，导致这些学生无法接受正常的学校教育，长时间下去可能会因为无法跟上学校的教学进度，导致厌学，最后辍学。流动性大代表他们没有稳定的收入，在支付教育费用方面可能存在问题。一些城市的学生可以参加补课班和特长班，但是随迁子女因为经济原因可能无法享受这方面的教育，逐渐拉开了和城市学生的距离。对于留守儿童来说，他们在教育上面对的主要问题就是教育资源不足、教学环境差。农村地区一般经济发展缓慢，学校条件比较差，一些学校教学楼和宿舍楼不能满足学生的需求，甚至一些乡村学校教学楼是危房，没有供学生住宿的宿舍楼。因为地区偏远，教师大多不愿意去任教，所以教师资源不足，一个教师可能同时给全校的学生上课，导致教学任务不能按时完成，教学内容也大打折扣。留守儿童不能享受到和城市学生一样的教师资源和学习资源，导致他们在升学考试的时候处于弱势。

4. 教育的供给侧改革推进缓慢

2016 年两会上，教育部部长袁贵仁同志表示，要积极推进教育的供给侧改革，要在办好人民满意的教育上下功夫。可以说，教育供给侧改革的重要性，国家早有认识，并已经迈出改革步伐，关键在于今后怎样去深入推动，而不能只停留在概念层面。例如，2013 年公布的《中共中央关于全面深化改革若干重大问题的决定》强调要深化教育“管办评分离”改革，其实也是调整教育的权力和利益结构，进行教育供给侧的改革。教育供给侧改革的核心，是扩大优质教育资源供给，优化教育资源配置，给受教育者提供更多、更好的教育选择，从而化解教育“老大难”问题。例如，乡村教师问题、义务教育择校热、大学生就业难、教育

① 中国共产党第十八届中央委员会. 中共中央关于全面深化改革若干重大问题的决定. 中华人民共和国中央人民政府网. http://www.gov.cn/jrzg/2013-11/15/content_2528179.htm[2016-09-29].

反腐等，必须抓好供给侧改革，才能从源头上解决教育领域长期存在的一些问题。实施了近 30 年的独生子女政策和近几年的经济新常态，也对教育的供给侧改革提出了新挑战。换言之，解决教育需求端的问题，重点是在教育供给端打开思路，引进充分竞争，让更多高品质的教育形态进到里面来，给老百姓多种自主选择的机会。

二、改善教育政策经济环境的建议

针对以上问题，我们提出中国教育政策改革经济环境应从三个方面入手，并提出十一条建议。一是要继续加大教育资源投入并加强监管，包括：①加大政府对教育的投入，并调动企业参与的积极性；②建立教育经费监管部门，确保教育经费的合理使用；③加强资金支持，加快教育信息化建设。二是要强化市场配置机制并适度给予政策补贴，包括：①强化市场机制，突出市场对教育经费的调节功能；②建立高效科技创新融资体系；③合理配置优质教师资源；④增加财政补贴，幼儿园教师福利待遇向中小学教师看齐。三是要多措并举提高教育资源使用效率，包括：①建立信息沟通渠道，增加出国留学补贴；②建立助学资金监督机制；③建立弱势群体教育政策保障机制；④促进教育供给侧有效改革。

（一）继续加大教育资源投入并加强监管

1. 继续加大政府对教育的投入，调动企业积极性

教育是一个国家真正走向强大的不竭动力，教育投入是支撑国家长远发展的基础性、战略性投资，是发展教育事业的重要物质基础，是公共财政保障的重点。加大对教育的投入，对于正处于发展阶段的我国教育事业来说，尤为重要。国家在现有的政策基础上，加大力度在经济政策上协助民办教育发展，让民办教育为我国教育事业的发展增砖加瓦。民办学校的资金要投入到校园基础设施建设、教师培训支出、教育教学支出等方面，所以学校承担的经济压力比较大，导致民办学校在教学中投入的资金没有公立学校多，影响了民办学校的办学质量，阻碍了学生接受更好的教育。为了避免这样的事情继续发生，政府

要对民办学校给予一定的政策支持。政府应该适当地减轻民办学校的税收压力，让民办学校把资金投入到教学中，让民办学校引进优秀的教师资源、建设现代化校园的配套设施、优化专业设置、培养高质量人才。民办学校自身要积极吸收社会资金来帮助学校完成学校建设并且保证教学工作顺利完成。学校可以和企业合作，让企业老板为学校注资，学校将培养的优秀学生送到企业工作，为企业创造更多的利益。“十三五”期间教育政策的改革要紧紧围绕着《国家中长期教育改革和发展规划纲要（2010—2010 年）》的内容，抓住重点，针对当前教育政策存在的问题根据实际发展情况进行积极的改革。全面形成与社会主义市场经济体制和全民建设小康社会相适应的充满活力、富有效率、更加开放、有利于科学发展的教育体制机制。我们必须清醒地认识到，教育是促进经济发展最重要的因素，未来中国要想在世界上的地位更加稳定，就必须发展教育，让教育事业强大起来。

2. 建立教育经费监管部门，确保教育经费的合理使用

按照国家文件的有关规定成立国家和地方联网的教育经费监管机构，一方面监督相关部门严格按照文件规定的比例与数额拨款；另一方面监督教育经费投入所产出的教育质量。

3. 加强资金支持，加快教育信息化建设

科技改变着生活，信息技术的使用也改变着教育。所以必须充分认识到教育信息化建设对于未来教育发展的重要意义，加快教育信息化建设。《国家中长期教育改革和发展规划纲要（2010—2010 年）》指出，到 2020 年基本建成覆盖城乡各级各类学校的教育信息化体系，促进教育内容、教学手段和方法现代化；充分利用优质资源和先进技术，创新运行机制和管理模式，整合现有资源，构建先进、高效、实用的数字化教育基础设施；加快终端设施普及，推进数字化校园建设，实现多种方式接入互联网。重点加强农村学校信息基础建设，缩小城乡数字化差距；加快中国教育和科研计算机网、中国教育卫星宽带传输网升级换代；制定教育信息化基本标准，促进信息系统互联互通。针对乡村学校在进行教育信息化基础设施建设中缺少资金的问题，应该加大财政资金倾斜力度，给予乡村学校更多的资金支持，帮助乡村学校完成教育信息化基础设施的建设，让乡村学校的师生都能享受现代化的优质教育资源。对于缺少专业技术人员的问题，应该招聘专业的技术人员投入到教育信息化的建设工作中，建立管理机制完善的运行机制；对教师进行相关方面的专业培训并且在日

常的使用过程中为他们提供专业的技术支持，充分做好培训和调试工作，推动教育信息化的普及和应用。

（二）强化市场配置机制并适度给予政策补贴

1. 强化市场机制，突出市场对教育经费的调节功能

教育属于准公共产品。教育的直接受益者，除了受教育者本人及其家庭外，还有社会。因为教育可以提高社会公民和劳动者的素质，既可以起到维护社会稳定的作用，又可以促进社会经济的发展。正是教育这种准公共产品的特性决定了其必须由市场和政府共同来投入和调节教育的经费问题。市场对教育经费的调节，主要体现在教育的效能、效率、效益方面，政府对教育经费的调节主要体现在教育的公平、公正方面。从世界上教育相对发达的国家来看，其教育的成功发展在较大程度上取决于市场对教育的参与程度。

2. 建立高校科技创新融资体系

目前我国一些普通高校科研方面的经费较少，不足以支撑科技创新工作。为了保证科研工作的正常进行，需要多方面吸收资金，拓宽资金来源的渠道。首先，国家应该认识到科技创新是促进国家经济发展的重要因素，所以应当加大财政资金在高校科技创新方面的投入，保障高校科技创新工作的正常开展。在财政资金投入的政策上，不仅要考虑知名高校对科技创新的贡献，还要照顾到普通高校科研项目的发展。其次，高校要积极开拓融资渠道，和相关企业建立合作关系，共同进行科技研发，让企业为科技研发提供资金，为高校提供技术和人才方面的支持；将科研成果运用到企业中，为企业带来更多的经济效益，从而有更多的资金来支持科研创新工作的开展。高校的科研资金有了保障，可以投入更多的精力到科技创新中，调动教师和学生的积极性，为我国科技创新事业贡献更多的力量。

3. 合理配置优质教师资源

从国家层面来讲，要把促进公平作为国家基本教育政策。教育公平的关键是机会公平，基本要求是保障公民依法享有受教育的权利，重点是促进教育均衡发展和扶持困难群体，根本措施是合理配置优质教师资源，向农村地区、边远贫困

地区倾斜，加快缩小教育差距。从政府层面来讲，应该加大对欠发达地区学校的资金支持力度，增加财政拨款。帮助贫困地区在建设硬件设施的同时，也要加强师资队伍的建设，培养优质教师资源。从学校层面来讲，利用现有的财政拨款在进行硬件设施建设的基础上也要大力改善软件设施条件，要积极为教师争取培训交流的机会。对于优质教师资源分布不均衡的问题，还可以加强各地区教师间的交流和学习。首先，可以实现每个地区城镇学校和乡村学校的交流，可以派发达地区城镇学校的优质教师到欠发达地区乡村学校去任教，给当地学校带去新的教学方法和理念。其次，还可以将欠发达地区乡村学校的教师送到发达地区学习，学习新的教学方式，提高自身的教学能力。最后，在教师的聘用上，欠发达地区可以多向发达地区学习，聘用一些学历较高的教师，同时政府应该派一些优秀的师范类毕业生到经济欠发达地区任教，在均衡教师资源的同时也给这些毕业生积累实际教学经验，为以后的教学工作打下良好的基础。

4. 增加财政补贴，幼儿园教师福利待遇向中小学教师看齐

增加教师发展方面的财政支出，首先，应该提高教师的福利待遇，无论是公立幼儿园还是民办幼儿园教师的待遇都要向中小学教师的福利水平看齐。其次，增加教师编制并且实行不同级别教师不同的工资标准，有利于激发教师的积极性。相关部门可以按照当前教师的数量增加幼儿园教师编制，对于那些没有在工作岗位上却有编制的教师进行整合，已经从事其他工作的可以将其从编制中移除，生病无法工作的教师可以按照具体情况暂时保留编制，但是要确定保留编制的时间，即将退休没有参与教学的教师可以将编制空出来给没有编制的参与教学的教师。从而使更多的教师能够享受到编制待遇和更高的工资福利，基本权益得到保障，将更多的热情和精力投入到教学工作中，提高教学质量，促进幼儿教育的不断发展。

（三）多措并举提高教育资源使用效率

1. 建立信息沟通渠道，增加出国留学补贴

为了使国际教育交流更加通畅，要积极解决现在教育信息交流沟通的问题。一方面应该着手建立信息沟通渠道，国家应该投入一些资金建立信息交流平台，让准备出国的学生能够了解一手的国外学校信息，也能让国外学校了解所要接收

的学生的基本情况，从而弥补学生不了解学校和学校不能全面掌握学生基本情况的问题。另一方面要推动我国教育机构海外办学，加强教育国际交流，广泛开展国际合作和教育服务。针对留学资金问题，国家可以创新和完善公派出国留学机制，在全国公开选拔优秀学生让其进入国外高水平大学和研究机构学习；加强对自费出国留学的政策引导，加大对优秀自费留学生的资助和奖励力度；坚持“支持留学、鼓励回国、来去自由”的方针，提高对留学人员的服务和管理水平。

2. 建立助学资金监督机制

针对助学资金的使用情况缺少监督和跟踪的问题，应该建立监督机制，从贫困生的认定到资金发放再到贫困生接收资金的环节都要进行监督检查，及时发现问题、解决问题。相关部门还要充分了解资金的使用情况和贫困学生的情况，了解资金的去向，看资金是否真正运用到实处，助学资金是否对贫困学生的经济情况有所缓解。

3. 建立弱势群体教育权益保障机制

解决弱势群体子女教育问题，一是要推进义务教育均衡发展，实现教育公平，保障弱势群体受教育的权利，均衡地配置教育资源和教师资源。教育资源的配置不是所有地区的资源平均配置，而是根据地区发展的差异，对弱势地区的学校配置资源多一些，对城镇资源比较充足的学校配备资源少一些。教师资源也是要优先考虑弱势地区的学校，提高这些地区教师的工作水平和福利待遇，让更多的人愿意到这里来教书，保证学校的教学质量，使弱势学校的学生能够接受更好的教育。二是在教育经费上也要多向弱势群体倾斜，企业可以增加弱势群体的工资水平，帮助他们安排工作。政府可以对他们的子女在教育费用的支出上给予一定的补贴。社会上的福利组织可以给弱势群体的子女捐赠图书、文具等学习用品。通过多方面帮助弱势群体子女，保障他们接受教育的权利，为弱势群体子女接受教育建立起政策保障机制。

4. 促进教育供给侧有效改革

乡村教师问题，根本上不是教师不敬业、不奉献的问题，而是乡村教师待遇偏低、工作环境艰苦、职业发展空间有限等问题。只有解决好这些问题，乡村教育才能吸引并留住优秀教师。2015 年，我国提出乡村教师扶持计划，就是从提高乡村教师待遇、解决乡村教师职称评审难的问题着手，这是正确的选择。但能不能切实做好，取决于教育经费保障机制的调整，以及教育评价体系的进一步改革。缓解义务教育择校热，当前各地采取的措施是“就近免试入学”，这一措施的执行，必须同步推进义务教育均衡。其实，择校热的源头是义务教育存在校际差异。在差异没有缩小的情况下，无论是单校对口入学，还是多校划片入学，都无法彻底消除家长的择校焦虑。让家长自愿放弃择校，最好的办法是推进校际均衡，这就必须转变义务教育资源配置模式。大学生就业难，表面看是因为毕业生人数过多，但与发达国家相比，我国的大学生人数比例其实并不高，根本原因是高校人才培养的质量、结构和社会需求脱节，造成一边就业难，一边招工难。大学生走上工作岗位后，对社会和用人单位带来的创新价值低，也进一步影响了社会对大学生的需求。解决大学生就业难，应着力提高大学生的培养质量，这就要求落实和扩大高校办学自主权，引导大学办有特色和高水平的教育，培养具有创新思维和创造能力的学生。

第二节　教育政策政治环境的问题与对策建议

教育政策的政治环境是指影响教育政策的一切政治环境因素的总和，表现为一系列政治制度。其中外部环境是一定时期内国家的政治背景，体现为客观存在的一般政治环境问题，包括党和国家的基本路线、方针、政策等。内部环境是一般政治环境问题在教育政策内部的一种体现。主要包括教育公平问题、教育治理体制问题、办学模式问题、教育风气问题等。教育政策外部政治环境决定了教育政策内部政治环境，并共同影响教育政策的制定与执行。

一、教育政策政治环境存在的问题

“十二五”期间，我国全面深化改革取得突破性进展，全面依法治国积极推进，全面从严治党向纵深发展，政治环境和党的建设都取得了举世瞩目的新成就。以习近平同志为核心的党中央从坚持和发展中国特色社会主义全局出发，立足中国发展实际，坚持问题导向，提出全面建成小康社会、全面深化改革、全面依法治国、全面从严治党的新时期治国理政思路。“四个全面”战略布局，确立了新的历史条件下党和国家各项工作的战略目标和战略举措，是实现“两个一百年”奋斗目标、实现中华民族伟大复兴中国梦的重要保障。强国必先强教，教育奠基中国，践行“四个全面”战略布局，办更好、更公平的教育，用知识与信念武装起来的中国人，为托举复兴梦想积蓄力量。党的十八大以来，党中央、国务院高度重视教育事业，将其摆在优先发展的战略位置，使我国教育总体发展水平进入世界中上行列。2012 年 11 月，在新一届中央政治局常委新闻媒体集体见面会上，习近平同志以“十个更好”回应人民关切，将“更好的教育”，排在首位。2013 年 9 月 25 日，在联合国“教育第一”全球倡议行动一周年纪念活动视频讲话中，习近平同志提出“努力让 13 亿人民享有更好更公平的教育”①。党的十八大以来，以习近平同志为核心的党中央秉持“以人民为中心”的发展思想，坚持走有“中国特色、世界水平的现代教育”之路，以促进公平、提高质量为战略重点，以优先发展、改革创新为重要保障，总揽全局，直面问题，统筹安排，有序出击，十八届三中全会强调“全面深化教育领域综合改革”、十八届四中全会强调“全面推进依法治教”、十八届五中全会强调“全面提高教育质量”，一系列国家政策的出台为教育发展营造了良好的政治环境。

（一）教育公平存在的问题

教育公平是影响教育政策政治环境的首要因素，调查显示：传统“偏重”办学理念仍然存在、高质量义务教育供给不足、高考不公平的制度缺陷是教育公平方面目前急需解决的关键问题。

1. 传统“偏重”办学理念仍然存在

以我国的义务教育阶段为例，《中华人民共和国义务教育法》规定，国务院和县级以上地方人民政府应当合理配置教育资源，促进义务教育均衡发展。这是我国首次以法律的形式提出“促进义务教育均衡发展”思想。《国家中长期教育改革和发展规划纲要（2010—2020 年）》则将推进义务教育均衡发展提升到义务教育战略性任务的高度，提出到 2020 年基本实现区域内义务教育均衡发展。

① 让十三亿人民享有更好更公平的教育（治国理政新实践）. 人民网. http://politics.people.com.cn/n1/2016/0229/c1001-28156428.html[2016-12-09].

2010 年 4 月，教育部颁发《教育部关于贯彻落实科学发展观 进一步推进义务教育均衡发展的意见》，以保障这一基本的教育公平制度得以有效落实，其他各项政策均已围绕义务教育均衡发展为目标，逐步形成了我国义务教育公平制度体系。由此可见，促进义务教育均衡发展，已成为党和国家确立的我国在新的历史时期教育发展的战略方针，充分体现了党和国家对促进义务教育均衡发展的高度重视。党的十八大再次提出“均衡发展九年义务教育”，可见义务教育均衡发展是促进教育公平的重点。

尽管我国各级政府出台了多项推进义务教育均衡发展的政策法规，然而实现义务教育均衡发展并非易事。教育发展中“偏重”的办学理念是在我国教育资源有限的历史条件下采取的加快教育事业发展的重要举措，其更深层次的内涵更是国家在处理教育公平与效率问题上选择部分区域、城市、学校的优先发展的战略。进入 21 世纪，“重点扶持”“优先发展”的“偏重”办学理念在不同层次和不同类型的教育中仍然存在。例如，择校问题折射出的没有重点校的重点校制度、流动人口子女就学难、城乡办学水平差距等问题。

2. 高质量义务教育供给不足

2014 年 8 月，教育部印发《义务教育学校管理标准（试行）》，提出以促进教育公平，提高教育质量为主体，推动义务教育阶段学校发展，标志着我国义务教育阶段教育公平从注重权利和数量转向质量公平阶段。尽管国家对于义务教育质量越来越重视，但是由于现实投入和既有教育资源存量的差异，以及各个主体的自我发展能力不同，教育质量和办学水平仍然参差不齐，高质量、多元化的义务教育供给不足问题仍较普遍。具体体现为：偏远农村学校教师队伍建设相对滞后、农村教师年龄偏大、学科结构不合理、学历及专业化水平较低；农村优秀教师流失严重；部分学校尚未形成鲜明的办学理念和办学特色，常规管理科学化、精细化水平不高，课程改革实施能力不强；校长和教师培训不足，对新设施设备使用能力较弱和意愿不强，资源使用率不高，信息化应用水平偏低。①

3. 高考不公平的制度缺陷

2014 年 9 月 3 日国务院颁布了《国务院关于深化考试招生制度改革的实施意见》，揭开了我国高考制度改革的序幕。该意见明确指出，“着力完善规则，确

① 中央教育科学研究所教育督导评估研究中心. 义务教育均衡发展报告（2015）. 北京：教育科学出版社，2015：147-166.

保公平公正”，“把促进公平公正作为改革的基本价值取向”，“加强宏观调控，完善法律法规，健全体制机制，切实保障考试招生机会公平、程序公开、结果公正”。[①]与精英教育时期相比，高等教育大众化对教育公平提出了新定位和新要求。高考制度存在的公平缺陷具体表现为：①区域差异下的入学机会不公平。在东、中、西部之间，经济、政治、文化发展水平的差距体现出的区域教育公平问题越来越凸显；优质高等教育资源分布不均，以及不同高校招生名额分配的属地化现象对教育公平产生强烈冲击。②城乡差异下的入学机会不公平。城乡子女入学机会的差异性主要表现在城乡总体录取率、自主招生中城乡录取机会、保送制度中城乡录取率和高考加分政策中城乡机会不均衡。③阶层差异下的入学机会不公平。社会优势阶层占用了更多的优质高等教育资源，且社会优势阶层与劣势阶层在教育资源占有上差距很大。

（二）教育治理体制存在的问题

1985 年颁布的《中共中央关于教育体制改革的决定》拉开了全面改革教育体制的序幕，其核心旨在解决两个方面的体制问题，即中央与地方的关系，政府与学校的关系，强调中央向地方放权，政府向学校放权。党的十八届三中全会明确将“推进国家治理体系和治理能力现代化”确定为全面深化改革的总目标。转变政府教育职能、推进教育管办评分离、构建教育公共治理格局的过程，就是国家治理转型在教育领域的具体体现。2015 年 5 月出台的《教育部关于深入推进教育管办评分离促进政府职能转变的若干意见》，旨在推进依法行政，形成政事分开、权责明确、统筹协调、规范有序的教育管理体制。目前在继续深入推进教育治理体制现代化、提高教育治理能力的过程中，仍存在政治环境方面的制约因素，具体表现在教育治理缺乏多元参与的顶层设计、全能型政府职能定位制约教育治理能力提升、教育治理机制制约教育政策落地、社会组织参与教育治理作用不足等方面。

1. 教育治理缺乏多元参与的顶层设计

单从教育来看，我国已有相对完善且全面的制度顶层设计；然而从教育治理的视角来看，我国的教育治理制度从整体上缺乏多元参与的顶层设计。一方面，

---

① 国务院. 国务院关于深化考试招生制度改革的实施意见. 中华人民共和国中央人民政府网. http://www.gov.cn/zhengce/content/2014-09/04/content_9065.htm[2016-10-12].

尽管诸如《中华人民共和国教育法》《中华人民共和国高等教育法》《教育督导条例》等规定鼓励社会力量办学、教育督导的实施应听取社会其他主体的意见等，但并未明确规定其他教育治理主体的法律地位，政府仍然是教育治理的核心。因而社会力量参与教育治理难以找到明确的法律根据，其法律地位的缺失致使其他教育治理主体形同虚设。另一方面，对于教育公共事务及公共问题，除政府以外的治理主体参与教育治理的方式、途径、程度，政府与其他治理主体的关系等，位阶较高的教育法律法规并未明确规定。此外，教育治理是对教育领域内事务的合作、平等与协同治理，治理权力在不同主体之间如何进行分享，如何确保其他治理主体不受政府的过度干预，也是教育法律体系所应重点关注的地方。

2. 全能型政府职能定位制约教育治理能力提升

一方面，全能型政府职能定位导致政府在具体的行政实践中职能边界模糊，政府与学校、社会关系不清，政府行为越界。例如，在高等教育管理方面，尽管《中华人民共和国高等教育法》规定了高等学校的自主办学与民主管理权，但在现实的教育管理中，高校重要岗位人选的任命、招生计划、专业设置等与高校自身发展关联密切的事务仍受到政府不同程度地干预。另一方面，全能型政府行政职能导致政府职能履行失当，也是制约教育相关治理主体作用发挥的重要原因。政府对学校及教育领域内的社会组织的微观干预多、事前控制多，挤压了学校与教育领域内社会组织自身发展的空间。政府职能确定和履行中的全能定位和现代化政府职能的要求之间的冲突，是制约教育治理能力提升的重要因素。

3. 教育治理机制制约教育政策落地

首先，管理环节不明确，决策组织与执行组织合一。在纵向上，教育的决策权由中央政府向地方政府和教育行政管理部门转移，地方政府和教育行政管理部门既可以是教育政策的制定主体，也可以是教育政策的执行机构；在横向上，教育的决策权由体制内部向体制外部转移。一项政策出台以后往往是通过政府的指令性行为贯彻实施的，但由于实际情况的不确定性、多样性与复杂性和执行操作中各种因素的多重影响，政策的某种规定性可能会变成抑制地方行为的强制性，统一性变为指令性，由此出现淡化政策的基本要求、扭曲政策的基本方向的政策失真现象。其次，评估和监督不健全。教育政策评估机制不健全，对政策执行结果缺乏有效的评定，在某种程度上助长了敷衍政策的行为；监督机制不健全，使得不少政策设立的执行监督主体较多，形成“多头”监督，责任追究制度不明确，政策执行权力容易被执行主体滥用。

4. 社会组织参与教育治理作用不足

首先，教育领域社会组织参与教育公共治理的专业贡献度较低。社会组织在教育领域常见的贡献主要集中于教育扶贫计划或教育资助等带有援助色彩的事业，而其在教育领域的咨询参谋、专业技能等方面发挥的作用远远不足。其次，教育领域的社会组织缺乏独立性。社会组织作为独立于政府与市场的第三方，其主要特点在于独立性。当前教育领域社会组织的官方或半官方色彩较重，有的甚至还直接接受政府的管控。有关研究指出，“有的是由教育行政部门派生出来的并在其直接领导下工作，有的甚至是‘一套班子，两块牌子’，这种形式的教育中介组织只是政府行政权力的延伸或部门翻牌的载体”。因而这类社会组织难免受到政府的干预，其独立性在很大程度上饱受质疑。同时，该类社会组织同样也面临类似于学校对政府依附性的问题，尤其是在财政上的依附。过度的依附导致该类组织在自身建设和发展上面临困境。

（三）办学模式存在的问题

1. 学校对政府的依附关系没有得到改善

以高等教育领域为例，改革开放多年来，由中央、国务院、原国家教育委员会发布的《中共中央关于教育体制改革的决定》《国家中长期教育改革和发展规划纲要（2010—2020 年）》《中华人民共和国教育法》等系列法规条例，都明文规定了高校办学自主权的范畴，各地方政府也都制定了相应的法律法规，赋予了高校办学自主权。2014 年 7 月出台的《国家教育体制改革领导小组办公室关于进一步落实和扩大高校办学自主权完善高校内部治理结构的意见》，以进一步落实党的十八届三中全会关于扩大学校办学自主权的部署目标，激发高校办学活力，全面提高高等教育质量。然而在扩大高校办学自主权的过程中主要的障碍就是学校对政府的依附性，主要体现在三个方面：首先是权力的依附。在现行行政体制下，政府的教育行政部门主管着学校，学校的重要领导岗位由政府部门任命，政府与学校处于上下级的权利链条上。其次是经济的依附，政府的拨款占据了学校经费来源的大部分。对政府经济的依附，更加深了政府对学校的掌控。最后是“心理”的依附。学校默认政府管控，存在从属于政府机构的思维定式和心理倾向。

2. 社会力量办学发展步履艰难

《中华人民共和国民办教育促进法》规定，民办学校拥有办学自主权，有权决定学校的学科专业、课程设置和教育教学。2016 年国家颁布的《中华人民共和国民办教育促进法（2016 年修订）》进一步完善了对民办学校的扶持政策，健全了民办学校学生的资助制度。但是社会力量办学仍发展艰难。一方面，面面俱到的管理极大地束缚了民办学校办学的自由性和灵活性。目前政府对民办学校实施合理性管辖，管理内容大到办学合法性，具体到专业设置、招生与教科书选用、招生广告和简章的备案权等。除了管理之外，政府监督学校的包括资产使用、教育教学教师聘用和培训财务使用等在内的学校内部事务，对民办学校的教育教学管理、教育教学方式、学科专业与课程设置、招生计划等实施监督和管理。另一方面，与公立学校相比政府对民办学校重视程度不够。我国依然沿用着传统的公办教育的管理制度，民办教育是从属于公办教育下的子系统，没有太大的创新，其内容和方法并不能切合民办教育的发展要求，使民办教育难以再上一层楼。

（四）教育寻租存在的问题

《中华人民共和国教育法》及相关的法律法规规定，应保证每一个公民都有接受国民教育的合法权利。然而，教育寻租的出现打破了教育的公平公正。教育寻租，即某些分管教育和学校的管理者利用手中的权力，假以各种手段谋取个人的种种好处。这些已构成了近年来广大群众对教育不满的重要社会原因之一。教育寻租的主要表现为教育资源配置差异带来的教育寻租和教育权力垄断形成的教育寻租等。

1. 教育资源配置差异带来的教育寻租

受城乡之间经济发展水平、义务教育财政负担机制、区域内公共教育资源配置和学校办学特色等因素的影响，各地区都形成了等级不同的重点学校，即今天所谓的“名校”，从而形成了公共教育资源的严重不公平。事实上，名校的优质师资是由国家培养出来的，名校的形成也是国家长期支持和倾斜的结果。但是，部分学校管理者借助于教育发展的不平衡，产生了滋生权力“寻租”的机会。

2. 教育权力垄断形成的教育寻租

随着中国大学一流化的发展趋势，国家也加强了高校教学的质量评估。但在此过程中出现了很多造假和贿赂的现象，评估对于学校的正向引导作用大打折扣。

此外，还有一些其他类型的教育寻租。例如，领导选拔任命中缺乏民主与监督，寻租成为可能，结果是出现“跑官”“卖官”问题；高校教师学术考核机械化，学术造假等寻租所带来的巨大额外利益致使一些人铤而走险；高校财务管理漏洞，致使一些人假公济私等寻租的现象普遍存在；更有管理制度涣散下的“权力双向寻租”，虚假文凭成为某些人谋利的工具，等等。

二、改善教育政策政治环境的建议

针对以上问题，我们提出中国教育政策政治环境改进应从四方面入手，并提出 12 条建议。一是要构建教育政策公平机制，包括：①建立教育政策的利益平衡机制；②构建教育政策的弱势补偿机制；③办可选择性的学校。二是要推进学校与社会参与式教育治理转型，包括：①坚持依法治教，完善多元治理的顶层设计；②厉行机构改革，推进教育行政简政放权；③建立现代学校制度，扩大学校办学自主权；④大力推进社会力量参与教育治理。三是要深化综合改革激发民办教育活力，包括：①从法律上保障民办学校权益，进一步完善各项管理制度和法规，消除各种显性和隐性的壁垒，为民办教育的发展扫除制度障碍；②提高民办学校教师社会保障水平，维护教师权益，稳定教师队伍，吸引优秀人才。四是要强化教育寻租的治理能力，包括：①建立从严治党、预防腐败的长效机制；②加强教育领域资源配置等有关事项的信息披露；③完善学术管理体制，整顿学术风气。

（一）构架教育政策公平机制

教育公平的实现是一个漫长的历史过程，如何有效地解决当前众多的教育不公平问题，是教育政策必须面对的迫切课题。教育政策能对现实中的教育公平问题起到调节作用，但教育政策仅仅具备平等或公平的理念还不够，研究和建立教育政策运行的内在公平机制，是从根本上解决教育不公平问题的关键和保证。教育政策的公平机制主要体现为三大机制，即教育政策的利益平衡机制、教育政策的弱势补偿机制和教育政策的资源配置均衡机制。

1. 建立教育政策的利益平衡机制

正确认识政策制定中利益集团的博弈。当前，伴随着社会转型的进程，我国正在发生公共教育权力的转移，已然出现政府、市场、公民社会和学校之间相互博弈的迹象，一些新的教育矛盾和问题已经产生，如教育领域的公益与私益的关系，公平与效率的关系处理等。因此，必须全面考察不同受教育群体的利益诉求，以保证教育政策活动民主化。为了让各类教育利益相关者自由表达他们的利益诉求，除了重大教育决策需施行教育行政听证制度和咨询反馈制度以外，还应在各级教育政策系统，包括学校管理的决策活动中建立教育行政听证制度、咨询反馈制度和社会监督制度，以保证学校教师、家长、学生、社区人员等能够参与教育的公共决策和管理，并对政府公共教育权力的行使进行监督。最终通过教育决策的集体选择，最大限度地整合、平衡各种不同的教育利益诉求。

2. 构建教育政策的弱势补偿机制

进一步明确弱势补偿对象，实现精准帮扶。目前我国亟待政府扶持的主要包括西部地区、农村贫困地区和少数民族地区等弱势地区，义务教育阶段的薄弱学校为代表的弱势教育群体，包括女童、残疾儿童、贫困家庭子女、城市下岗人员子女、进城务工人员子女及特殊家庭的子女等弱势教育人群；针对弱势教育地区、学校和人群精准帮扶，把教育资金向贫困地区倾斜，重点支持贫困学生资助、扶贫项目建设等；加大扶贫资金整合力度，盘活各领域的教育财政资金，避免资金使用“碎片化”，统筹用于扶贫的项目支出，把有限的资金集中使用到教育精准帮扶的关键环节和关键领域。此外，创新教育资金管理方式，建立全过程绩效管理机制，强化教育资金绩效评价，保障教育资金精准使用，为教育精准扶贫工作保驾护航。与此同时，从学前教育、义务教育、普通高中、职业教育等层面，构建全覆盖结对帮扶体系，精准帮扶贫困地区每一所薄弱学校和建档立卡贫困户子女，对农村留守儿童受教育情况实行全程管理，确保农村留守儿童不因贫困而失学；重点通过学区制管理体制改革、有效教学改革、教育信息化建设等方式，推动学区内优质教育资源共享。

3. 办可选择性的学校

《国务院关于深化考试招生制度改革的实施意见》将“增加学生选择权，促进科学选才”作为改革的核心内容，将“形成分类考试、综合评价、多元录取的考试招生模式”作为改革的主要目标，并在浙江省和上海市进行高考综合改革试点，探索建立基于“两依据、一参考”（依据统一高考成绩和高中学业水平考试成绩，参考学生综合素质评价）的新高考制度体系。教育公平的本质体现为教育机会、教育过程和教育结果的公平。首先，要解决教育政策环境中教育公平问题，办可选择的学校是未来的发展方向。办可选择的学校是社会充分发展、个人充分发展的本质要求。可选择的学校是每个人接受公平教育的基本权利。其次，要实现选择的权利优先要增加选择的机会，要加快学校的发展，做“大蛋糕”；要促进学校丰富多样，如果千校一面、无可选择，学校再多，选择权利也还是无所着落。最后，扩大学校的办学自主权，允许选择课程内容、教材、改革课堂教学形式，为学生提供更多的可选择余地，让每个人在受教育问题上都有平等的选择机会。

（二）推进学校与社会参与式教育治理转型

当今我国对社会治理的重视，以及实现社会治理体系与治理能力现代化目标的确立，体现了我国正在经历政治体制方面的一次深层变革。由“管理”向“治理”的转变，体现了政府向各种社会力量开放，与此相适应的是一种更为扁平化的网状的权利运行方式。党的十八届三中全会明确将“深入推进管办评分离”作为教育综合改革的首要任务，充分体现了管办评分离在国家教育公共治理体系建设中的关键地位，也驱使政府部门必须转变教育管理方式，在政府管理学校的制度上进行创新。

1. 坚持依法治教，完善多元治理的顶层设计

实现依法治教，健全教育法律制度规范体系是基础和根本。没有依法治教规范下的改革和放权是极其危险的，必须强化教育法治意识，加强重点领域立法，完善教育法律，积极推进“六修五立”工作。《国家中长期教育改革和发展规划纲要（2010—2020 年）》要求，要根据经济社会发展和教育改革的需要，修订《中华人民共和国教育法》《中华人民共和国职业教育法》《中华人民共和国高等教育法》《中华人民共和国学位条例》《中华人民共和国教师法》《中华人民共和国民办教育促进法》，制定有关考试、学校、终身学习、学前教育、家庭教育等法律，简称“六修五立”，共 11 个项目。《国家中长期教育改革和发展规划纲要（2010—2020 年）》要求，2010 年起十年内，要完成这些法律的修订。通过立法，可以明确政府以外的其他教育治理主体的法律地位，对除政府以外的治理主

体参与教育治理的方式、途径、程度，政府与其他治理主体的关系等以教育法律法规进行规定；在教育治理方面，要做到依法用人、依法决策、依法规范、依法治理、依法考核和依法问责。

2. 厉行机构改革，赋予地方（以县为单位）更大的自主改革权

以县为基本行政单位的地方是中国社会治理最重要的一级统筹主体，理应被赋予并确保基本的自主改革权利。该过程可以对以县为主的教育行政机构进行大刀阔斧地改革，合并或撤销职能相互交叉重合的教育行政部门，减少行政官员职位，提高行政效率。同时，加强教育治理整合，赋予教育行政部门更大的统筹整合能力，将教育行政权力适当集中于教育行政部门。首先，将教育人事权还给教育行政部门，包括教师招聘、专业职称晋级，以及相关教师专业发展事务，人事部门只负责审核编制；其次，将学校干部的任命与管理还给教育部门，组织部门不再负责；最后，赋予教育部门更大的财务自主权，财政部门只负责预算的审核、拨款及对经费使用效益的监管。此外，还需要遏止当前教育权力层层上收的趋势，使县级教育行政部门拥有真正的自主决定权。当然，教育行政机构的精简需要政府职能体系的整体变革与调整，现有教育行政部门内部机构的设置往往与上级及外部相关职能部门相对应，单纯教育行政机构自身的精简与调整往往会面临许多现实问题与压力，由此需要上级政府乃至中央政府的协调、变革与支持。

3. 建立现代学校制度，扩大学校办学自主权

赋予学校更大的课程与教学方面的自主决定权，对教育经费更大的自主支配权，对人员聘用的更大自主决定权等。要使学校成为真正的办学主体，需要切实转变政府职能，从作为办学资源的垄断性提供者及事无巨细的管理者转变为学校自主办学的保障者，严格控制乃至取消政府部门行政垄断性资源配置方式（这种行政垄断性资源配置方式使学校对上级唯命是从并要与其搞好关系以获取资源），进而改为依法均衡配置教育资源。此外，还要严格控制对学校事务的日常干预，如重新设立基层学校的权力运行体系，将学校建成真正的基层民主机构。真正发挥教职工代表大会议事、决策与监督的作用，建立并完善学生代表大会制度，让学生参与到针对自身事务的决策中来；建立并完善家长委员会制度，充分吸收家长参与学校的决策过程，有效利用家长中的潜在教育资源，形成家校互动的良性机制；积极吸纳当地社区及外部社会支持力量参与学

校事务的协商与决策，鼓励学校与各种专业机构、企业单位、非政府组织建立密切合作关系，凝聚促进学校发展的积极力量。学校领导的任命必须经过全校教师的民主投票选举，并接受民主监督，以确保学校领导真正为本校师生负责，而非仅仅为上级领导负责。

4. 大力推进社会力量参与教育治理

以《教育部关于深入推进教育管办评分离 促进政府职能转变的若干意见》为指导，积极搭建学校评、政府评、社会评相结合的制度渠道，不断提升评价质量，强化评价结果使用，努力构建既符合时代发展趋势又符合国情、学校内部评价的自我监控和政府社会外部评价倒逼机制相结合、科学系统的教育评价体系。制定专业机构和社会组织参与教育评价的资质认证标准；将教育评价纳入政府购买服务范围，建立健全招投标制度和绩效管理制度；多措并举，切实保证教育评价质量；探索实施学校绩效评估制度，促进学校特色发展、个性发展；适时改变政府部门集权管理教育的局面，向民间社会组织、专业机构、利益相关群体尤其是家长群体适当分解教育行政权力，充分调动其参与教育事业发展、学校管理的积极性。

（三）深化综合改革激发民办教育活力

1. 保障民办学校权益

进一步完善各项管理制度和法规，消除各种显性和隐性的壁垒，为民办教育的发展扫除制度障碍。通过系统修法，确立民办学校法人属性和法人地位，为相关的财政支持、税费优惠、教师地位和待遇、学生权利等问题的落实提供法律保障。

2. 落实民办学校自主权

充分发挥我国民办教育的优势，关键是落实民办学校的自主权。一是允许民办学校在合理规模内自主招生，各地不给民办学校跨区域招生设置障碍。二是允许民办学校根据国家课程标准自主选择或编写教材，自主设置课程和专业，自主开展教学试验。三是允许民办学校根据相应的教师准入标准自主招聘教职员工。四是完善收费制度，除普惠性民办学校（幼儿园）、与政府签订购买服务协议、接受政府资助协议等非营利性的民办学校外，坚持按质定价、优质优价的原则，允许营利性民办学校自主确定收费标准，依照市场机制办学。

3. 提高民办学校教师社会保障水平

一是要完善民办学校教师的社会保险制度，研究建立政府、学校、个人等各方面合理分担的社会保障机制，逐步推动民办学校教师与公办学校教师同等社会保障水平，解除履职中和退休后的后顾之忧。二是在教师职称评定上与公办学校教师享受同等待遇，保障和落实民办学校教师在资格认定、职称评定等方面与公办学校教师享有同等权益。三是在政府组织的各类评优评先、奖励激励、科研项目申请等方面，向民办学校平等开放。四是民办学校教师在培养培训和考核评价等方面与公办学校同等纳入统一规划，鼓励公办学校与民办学校开展教师交流，提高教师人才资源的共享水平和使用效率。

（四）强化教育寻租的治理能力

1. 建立从严治党、预防腐败的长效机制

习近平同志在中国共产党第十八届中央纪律检查委员会第七次全体会议上发表的重要讲话中强调，要全面贯彻落实党的十八届六中全会精神，以新的认识指导新的实践，继续在常和长、严和实、深和细上下功夫，坚持共产党人价值观，依靠文化自信坚定理想信念，严肃党内政治生活，强化党内监督，推进标本兼治，全面加强纪律建设，持之以恒抓好作风建设，把反腐败斗争引向深入，不断增强全面从严治党的系统性、创造性、实效性。[①]

一是要坚持高标准和守底线相统一，教育引导党员、干部自觉向着理想信念高标准努力，同时要以党的纪律为尺子，使党员、干部知敬畏、存戒惧、守底线。二是要坚持抓惩治和抓责任相统一，对“四风”问题露头就打、执纪必严，同时要落实主体责任和监督责任，督促党的各级组织和领导干部强化责任担当。三是要坚持查找问题和深化改革相统一，从问题入手，抽丝剥茧，查找根源，深化改革，破立并举，确保公权力在正确轨道上运行。四是要坚持选人用人和严格管理相统一，既要把德才兼备的好干部选出来、用起来，又要加强管理监督，形成优者上、庸者下、劣者汰的好局面。

2. 加强教育领域资源配置等有关事项的信息披露

通过确立信息披露，财务、教务、学务公开等制度，弱化和消除教育领域的

---

① 习近平：不敢腐目标初步实现 不想腐堤坝正在构筑（1）. 中华网. http://news.china.com/domestic/945/20170106/30147766.html[2017-01-06].

信息不充分和信息不对称情况。首先，对广受关注的高考和研究生招生名额、专业选择、公共财产、科研立项和科研经费使用、职称职级评定、评奖评优等事项，尤其要以制度化方式畅通相关信息的获取渠道，强制披露信息，消除暗箱操作；对涉及教育领域要素的领域，可考虑通过引入市场机制，通过充分地市场竞争消除信息不对称，以及由此引发的寻租活动，如对基础设施建设、大型设备引进等可采用招标的方式，委托负责招标的第三方实现，减少手握权力人员的直接参与。其次，增强教育领域相关事项的透明度，还意味着学校应该强化民主决策，防止权力集中，建立决策责任追究制度，加大惩罚力度，以增加寻租成本的方式进一步抑制寻租活动的发生。最后，要建立健全良好的监督机制，可以通过内部监督与社会监督并行的方式进行：一是要在学校内部建立专门的监督机构，专门负责违法、违纪等腐败现象的政治工作；二是通过建立社会匿名举报平台等措施，加强社会对学校的监督力度，防止学校设租、寻租的行为。

3. 完善学术管理体制，整顿学术风气

完善学术管理体制，抑制基于专业知识的学术寻租和学术腐败。2017 年 1 月，《中共中央办公厅 国务院办公厅印发〈关于深化职称制度改革的意见〉》，重点改革“唯学历、唯资历、唯论文”论，让专业技术人才获得更科学的评价和肯定。深化职称制度改革，探索在提高教师和研究人员整体待遇的同时，还应努力将研究成果和工资、奖金等收入脱钩，不能仅仅将其作为一种学术批评、学术交流和学术荣誉的媒介存在。另外，在我国大学管理泛行政化的大背景下，要引导高校管理向去行政化方向发展，强化学术权力，建立各级学术委员会，使其在教师评聘、科研成果认定等方面发挥主导作用；继续研究学术委员会的运行模式，以及除了外部监督外如何在学术委员会内部做到权力制衡，以防止集体性学术寻租行为。

第三节 教育政策文化环境的问题与对策建议

教育政策的文化环境指的是教育政策所联系和依赖的各种文化条件，主要包括社会教育水平、各阶层的受教育状况、教育实施的持久性与广泛性和各种教育观念等。教育政策的文化环境主要依托于全国的文化环境之下，把握文化大环境

可以更好地分析教育政策的文化环境。文化环境是对经济环境和政治环境的另一种表现，虽然文化环境可能会高于或低于当前的政治经济环境，但是总体上还是与其保持一致的。“十二五”期间，我国文化事业、产业繁荣发展，文化环境不断优化。例如，各项重点文化惠民工程提前实现“十二五”目标，图书馆、文化馆、科技馆等公共文化设施向社会免费开放；文化产业快速增长，文化市场繁荣活跃，国际传播能力显著提升，国家文化软实力不断增强；文化体制改革扎实推进，有利地推动了文化创新创造的体制机制初步形成；深入推进群众性精神文明创建活动，中华民族伟大复兴的中国梦和社会主义核心价值观深入人心，全党全国人民团结奋斗的共同思想基础更加巩固。但同时也要看到，在我国的文化环境建设不断优化的同时，也存在一些问题。文化环境的分析可以分为物质文化环境、政治文化环境和精神文化环境三个方面来分析。我国的物质文化环境比较丰富，既有遗留下来的各种传统物质文化遗产，也有近期建设的各种文化场馆与文化设施，还有国家的各种文化经费投入，基本满足了民众的物质文化需求。政治文化环境与它生成的物质文化环境有着密切联系，与政治信念政治情感的养成、政治价值的评估等有关，它为政治主体提供良好的从政环境保证、培训良好政治文化环境才能政道人和。而精神文化环境涉及的范围更广，随着经济水平的不断提高，民众对于精神文化的需求越来越多，不同年龄阶段、不同的职业岗位、不同性别的民众都有着不同的精神文化需求。有需求就需要有供应，不同的精神文化需求也带来了不同的文化供给，当前的精神文化主流既有民族文化与外来文化的关系处理问题，也有吸收与扬弃的选择问题；既有对于中华民族文化的继承与发展问题，也有对于各个少数民族文化的传承与发展问题；既有对于传统文化的学习与发扬问题，也有对于新兴网络文化的关注与引导问题；既包括对于革命文化的宣传与教育问题，也包括对于中国特色社会主义先进文化的不断补充与发展问题。国家整体的文化环境是教育政策文化环境的导向，在这样广阔的大环境下，教育政策的文化环境需要紧抓时代脉搏，适时求变，从而促进教育的进一步发展。

一、教育政策文化环境的问题

（一）教育观念滞后

教育观念滞后是影响教育政策文化环境的根本性问题，调查显示：社会对职业教育还存在一定偏见，教师高效运用教育信息化的观念滞后问题是教育观念滞后的突出表现。具体体现为以下几个方面。

1. 社会对职业教育还存在一定偏见

“十二五”期间，中国职业教育重塑使命、自觉求变，围绕加快发展现代职业教育这一核心议题展开了一系列的改革行动。《国家中长期教育改革和发展规划纲要（2010—2020 年）》《国务院关于加快发展现代职业教育的决定》《现代职业教育体系建设规划（2014—2020 年）》，以及“全国职业教育工作会议”，初步完成了我国职业教育改革发展的顶层设计；《教育部 人力资源社会保障部关于推进职业院校服务经济转型升级 面向行业企业开展职工继续教育的意见》强调，要积极构建职业院校开展职工继续教育的保障机制，要提升职业院校开展职工继续教育的能力和质量。有关职业教育发展的相关政策不断推出，可以看出国家对于职业教育的重视程度和对职业教育发展寄予的希望，尽管如此，社会对职业教育还存在一定的偏见，对于职业教育观念的滞后不利于职业教育在“十三五”期间的发展。

2015 年 1 月 25 日，浙江省海盐县行知中学在发给学生家长的一则短信通知中提道：“不要与社会不良青少年或职高学生混在一起，以防上当受骗或被欺负。”这一消息在各大门户网站上得到广泛关注，也引起人们的热议。在中国，社会对于职业教育的重视和认可程度都相对较低，中国发展研究基金会发布的《中等职业教育国家资助政策落实效果评估报告》显示，在中职学校中，学生普遍感觉自己不被理解与尊重，由于中职学生多为传统意义上的“差学生”，职业教育是二流教育的思想在不少校长、教师和学生的观念中根深蒂固。长此以往，社会上对职业教育存在的偏见，导致了职业教育的社会地位难以得到提高，学生、家长不愿选择职业教育，用人单位对职业教育培养出的学生给予差别待遇等问题也就随之出现，这对于职业教育在招生、学生培养、学生就业质量的提高，以及真正发挥职业教育在社会发展中的重要作用等方面都形成了制约，这些问题都需要得到有效的解决。我们认为，通过制定相关政策来引导各界改变对职业教育固有的偏见是很有必要的。

2. 教师高效运用教育信息化的观念滞后

2010 年我国颁布的《国家中长期教育改革和发展规划纲要（2010—2020 年）》首次提出：“信息技术对教育发展有革命性影响，必须高度重视”；教育部《教育信息化十年发展规划（2011—2020 年）》把推动信息技术与高等教育深度融合作为当前高校信息化的主要目标；教育部原部长陈至立说：“21 世纪信息技术对教育的影响是不可估量的。它不仅带来教育形式和学习方式的重大变化，更重要的是对教育思想、观念、模式、内容和方法产生深刻的影响。”[①]信息技术的飞速发展对人们的生活、工作和学习方式都产生了很大的影响，信息化教育在一定程度上提高了教育效率，但是却也存在教师教育信息化观念滞后的问题。

现如今，虽然学校配备的信息化设备已经较为完善，但是学校运用软件或课件教学的水平仍然不高，年纪较大的教师对于信息设备的掌握程度不够，难以驾驭信息化教学，部分青年教师依赖课件教学，照本宣科地诵读课件的现象也时有存在，在这种状况下学生很容易失去学习和思考的兴趣，出现以要到课件准备考试为目的而降低听课效率的现象。因此，提升教师的教育信息化观念对于推动教育信息化发展具有重要意义。

（二）全民学习、终身学习的学习型社会仍未建立

全民学习、终身学习的学习型社会的建立是教育政策文化环境达到最优的重要判定标准，调查显示：未能形成“家庭、社会、学校”三位一体的未成年人教育体系、公众科学素养水平发展不平衡、地区劳动力文化水平不均衡、各种教育体系“条块分割、多头管理”是“十三五”期间急需解决的问题。

1. 未能形成“家庭、社会、学校”三位一体的未成年人教育体系

2010 年颁布的《国家中长期教育改革和发展规划纲要（2010—2020 年）》明确指出，在人才培养上要“树立系统培养的方针”，推进“学校、家庭、社会密切配合”，“形成体系开放、机制灵活、渠道互通、选择多样的人才培养体制”，在现代学校制度建设方面，强调要“构建政府、学校、社会之间新型关系”，“完善中小学学校管理制度”，“建立中小学家长委员会”。自《中共中央国务院关于进一步加强和改进未成年人思想道德建设的若干意见》颁布以来，我国未成年人“三结合”教育发展已取得明显进展，并出现了天津市和平区等典型代表。但是，就整体而言，依然处于探索阶段且远未成熟，急需在理论与实践上寻求新的突破。在现实生活中，未成年人教育往往很难发挥出“1+1+1≥3”的效果，反而容易出现教育成效相互抵消，乃至为零、为负的现象，这对未成年人

① 今后五至十年时间内中小学将普及信息技术教育. 人民网. http://www.people.com.cn/GB/channel1/12/20001027/289548. html[2016-09-10].

的全面健康成长带来诸多隐患。

目前学校教育多是以分数为终极导向，其功能被无限放大；家庭教育与社会教育空间被大大缩减，从而无条件地服从学校教育，成为学校活动的延伸和服务者。育人目标的偏差导致未成年人的单向度发展，以及“高分低能”、综合素质差等现象。而且，各教育主体普遍缺乏主动寻求教育衔接的意识，“单兵作战”的思路使得学校、家庭与社会教育在教育行动上经常南辕北辙、相互冲突，从而大大抵消了正面教育的作用。基于此，为了切实提高未成年人教育成效，培养全面健康发展的社会个体，急需加强教育合作、构建“三位一体”的未成年人教育体系。

2. 公众科学素养水平发展不平衡

第九次中国公民科学素质调查显示，2015 年我国公民具备科学素质的比例达到 6.20%，较 2010 年的 3.27%提高近 90%，超额完成“十二五”期间我国公民科学素质水平达到 5%的工作目标，为“十三五”期间全民科学素质工作奠定了坚实基础。2016 年 2 月 25 日，《国务院办公厅关于印发全民科学素质行动计划纲要实施方案（2016—2020 年）的通知》，为实现 2020 年全民科学素质工作目标，进一步明确“十三五”期间全民科学素质工作的重点任务和保障措施等提出指导。虽然有政策上的指导，也取得了一定的成果，但是目前我国公民科学素质水平与发达国家相比仍有较大差距，全民科学素质工作发展还不平衡，不能满足全面建成小康社会和建设创新型国家的需要。主要表现为：面向农民、城镇新居民、边远和民族地区群众的全民科学素质工作仍然薄弱，青少年科技教育有待加强；科普技术手段相对落后，均衡化、精准化服务能力亟待提升。“十三五”时期是实施创新驱动发展战略的关键时期，是全面建成小康社会的决胜阶段。如何提高公众科学素养水平是急需解决的一个问题。

3. 地区劳动力文化水平不均衡

《国务院关于实施西部大开发若干政策措施的通知》指出，要加快转变观念，加大改革开放力度，贯彻科教兴国和可持续发展战略，要吸引和用好人才，增加教育投入。《国务院办公厅关于加快中西部教育发展的指导意见》指出，要加强统筹、兜住底线、改革创新，到 2020 年，中西部地区各级各类学校办学条件显著改善，教育普及程度明显提高，教育结构趋于合理，教育质量不断提升，教育保障水平进一步提高，人民群众接受良好教育的机会显著增加。由于地理位置、历史因素等条件的影响，中西部地区的教育水平多数低于东部沿海地区，虽然政策对于中西部地区的教育问题有所扶持，但是目前其劳动力水平仍旧相对较低，形成了地区劳动力水平不均衡的状态。

现实中，中西部地区教育基础相对较差，保障能力偏弱，特别是农村、边远、贫困、民族地区优秀教师较少、优质资源较少，教育质量总体不高，难以满足中西部地区人民群众接受良好教育的需求，难以适应经济社会发展对各类人才的需要。随着西北一些少数民族地区经济增长方式的转变，一些劳动力的素质和技术水平不适应企业发展要求的问题愈加严重，一方面有相当数量的城镇待业人员和农村富余劳动力，由于文化素质偏低等无工作待业；另一方面产业结构升级所需的大量高素质劳动力，新兴技术产业所需的有技术专长的劳动力短缺，出现了招工难、就业难、农村劳动力转移难并存的局面。这样的劳动力文化水平现状使得劳动力在本地区难以发挥充分的作用，到达整体文化水平较高的地区竞争力又太弱，从而不利于劳动力生活质量的提高。

4. 各种教育体系“条块分割、多头管理”

1995 年“建立和完善终身教育体系”被写入《中华人民共和国教育法》，从立法的角度明确建立了终身教育体系在实现国家教育改革与发展中的重要地位。在此后的十余年中，政府工作报告及教育部年度工作要点都无一例外地提及终身教育体系构建及与之相关的系列问题。2010 年，《国家中长期教育改革和发展规划纲要（2010—2020 年）》提出要“构建体系完备的终身教育体”，由此看出，国家有关政策对“终身教育体系构建”的要求在逐步明晰，并呈现趋于实操性和具体化的倾向。尽管政策对于终身教育体系的建立倾向较大，但是终身教育体系的发展还存在一些问题。我国现有的各种政策及法律法规的不健全致使普通教育体系、职业教育体系及成人教育体系等不同教育体系之间相互独立、互不融合。这种现状不能满足终身教育体系要求各级各类教育全面发展的内在要求。同时，长期以来，我国的教育管理体制一直处于“条块分割、多头管理”的状态，大多数终身教育领导机构的工作成效难以令人满意，国家尚未成立终身教育的领导机构。当前存在的问题对于我国终身教育体系的建构都存在着不利的影响。

二、改善教育政策文化环境的建议

针对以上问题，我们提出中国教育政策文化环境改进要从三方面入手，并提出九条改进建议。一是要通过政策引导教育观念的改变，包括：①打破职业教育与普通教育的隔绝状态，提升社会对职业教育的重视程度；②提高信息化资源利用率，促进教师高效运用教育信息化观念的提升。二是要多维度构建全民学习、终身学习的学习型社会，包括：①构建学校、家庭、社会三位一体的教育体系；②通过政策支持提升国民科学素养；③多角度促进劳动力文化水平的均衡发展；④完善法律机制、建立管理机制、健全监督机制，加快终身教育体系建立。三是要把握新形势，重视传统文化、革命文化和社会主义文化发展，包括：①深化课程改革，将中国传统文化、革命文化和社会主义文化融入课程；②注重网络与电视教育，促进传统文化、革命文化和社会主义先进文化的普及性教育；③充分利用地区性特色教育资源，做好传统文化、革命文化和社会主义先进文化教育。

（一）政策引导教育观念的改变

1. 打破职业教育与普通教育的隔绝状态，提升社会对职业教育的重视程度

人们对职业教育存在偏见，在很大程度上是因为职业教育与普通教育处于隔绝状态，对于职业教育的了解都停留在某一个预想的阶段里，而对于职业教育已有的发展了解过少。并且，职业教育在学生升学过程中多为最后一个批次的选择，也容易引起社会对职业教育的误解，认为职业教育水平低、学生素质差，而不愿意承认和选择职业教育，却忽视了职业教育为社会输入的大批专业人才，也忽视了职业教育同样注重文化教育和素质教育的现状。为了解决这样一个观念性问题，需要制定相关政策打破职业教育与普通教育的隔绝状态，提升社会对职业教育的重视程度。具体体现在以下几个方面。

首先，可以通过制定政策促进开放式职业学校建设，建立普通教育与职业教育的流动机制，在普通教育教学过程中穿插着职业教育相关的交流课程，可以为接受普通教育的学生提供到职业教育学校学习感受的机会，让接受职业教育和普通教育的学生相互加深了解，并且引导学生意识到职业教育的重要性，消除“歧视”心理。同时，应该接受普通教育和职业教育的学生通过申请与考核的方式进行流动学习，让有职业爱好与特长的普通学生可以有机会得到相关的职业教育，适合普通教育的学生也可以在接受职业教育之后通过考核继续接受普通教育，这样打破职业教育与普通教育的隔绝状态，更容易促进民众改变观念，也更利于学生的潜力得到充分发展。其次，要加大对职业教育与地方实际发展相结合的发展

力度，职业教育应该更加贴近地方经济发展，起到经济文化互为推动的作用，在课程设置与教学过程中，要增加对时效性与可用性相结合的教育模式的重视，使培养出的学生可以更加适应当地经济的发展，这样也会提升学生的就业质量，从而提升社会对于职业教育的重视程度，改变固有的偏见。

2. 提高信息化资源利用率，促进教师高效运用教育信息化观念的提升

既然多数学校都已经或者正在完善学校的信息化教学设备的配备，那么制定相关政策提高信息化资源的利用率，使教师发现教育信息化的优势所在，更有利于促进教师教育信息化观念的提升。为了达到提高信息化资源利用率的目的，需要在教学模式、教师的信息技术掌控能力、教师的教学观念与艺术等三个方面加以改善。第一，对于教学模式来说，要引导教师做到将传统教学模式和信息化教学模式相结合，充分发挥二者的优势，达到“1+1＞2”的效果，要充分发挥传统教学中学生通过课本进行学习的阶段性与稳定性，也要充分发挥信息化教学的生动性与知识面的广阔性，使二者相结合，从而取得更好的教学效果。第二，对于教师的信息技术掌控能力来说，要加强对教师信息技术技能的培养培训工作，使教师能够驾驭教室内的信息化教学设备，对于年纪较大的教师要制订其可以达到的学习计划，在能接受的范围内对其进行适度培训。第三，对于教师的教学观念与艺术来说，要对教师进行积极地引导，让教师树立起信息化教学的观念，要让教师发现信息化教学的多方位优势，促使教师和学生对信息化教学产生兴趣，进而促使教师改变单一的信息化教学模式，学会利用教学软件和网络资源来提高教学水平与教学效率，教师可以通过此过程拥有属于自己的教学艺术。

（二）政策引领多维度构建全民学习、终身学习的学习型社会

1. 构建学校、家庭、社会三位一体的教育体系

孩子的成长不仅需要学校教育，同时也需要家庭教育和社会教育。但是相比而言，学校教育属于直接教育，而家庭教育和社会教育相对属于潜移默化却深远持久的教育。因此，在当前学校教育“一家独大”的背景下，应该制定相应的政策构建学校、家庭、社会三位一体的教育体系。首先，学校和家庭应该建立有效的联系，利用信息技术等建立实时的联络网络，促进教师和家长直接交流，使双方能够第一时间了解孩子在学校和在家里的学习状态，从而更好地安排孩子系统

的学习生活，促进孩子的学习与发展。其次，应该建立家长培训机构，或者开办家长培训班，让家长能够接受科学、系统的培训，一方面可以促进家长运用科学有效的方法对孩子进行家庭教育；另一方面也有利于家长分享彼此的家庭教育经验，学习家庭教育知识，从而提高自身的素质。最后，应该注重社会教育，积极开展博物馆教育、艺术教育、社区教育、生活常识与生存教育、科学技术教育等社会组织的教育，培养孩子的学习兴趣，同时也要让孩子接触生活，提高其综合素质和综合学习能力，增加知识储备。与此同时，家长也可以在陪同孩子学习的过程中，提高自身素质，从而达到自身文化素养的提高。而对于此，政府的优惠政策、扶持政策会起到非常重要的作用，构建学校、家庭、社会三位一体的教育体系在政策的引领下将会取得良好的效果。

2. 通过政策支持提升国民科学素养

党的十八大报告指出：要普及科学知识，弘扬科学精神，提高全民科学素养。公众科学素养，关乎生活质量，更关乎综合国力。我们认为政策支持是提升国民科学素养的关键，第一，提升国民素养要从娃娃抓起，儿童和青少年具有较强的学习能力和对家庭成员的影响力，通过对于学校科学课程的逐步确立，以及社会科学场馆的教育等手段可以促进儿童及青少年的科学素养提高，而他们又会带动家人的科学素养得到提高，是一种“以点带面”的教育模式，而此种模式的实施就需要政策力度的扶持。第二，对于不同的群体，如农民、工人、知识分子等群体的科学素养的提高，还可以通过政策的引导来带动社会组织的影响力度，组成各种学习组织，以自学和集体授课或网络学习的形式，通过组织成员的相互合作、相互学习而共同提高成员的科学素养，同时也推动组织的科学化建设。第三，多种渠道提高公民科学素质。在利用好学校教育渠道的同时，也要充分利用好家庭教育、社区教育、场馆教育、传统媒体、新媒体等非正规教育渠道，形成立体教育体系，不仅能丰富公众科学知识，更重要的是可以提高公众科学生活的态度和精神。第四，政府要以疏导为主，及早发声，摆出事实，让公众作出自己的独立判断，科学引导舆论。媒体要作为公正、客观的平台发挥自己的作用，在一些专业问题上组织专家发声，为提高公民科学素质、引导公众科学生活贡献力量。

3. 多角度促进劳动力文化水平的均衡发展

劳动力的文化水平不平衡一方面是受学校教育的影响，受教育水平不同自然劳动力文化水平不同；另一方面是在工作过程中培训的差异引起的，能否接受高水平的职后培训也是对劳动力文化水平的一大影响因素。因此，应该制定相应的政策来提高中西部地区的教育质量和劳动力培训质量。在向中西部引进人才的同时，要注重人才的帮扶工作，在注重学校硬件建设的同时，不能忽视学校的软实力发展，要在观念上引导教师和学生注重教育，不仅要通过学校教育向学生传递知识，更要传递观念，通过教育来促使学生从小就能意识到劳动力文化水平的不同，对于日后择业、就业会产生哪些影响，促使学生能够从小意识到这一问题，进而提高接受教育的热情。同时，也要加强师资队伍建设，高水平的师资队伍对于学生的培养具有直接影响，提高教师的文化水平，能够促进学生的文化水平提高，劳动力的文化水平自然会得到提高。另外，还要注重劳动力的职后培训，在经济发展过程中既然存在缺失相应的劳动力供给，那么引导企业注重自己的文化环境发展就很重要，企业有自身的企业文化，可以影响劳动力的文化水平，能够为劳动力的发展安排不同层次的职后培训，能够促进劳动力不断接受教育、参加学习，从而逐渐提升劳动力文化水平，解决劳动力文化水平不平衡的问题。

4. 完善法律机制、建立管理机制、健全监督机制，加快建立终身教育体系

首先，配套的、完善的法律法规是终身教育体系建设的有力保障。实施教育活动的政府部门必须依据现实，制定完备的与终身教育相关的各级各类法律，确保终身教育实施的权威性和合法性，以法律的形式确保终身教育的合法地位和作用。地方各级政府要充分发挥其导向作用，支持并出台地方性关于终身教育的相关法规，构建科学合理的终身教育法律法规体系，使我国终身教育体系的构建有法可依。其次，科学的领导机构是建立我国终身教育体系的强有力保障，要从国家层面和地方层面建立系统的领导机构，从而促使管理机制健全，提升终身教育体系的管理效率。最后，终身教育体系的设立要依据相应的法律法规，顺利开展则需要强有力的监督机制进行严格的监督：一要完善我国终身教育体系构建的相关监督机制应以相关法律为依据，制定合理、科学的评价体系；二要提高社会、个人及媒体等参与监督的意识，鼓励公众力量对终身教育的实施情况和落实情况进行监督。三个机制协同发展，有利于终身教育体系的建立。

（三）重视传统文化、革命文化和社会主义文化发展

文化自信是促进中华民族伟大复兴的精神支持，要想拥有文化自信，重视传

统文化、革命文化和社会主义文化的发展是很有必要的。

1. 深化课程改革，将中国传统文化、革命文化和社会主义文化融入课程

课程教学是学生受教育最直接的一种方式，对于相关课程的安排要进行合理的改革，将优秀的中国传统文化内容、革命文化和社会主义文化内容以学生容易接受的形式编入课程之中，通过日常学习自然地提升文化素质，增强民族文化自信心，避免出现对于本土文化的忽视现象，也要把握好大方向，防治盲目的、不加区别的教育。

2. 注重网络与电视教育，促进传统文化、革命文化和社会主义先进文化的普及教育

对于先进文化教育不能局限于学校教育，还要注重社会化教育及网络与电视教育，让更多的中国民众了解我们的优秀传统文化、革命文化和社会主义先进文化，达到普及性教育的目的。网络信息和电视节目传播信息的速度快，受众面广，是需要重视的教育工具。例如，可以通过制作优秀的影视作品、电视节目、网络互动类节目、网络课程等新颖而民众易于接受的形式进行优秀的传统文化教育、革命文化教育和社会主义先进文化教育。

3. 要充分利用地区性特色教育资源，做好传统文化、革命文化和社会主义先进文化教育

首先，中国的传统文化博大精深、源远流长，不同的地区也有着各自特色的传统文化，在进行传统文化教育的过程中需要注意这一重要因素。教育政策可以引导民众注重本地区的特色传统文化，还可以让优秀的传统文化通过教育的形式让全国民众有所了解，并借助地区优势进行传承，从而促进中国传统文化的传承与发展，增强国人的文化自信。其次，我国的革命文化也具有一定的地区特色，如红色文化的发源地、革命老区，就拥有着独特的自身教育优势，可以通过政策引领，促进革命文化的发展与教育，可以通过实地体验的方式发展“体验式”革命教育，加深革命文化的教育。最后，对于社会主义先进文化我们也要根据不同的地区特点，展开适合本地区的文化教育，要在总体方向的指引下，采取不同的教育形式发展社会主义先进文化教育。

第七章　教育政策价值的前瞻性研究

教育政策价值是指教育政策的主体需要与客体属性在实践基础上统一起来的一种特定的效应关系。主体需要、客体属性和实践活动是教育政策价值概念的三个基本范畴，它决定了教育政策价值研究的基本思路：一是教育政策价值的形成性研究，包括教育政策的主体需要和客观属性研究；二是教育政策价值的结果性研究，即教育政策的价值表现形式研究。两者构成了教育政策价值研究的基本内容。本章主要是对教育政策的形成性价值和结果性价值进行分析，重在找出“十二五”期间我国教育政策价值存在的问题，并进行分析与论证，进而为“十三五”期间提升我国教育政策价值提供对策建议。

第一节　教育政策形成性价值的问题与对策建议

一、主体需要方面的问题与对策建议

主体需要分析包括主体构成和主体利益两个层面的要素分析。教育政策的主体需要是推动教育政策主体去追求教育政策价值的现实力量，是评价教育政策价值的内在尺度或“人的尺度”。从主体构成来说，不同的教育政策主体构成，对教育政策的作用方式和影响程度不一样，教育政策就有不同类型和程度的价值表现。教育政策的主体包括决策主体、咨询主体、执行主体、评价主体和对象主

体。教育政策本身是社会利益的“均衡器”或“显示器”，如何把社会不同主体的利益需求投入到政策系统，由政府对复杂的利益关系进行调整，对公共教育利益进行权威性分配，对教育领域的利益矛盾与冲突进行及时有效的调节，这不仅只是关乎教育生存与发展的问题，更是关乎政治稳定、社会进步和民族团结的大问题。扩大教育政策的主体范围是教育政策民主化与科学化的必然要求，也是发达国家提升教育政策质量的宝贵经验。从主体利益来说，教育领域客观上存在着特殊利益（政治利益）与共同利益（教育利益）、长远利益与眼前利益、强势利益与弱势利益、既得利益与未得利益的关系。教育政策要兼顾各种利益，化解其中的矛盾和冲突，避免利益的过度分化和差别扩大化。

（一）问题呈现

从政策内容来看，我国一些教育政策忽视了相关利益主体特别是直接利益相应人的利益；有些教育政策整体上重视特殊利益（政治利益）、眼前利益、强势利益和既得利益，忽视共同利益（教育利益）、长远利益、弱势利益和未得利益。从政策过程看，我国一些教育政策决策、执行和评价的主体比较单一，利益相应人缺席的现象比较严重。从政策环境来看，我国的政治、经济、文化环境还不利于社会主体相关教育利益的表达与整合。

（二）案例分析

1. 残疾儿童教育政策

目前我国大约有 817 万残疾儿童，但调研表明，残疾儿童受教育权尚未完全得到有效保障；无论是与普通儿童相比还是在残疾儿童内部，都存在着教育机会不平等现象。目前我国纵向上有《中华人民共和国宪法》《中华人民共和国教育法》《残疾人教育条例》《中华人民共和国残疾人保障法》及部门规章和地方性法规或条例，横向上有《中华人民共和国义务教育法》《中华人民共和国高等教育法》《中华人民共和国职业教育法》等，已经构成较为完整的法律体系，基本覆盖了残疾人教育的各领域和各层次。教育部于 1998 年颁布了《特殊教育学校暂行规程》，这是我国第一部有关残疾人教育的专项行政法规，它的出台改变了以往特殊教育法律法规嵌套于普通教育法的局面。2006 年和 2008 年我国分别重新修订的《中华人民共和国义务教育法》《中华人民共和国残疾人保障法》用较大篇幅甚至专章对残疾人教育作了系统规定。但目前我国残疾人教育政策还存在着一些问题。一是利益主体缺失。《中华人民共和国宪法》将残疾人教育对象界定为“盲、聋、哑和其他有残疾的公民”[①]，《中华人民共和国残疾人保障法》进一步明确将残疾人教育对象界定为“视力残疾、听力残疾、言语残疾、肢体残疾、智力残疾、精神残疾、多重残疾和其他残疾的人”[②]。这两部法律对特殊教育对象的界定比较全面。但新修订的《中华人民共和国义务教育法》第十九条将残疾人教育对象限定为“视力残疾、听力语言残疾和智力残疾的适龄儿童、少年”[③]。从理论和现实角度而言，残疾人教育对象不宜只限定为这三类，而将其他类型的适龄残疾儿童少年排除在外。又如现有的残疾人教育政策还缺乏不同类型残疾儿童尤其是多重残疾儿童如何进行具体安置的规定；还缺乏独立的残疾人教育教师发展的政策规定。二是主体利益缺失。《残疾人教育条例》侧重于学校教育，而对残疾人的终身学习、社会教育及家庭教育关注不足，对满足残疾人多样化、个性化、个别化的教育需求，推进融入教育的规定相对欠缺。

2. 高考生源跨省调配政策

2016 年 4 月 25 日，教育部和国家发展和改革委员会联合发布了《关于做好 2016 年普通高等教育招生计划编制和管理工作的通知》，并附上了《2016 年部分地区跨省生源计划调控方案》，决定将高等教育资源丰富、升学压力相对较小的上海、江苏、湖北、福建等 12 省（自治区、直辖市）的 16 万生源计划调剂到中西部 10 个省（自治区、直辖市），其中仅湖北、江苏两省当年就将分别减少 4 万和 3.8 万生源计划，而高考资源最为丰富、升学率最高的北京等地却没有受到政策影响。此政策一出便在考生家长中引起轩然大波，湖北、江苏等地的大量家长聚集到省教育主管部门陈情，表达他们的利益诉求。招生计划关系国家人才培养的总体战略，是国家对高等教育资源调控的重要手段。然而，招生计划对一个地区来说关系到该地区招生总量、考生升学与未来人才的来源；对用人单位来讲关

---

① 全国人民代表大会. 中华人民共和国宪法. 教育部网站. http://old.moe.gov.cn/publicfiles/business/htmlfiles/moe/moe_905/200506/8607.html[2016-09-16].

② 全国人民代表大会. 中华人民共和国宪法残疾人保障法. 中国法律法规信息库. http://law.npc.gov.cn:8081/FLFG/flfgByID.action?flfgID=253752&keyword=%E6%AE%8B%E7%96%BE%E4%BA%BA%E4%BF%9D%E9%9A%9C%E6%B3%95&zlsxid=01[2016-09-16].

③ 全国人民代表大会. 中华人民共和国义务教育法. 教育部网站. http://old.moe.gov.cn/publicfiles/business/htmlfiles/moe/moe_619/200606/15687.html[2016-09-16].

系到将来得到毕业生的可能性和人才素质的高低；对招生学校来讲关系到生源质量和今后毕业生就业去向；对考生来说关系到录取分数线的高低与录取的可能性。这次高考生源跨省调配政策的决策和执行都是一种自上而下模式，决策和执行主体都比较单一，缺少政策预期分析、政策听证、政策辩论、政策实验、政策宣传等重要环节，忽视了家长或考生这个最重要、最直接的利益主体，凸显的是政治利益、强势利益和既得利益，导致政策的合法性和合理性缺失，利益协调功能减弱。

3. 进城务工人员子女就近入学政策

在大规模人口流动和城市化进程中，我国出现了流动儿童和留守儿童两个新的教育边缘化群体。目前我国流动儿童接受义务教育的基本制度性安排是“两个为主”的政策，但政策效果并不理想。目前流动儿童面临的不仅仅是义务教育，学前教育的流动儿童群体更大，另外已有大量初中后流动儿童沉淀在城市，但这两类群体基本上被忽视。即便是一些地区推行了“异地高考”政策，各地的差别也非常大。这种情形严重损害了基础教育的公平性，进一步强化了城乡之间的不平等；严重危害进城务工人员子女的身心健康，给社会稳定带来了隐患，影响社会经济的正常发展。我国党和政府近年来越来越重视教育公平，对流动儿童和留守儿童的关照日益成为教育政策的重心，先后颁布了《国务院关于进一步加强农村教育工作的决定》《国务院关于进一步做好进城务工就业农民子女义务教育工作的意见》《中华人民共和国临时居民身份证管理办法》《国务院关于解决农民工问题的若干意见》《国务院关于进一步推进户籍制度改革的意见》《国务院关于加强农村留守儿童关爱保护工作的意见》等政策法规性文件。但目前我国相关政策在维护流动儿童和留守儿童的教育权益方面还存在诸多缺失。究其根本原因，户籍制度是流动儿童教育的最大制度性障碍。

流动儿童和留守儿童教育问题归根结底是一个“三农问题”。“三农问题”的核心是农民问题，农民问题的核心是身份问题。农民及其子女不仅是教育政策的直接利益主体，而且理应是教育政策的决策主体、咨询主体、执行主体和评价主体。然而，中国农民是一种身份，而不是职业。[①]这种农民身份的形成是国家制度性安排的结果，是受中华人民共和国成立伊始国内外客观条件和环境所决定的，体现出强烈的国家利益倾向。相伴而生的是户籍管理制度，本来其主要职能在于证明公民身份、维护社会治安秩序，本身并不具备歧视性质，但我国在户籍

① 刘应杰. 中国城乡关系与中国农民工人. 2000. 北京：中国社会科学出版社：27.

制度基础上建立起来的一系列社会制度，却人为地利用了城镇和农业户口的区分，使户籍成了区分社会地位和身份的重要标签。农民身份所包含的责任远远大于其所享受的权利，不平等和弱势是农民身份的特点。在现有户籍制度的规制下，流动儿童和留守儿童的相关教育政策主要体现出政治属性，而不是公益属性；强调的是管理和控制的功能，而不是一种利益表达与协调的功能；更多体现的是政治价值，而不是社会价值、教育价值和人的价值；更多体现的是现实价值和直接价值，而不是理想价值、间接价值和隐形价值。现代社会阶层分化是以成就为取向的，由于教育的普及和就业的市场化，每个人都可以通过接受一定程度的教育来参与就业竞争，因而都有机会改变自己的社会地位，而教育成了社会阶层升迁的主要途径。无论从历史和现实来看，还是从理论和实践来看，就近入学这一最低保障政策对于农民工子女而言显得尤为重要。通过教育培养民主社会所需要的有见识的公民，能够影响并促成一个开放的精英型的公民社会，而作为弱势群体的进城务工人员子女通常接受的是不完全的初等教育和中等教育，这就使他们更难以接受具有明显"拥挤性福利"特征的高等教育，从而阻塞了他们平等参与社会生活的通道。教育公平是现代教育制度的道德基础，也是实现社会公平的基石。农民工子女身上寄托着家长的期望，甚至整个家庭的梦想。目前我国采取的是一种"经济吸纳、社会排斥"的城市化模式，这种模式仅仅把农民工作为劳动力资源来接受，而没有给予其平等的市民待遇和社会保障。农民工已经因身份限制在居住、生活、工作等方面付出了巨大代价，如果他们的子女也因此而失学或辍学，社会还将为此付出额外的代价，那就是低素质人口的"复制"。农民子女教育权利的绝对剥夺和相对剥夺是社会产生冲突的隐患。这种情形既不符合广大民众对于教育这种根本利益的主动追求，也不符合党和政府对广大民众关于建设一个共同富裕社会的一再承诺。为此，我国要对涉及进城务工人员子女教育权益的相关教育政策进行重点改革。从根本上来说，我国应该采取一切可以采取的措施从根本上改变农民的身份，使农民身份职业化、公民化。无论是从法律意义的实然层面还是应然层面上来讲，住所地和居住地之分不应该成为影响进城务工人员子女教育的制度性障碍。

（三）对策建议

我国未来的教育政策应包括：第一，重视直接利益相应人的利益；第二，适当扩大教育政策制定、执行和评价主体的范围；第三，重视共同利益、长远利益、弱势利益和未得利益，做到政治利益与共同利益、眼前利益与长远利益、强势利益与弱势利益、既得利益与未得利益兼顾。

二、客体属性方面的问题与对策建议

客体属性分析包括客观属性和客观功能两个层面的要素分析。教育政策的客体属性是教育政策价值的物质承担者或物质基础，是评价教育政策价值的外在尺度或“物种尺度”。从客观属性来说，教育政策具有两重性。一是政治性与公共性。政治性意味着政府在教育政策活动中处于主导和支配地位，它一方面可以利用公共权力对教育政策活动施加影响，决定教育政策活动的宗旨、性质和方向；另一方面它也会通过教育政策活动传递某种政治精神和价值观，协调教育与其他社会活动的关系，进而促进符合要求的政治秩序的形成。公共性则体现在教育政策的公益性、公正性、公平性、公开性。如果教育政策行为是一个政府的政策行为，是一个追求公共利益的政策行为，并且是一个以教育利益为共同利益的政策行为，那么教育政策的价值取向也就获得了正当性。二是合法性与合理性。合法性主要是指教育政策要以国家大政方针为前提和依据,符合社会价值观、主流意识形态及社会舆论的要求。合理性强调教育政策的科学性和民主性。科学性是指建立在本质理性基础之上的合理性，判断标准是其可行性、可预测性、效用性和创新性；民主性是指在充分尊重决策主体的基础上，通过对权力的恰当分配而进行利益表达与整合，判断标准是公众参与度和程序公正性。我国是一个后发型现代化国家，要真正确立起民主体制那样的程序合法性还需要几代人漫长而艰辛的努力，因而政府只能在实体中争取合法性，即通过增强政策的合理性来提高政策的合法性，以合理性来促使和保证合法性的实现。从客观功能上来说，教育政策具有导向、调节和管理功能，这些功能都是教育生存和发展的条件，不可或缺。

（一）问题呈现

我国一些教育政策内容重政治性、轻公共性，表现为政府利益的垄断性和自利性、政策问题认定的主观性、政策理念表达的非理性、政策目标确立的非公平性、政策信息的非共享性、政策制定和执行的急功近利等，而教育政策的公益性、公正性、公平性、公开性不足；一些教育政策过程重合法性、轻合理性，表现在教育政策的决策、执行和评价大都是一种自上而下的模式；一些教育政策重管理功能、轻协调功能。

（二）案例分析

1. 撤点并校政策

2001 年国务院颁布的《国务院关于基础教育改革与发展的决定》第十三条要求地方政府“因地制宜调整农村义务教育学校布局”，表示要“按照小学就近入学、初中相对集中、优化教育资源配置的原则，合理规划和调整学校布局”①。这一决定在教育界被简称为“布局调整”，在民间则被简称为“撤点并校”。该决定颁布之后，全国各县就开始逐年推行合并农村小学的措施。许多地方的教育部门在落实政策时重点在“撤点并校”，而往往忽略了“方便学生就近入学”的前提。2002 年和 2003 年国务院和财政部分别下达了《国务院关于完善农村义务教育管理体制的通知》和《中小学布局调整专项资金管理办法》，进一步推动了农村中小学布局调整工作。农村中小学布局调整政策整合了农村教育资源，降低了生均教育成本，解决了部分学校布点分散、教育资源严重浪费、村小学教师素质参差不齐、教育质量不高、教育经费紧缺、软硬件设施差等问题。与此同时，该政策也产生了诸多负面效应。一是撤点并校带来更为深层的乡村文化断裂和乡土认同的迷失；适龄儿童远离家乡，寄宿求学，孩子的家庭教育、人格教育面临一系列新的问题。二是寄宿费、交通费给农村家庭增加了更重的教育负担，由此产生了新的上学难问题，辍学现象有所回升。三是合并学校的办学条件极为艰苦，人满为患，实质上并没有大幅度提高教育质量。2012 年 9 月，国务院办公厅下发了《国务院办公厅关于规范农村义务教育学校布局调整的意见》，提出“坚决制止盲目撤并农村义务教育学校”，叫停“撤点并校”。②2013 年 12 月 31 日发布的《教育部 国家发展改革委 财政部关于全面改善贫困地区义务教育薄弱学校基本办学条件的意见》，提出政府为主、社会捐助，全面改善贫困地区薄弱学校基本办学条件，办好必要的教学点，让农民的后代不出村也能享受有质量的义务教育。其实，在推行农村中小学布局调整政

① 国务院. 国务院关于基础教育改革与发展的决定. 教育部网站. http://old.moe.gov.cn//publicfiles/business/htmlfiles/moe/moe_16/200105/132.html[2016-10-02].

② 国务院. 国务院办公厅关于规范农村义务教育学校布局调整的意见. 中华人民共和国中央人民政府网. http://www.gov.cn/zwgk/2012-09/07/content_2218779.htm[2016-11-02].

策伊始，学术界和社会各界就强烈呼吁，建议政府及其教育主管部门不要简单地算经济账和人事账，而应多为农村学生的长远利益着想，但政府及其教育主管部门在一定程度上忽视了政策的公共性；重视了政策的合法性，而轻视了政策的合理性。虽然十年后停止了“撤点并校”，并着手恢复村级小学，但这一并一建不仅损耗了巨大的教育经费，而且使农村中小学生的身心都受到了不良的和难以逆转的影响。

2. 高校扩招政策

我国高校扩招政策的决策总体来说是一种“政府推进型”决策，体现出强制性制度变迁的特征。这种主要由国家或政府主导制定的教育政策一般把合法性作为其终极价值追求，却往往忽视对其合理性的考量。从决策主体构成来说，高校扩招政策的决策不是部门行为，而是中央政治局常委会集体讨论决策的，是中央政府制定的高校扩招政策。[①]从教育决策价值取向来说，高校扩招政策基本上是从属国家利益的教育政策观占主导地位，表现政治性重于公共性，为国家发展重于为教育发展。从教育政策问题认定来说，高校扩招政策在问题认定上混淆了经济问题和教育问题，把教育领域当作了经济问题的“避乱所”。从教育政策问题纳入来说，高校扩招的政策问题纳入完全是一种政治模式或行政行为，这种具有政治品格的政策问题被轻易地纳入政府议程，却忽视了教育改革与发展的客观规律。从教育政策议案公议来说，高校扩招政策的决策过程还缺乏公众参与的法定程序和制度。一是高校扩招政策的决策过程对社会公众来说基本上是封闭的；二是政府有关部门在教育决策时主要参考的是少数经济学者的意见，政策问题根本没有经过公众议程就直接进入了政府议程；三是没有建立必要的听证制度和辩论制度，剥夺了利益相应人陈述意见和抗辩的权利，忽视了利益相应人的政策诉求。从教育政策议案裁定来说，高校扩招政策的议案裁定体现出明显的权力化特征、经验特征、信息封闭特征。从教育政策实验来说，高校扩招政策在决策过程中最缺乏的是政策实验。尽管高校扩招政策的社会效应还有待历史的检验，但这种“运动式”的教育决策过程是绝不可取的。从教育政策议案合法化来说，在高校扩招政策的整个决策过程中，国家立法机关的监督和审查基本处于缺位状态。只是在高校扩招政策实施多年后，当高校扩招政策的问题日益凸显，媒体上才出现少数人大代表的呼吁，这算是事后审查和事后监督了。

---

① 李岚清. 李岚清教育访谈录. 2003. 北京：人民教育出版社：119.

3. 学前教育政策

学前教育是基础教育的重要组成部分，对促进个体全面健康发展、巩固和提高义务教育质量与效益、全面提升国民整体素质具有基础性、先导性的作用。当今世界各国在学前教育的重要性上已经达成共识，并积极采取各种举措大力发展学前教育。我国党和政府历来高度重视学前教育事业，尤其是改革开放以来，我国学前教育事业取得了长足发展。但同时也存在着诸多问题，突出表现为学前教育管理体制不全，权责不清，学前教育管理力量严重不足；学前教育经费严重匮乏，尚未建立顺应时势的独立的学前教育财政投入机制；学前教育师资队伍、民办学前教育市场缺乏应有的规范和保障等。在《中华人民共和国教育法》所规定的四个独立学制阶段即学前教育、初等教育、中等教育、高等教育中，国家已分别制定了《中华人民共和国义务教育法》《中华人民共和国职业教育法》《中华人民共和国高等教育法》。到目前为止，只有学前教育阶段尚未立法，致使学前教育发展中解决问题无据可依。目前我国学前教育管理主要依据 1989 年的《幼儿园管理条例》和 1996 年的《幼儿园工作规程》，这些规定都是 20 世纪 90 年代颁布的，其条文内容显然已无法应对当前学前教育发展中出现的一系列新问题。2010 年是我国学前教育政策的转折之年。《国家中长期教育改革和发展规划纲要（2010—2020）》在“完善教育法律法规”一节中提出，要制定有关学前教育的法律；2010 年 11 月 21 日国务院颁布了《国务院关于当前发展学前教育的若干意见》。两部法律在破解制约学前教育发展的瓶颈方面，如政府责任问题、办园体制问题、农村学前教育问题、贫困家庭儿童入园问题、教育经费保障问题、教师编制管理问题等实现了重大突破。另外，我国一些省市如北京、南京、太原、青岛、杭州、江苏等都制定了学前教育条例。反思改革开放以来我国学前教育的相关政策法律可以发现，我国学前教育政策还存在诸多问题，突出表现在现有政策在学前教育的性质、目标和原则上出现了偏差，使得学前教育政策的合理性缺失。学前教育性质宏观上决定了学前教育的地位，微观上决定了政府在学前教育事业中的责任及学前教育保障机制。目前我国学前教育发展中存在的诸多重点问题和难点问题，如师资保障、经费保障等都与学前教育性质的定位模糊有关。①因此，学前教育的性质问题，以及由此引发的学前教育的地位问题，是学前教育政策改革必须突破的瓶颈。学前教育是我国基础教育的重要组成部分，是基础教育的基础。从心理学的视角来看，一个人的后天教育在塑造其行为习惯方面发挥

① 刘焱. 对我国学前教育几个基本问题的探讨——兼谈我国学前教育未来发展思路. 教育发展研究，2009,（8）：1-6.

着至关重要的作用。儿童时期是人的智力、体力、语言等诸多方面发展最迅速和最重要的一个阶段。学前教育既能为儿童将来的学习做好知识准备，又可以激发和养成儿童学习的动机和习惯。从经济学的视角来看，学前教育属于公共产品，具有强烈的正外部性。只有通过政府提供财政性教育经费，才能保障儿童平等接受学前教育的权利。从社会学的视角来看，学前教育是一项重要的社会福利性事业和社会公益事业。一方面，学前教育能够起到安定劳动者的作用，这对于贫困家庭来说尤为重要；另一方面，学前教育具有很强的外溢性和回报率，它不仅使儿童及其家庭从中获益，而且整个社会也能够从中获益。从国外经验来看，强调学前教育的“教育性”并不必然排斥学前教育的“福利性”；强调学前教育的“福利性”并不会降低学前教育的“教育性”，相反还能扩展学前教育的经费来源。为此，学前教育政策可以通过以下改进措施来提高其合理性。一是通过明确定位学前教育的性质来确立学前教育的法律地位。学前教育是基础教育的重要组成部分，也是一项社会公益事业，是我国学校教育制度的一个独立阶段。在时机成熟的时候可以确定，学前教育也是义务教育的一个重要阶段。二是明确界定学前教育的政府责任，并通过建立健全监督机制、公示制度、问责制度、法律责任、救济制度等监督政府的主导作用。三是明确安排学前教育事业发展经费在全部教育财政经费支出中应占的合理比例。四是鼓励有条件的地区试行学前一年教育纳入义务教育经费；鼓励有条件的地区试行 0～6 岁或 7 周岁学前教育。

（三）对策建议

我国未来的教育政策包括：第一，重视教育政策的公共性，做到政治性与公共性的统一；第二，提升教育政策的合理性，做到合法性与合理性具体的、历史的统一；第三，加强教育政策的协调功能，做到管理功能与协调功能并重。

第二节　教育政策结果性价值的问题与对策建议

教育政策实践是教育政策价值的源泉，它包括政策制定、政策执行和政策评价等活动过程。只有通过现实性的教育政策实践，才能使主体需要和客体属性处于价值关系中，并作为实践活动的固有内容，经过双向对象化而生成教育政策的价值。教育政策的价值表现形式有外在价值（直接价值）与内在价值（间接价值）、应然价值（理想价值）与实然价值（现实价值）、隐形价值与显性价值。教育政策的价值应当是一种整体性体现，做到外在价值与内在价值、应然价值与实然价值、隐形价值与显性价值的统一。

一、问题呈现

目前我国一些教育政策重外在价值而轻视内在价值，具体表现在：重政治价值和社会价值，轻教育价值和人的价值；重实然价值而忽视应然价值；重显性价值而忽视隐性价值。

二、案例分析

（一）家庭教育政策

家庭教育在推进素质教育中的作用非常重要，家长是学校素质教育能否真正实施的重要一环。只有学校教育和家庭教育及社会教育形成合力，学校素质教育才能取得实质性的效果。改革开放以来，随着经济、社会发生深刻的变化，青少年思想道德教育面临许多新的挑战，家庭教育越来越受到党和政府及全社会的关注。2000 年中共中央办公厅、国务院办公厅发出的《关于适应新形势 进一步加强和改进中小学德育工作的意见》提出，“各级党委和政府要关心支持家庭教育，各级教育行政部门要承担组织和指导家庭教育的责任”[①]。2004 年中共中央国务院颁布的《关于进一步加强和改进未成年人思想道德建设的若干意见》进一步提出，“各级妇联组织、教育行政部门和中小学校要切实担负起指导和推进家

① 中共中央办公厅、国务院办公厅.中共中央办公厅、国务院办公厅关于适应新形势进一步加强和改进中小学德育工作的意见. 教育部网站. http://old.moe.gov.cn//publicfiles/business/htmlfiles/moe/moe_405/200412/4736.html [2016-09-01].

庭教育的责任”。[①]2004 年 10 月中华全国妇女联合会、教育部发布的《关于全国家长学校工作的指导意见》，明确规定了教育行政部门在家庭教育工作中的职能。2007 年 5 月中华全国妇女联合会、教育部等部门联合下发《全国家庭教育工作“十一五”规划》，对家庭教育工作的指导思想、目标任务、策略措施和监测评估作了明确部署。2010 年《国家中长期教育改革和发展规划纲要（2010—2020 年）》明确提出了家庭教育在教育改革和发展中的地位和作用，强调学校教育、社会教育和家庭教育要紧密结合；2011 年 1 月中华全国妇女联合会、教育部、中央文明办联合发布《全国妇联 教育部 中央文明办关于进一步加强家长学校工作的指导意见》，再次明确了教育行政部门在家庭教育工作中的职能，“教育行政部门对幼儿园、中小学校、中等职业学校家长学校工作进行具体指导”，“各有关部门要相互配合，形成合力，共同推进家长学校建设和发展”。[②]2012 年，中华全国妇女联合会、教育部等七部门共同制定并实施《关于指导推进家庭教育的五年规划（2011—2015 年）》，对今后五年家庭教育工作作了全面部署，提出了家庭教育工作的指导思想、基本原则、目标任务和保障措施，是新时期家庭教育工作的重要指导文件。2016 年 11 月 14 日中华全国妇女联合会、教育部等九部门共同印发了《关于指导推进家庭教育的五年规划（2016—2020 年）》，要求建立健全家庭教育公共服务网络（在城市 90%的中小学、幼儿园、中等职业学校中建立家长学校，农村达到 80%）、提升家庭教育指导服务专业化水平、大力拓展家庭教育新媒体服务平台、促进家庭教育均衡协调发展、深化家庭教育科学研究、加快家庭教育法制化建设。但现有家庭教育政策对家长利益特别是农村家长利益缺乏深度把握，导致相关政策的价值表现出现了缺位。农村家长是为了给孩子提供更好的经济条件，才让孩子成为“流动儿童”或“留守儿童”。其实，良好的家庭教育是“陪伴”，而化解这个矛盾以实现家长及其子女教育利益最大化的政策安排就是解决孩子的就近入学问题，这也是教育精准扶贫的重点和重心所在，但现有家庭教育政策大都是在家长与子女实然分离的逻辑下进行制度设计。另外，现有家庭教育政策的重心在家庭教育管理，而对家庭教育教学工作规范得较少，因此，总体来说，现有家庭教育政策强调的是直接价值、现实价值和显性价值，主要体现的是政治价值和社会价值，教育价值和人的价值显现得不充分。

① 国务院. 中共中央国务院关于进一步加强和改进未成年人思想道德建设的若干意见. 教育部网站. http://old.moe.gov.cn/publicfiles/business/htmlfiles/moe/moe_1201/200703/20055.html[2016-09-01].

② 全国妇联、教育部、中央文明办、全国妇联、教育部、中央文明办关于进一步加强家长学校工作的指导意见.教育部网站. http://www.moe.edu.cn/jyb_xxgk/moe_1777/moe_1779/201105/t20110516_119729.html[2016-09-10].

（二）终身教育政策

改革开放以来，世界终身教育思潮逐渐引起国人的注意和重视，我国政府为此制定和实施了相应的终身教育政策。但从制度上来说，我国终身教育政策价值取向还存在着问题。改革开放至终身教育被写入《中华人民共和国教育法》之前，我国终身教育政策强调外在价值或直接价值，把终身教育视为成人教育，教育活动以职业技能训练及岗位培训为主，具有非常强的实用性和功利性，其基本目的也在于为国家建设训练或培养各行各业的专业技术人才，这样一种以生计为指向的终身教育，与国际社会基于教养性、公益性和福利性等目标所展开的终身教育活动有着明显的不同。《中华人民共和国教育法》颁布之后，终身教育政策在价值基础和立场上仍延续了前一阶段的实利性、功利化特征，同时因为上升到立法层面，获得了更强有力的制度保障，终身教育政策也呈现出以政府主导来推动的特征。以《面向 21 世纪教育振兴行动计划》的颁布为标志，我国终身教育政策进一步获得了实质性的进展，其基本特征是强调立足国民教育体系的基础去完善与构建终身教育体系，并通过终身教育立法的保障，来逐步建设全民终身学习的学习型社会。但总体来说，目前我国终身教育政策仍然带有浓厚的目标功利性与行政主导型色彩，忽视了教育价值和人的价值。其一，无论是国家政策还是地方政策，都如《国家中长期教育改革和发展规划纲要（2010—2020）》一样更强调在新时代背景下“唯有通过不断学习，才能不断提高专业从业人员的岗位技能素养，也才能更加有利于国家经济与社会建设的服务”；在学习机会保障上也主要强调为市民提供岗位培训及技能训练的机会，而市民精神文化需求及社区的非正式学习只处于从属的地位。其二，无论是国家政策还是地方政策，都强调自上而下的政府推动，公民失去了学习的自主性与自由性，终身教育失去了活力及公民的学习主体性。终身教育是公民一生中受到的各种培养的总和，它包括一切教育活动、教育场所和教育机会；它在时间上贯穿人的一生，包括从出生到老年的所有正规、非正规及非正式的教育；它在空间上又跨越不同的教育场所，包括学校教育、家庭教育和社会教育。简言之，终身教育是以促进人的发展为目的，把各种教育形式和活动有机地整合起来的一种“一体化教育体系”。我国终身教育政策应该在外在价值和内在价值之间寻找一个适当的平衡点，通过确立短期目标与长远目标，去实现公民人格的完善与社会政治经济发展。

（三）“双一流”大学建设政策

2015 年 10 月 24 日国务院印发《关于统筹推进世界一流大学和一流学科建设总体方案》，提出了对世界一流大学和一流学科建设实行建设与改革并重，确定了建设一流师资队伍、培养拔尖创新人才、提升科学研究水平、传承创新优秀文化、着力推进成果转化等五项建设任务，以及加强和改进党对高校的领导、完善内部治理结构、实现关键环节突破、构建社会参与机制、推进国际交流合作等五项改革任务。“双一流”大学建设政策必将促进入选大学和学科的质量不断提升，尽快达到世界一流水平，但这只是该政策的外在价值、现实价值和显性价值。“双一流”大学建设政策无疑应该有更高更远的终极价值追求。从宏观上说，一方面，“双一流”大学建设应该带来国家高等教育体系的整体优化，真正建立起具有中国特色的良性有序、分类发展、充满生机活力的高等教育生态体系；另一方面，入选的“双一流”大学应该通过一流学科的建设来引领学校健全学科生态体系，从而带动学校一流学科与非一流学科的整体协同发展。从中观上说，“双一流”大学建设的当务之急不是制定建设的时间表，不是给师生分解、下达一流建设的指标或任务，而是以行政权、教育权、学术权分离为原则，构建和完善学校内部治理结构，释放学校办学活力，激发所有师生的教育与学术梦想。从微观上说，“双一流”大学建设主要不是一系列量化的数字指标的达成，而主要是一些非量化的文化指标和制度指标的建设，如大学精神、大学文化、现代大学制度等，进而形成调动各方积极参与的长效建设机制。数字指标必须有文化的承载，有文化的底蕴，才能不断提升一流并使此一流得以持久。仅有某些数字指标的“一流”大学，只会是“失去灵魂的卓越”大学。为此，我国“双一流”大学建设政策要重视政策的内在价值、理想价值和隐性价值，强调“双一流”大学建设的战略性、连贯性和互补性，重点解决以下问题：一是“双一流”大学谁来评、如何评没有明确标准，而现实中却存在着“一流”难以量化、大学影响力和创新能力评价的片面性、重学术发展指标而轻知识体系建设、大学排名虚假性高、盲目追求大学排行而背离多样化、特色化与差异化大学建设路径等问题；二是破除“身份”固化，建立健全“双一流”建设的动态身份机制的问题；三是“双一流”建设下校院关系的调整与改革问题；四是“双一流”大学建设的国家宏观政策与高校微观战略缺乏融合的问题。

（四）创新人才教育政策

《国家中长期教育改革和发展规划纲要（2010—2020 年）》在教育体制改革总体部署中第一次提出了人才培养体制改革和人才培养模式创新的任务。随后教育部相继出台了相关教育政策，如《关于实施高等学校创新能力提升计划的意见》《教育部高等教育司 2011 年工作要点》《教育部 财政部关于“十二五”期间实施“高等学校本科教学质量与教学改革工程”的意见》《普通高等学校学生心理健康教育工作基本建设标准》《教育部人才工作协调小组 2012 年工作要点》《教育部卫生部关于实施卓越医生教育培养计划的意见》《教育部关于全面提高高等教育质量的若干意见》《高等教育专题规划》《教育部 国家发展改革委 财政部关于深化研究生教育改革的意见》《教育部关于进一步深化高校自主选拔录取改革试点工作的指导意见》《教育部办公厅国家中医药管理局办公室开展卓越医生（中医）教育培养计划改革试点申报工作》《教育部办公厅关于开展 2014 年国家级实验教学示范中心建设工作》等。2015 年 5 月 4 日国务院办公厅印发《国务院办公厅关于深化高等学校创新创业教育改革的实施意见》，提出了高校创新创业教育的主要任务和主要措施。上述创新人才教育政策，一是表明我国政府高度重视创新人才培养；二是对创新人才提出了明确的要求，即创新人才要具有创新意识、创新精神、创新思维、创新知识、创新能力和创新人格；三是确立了创新人才培养的抓手和重点，即选择专业性较强的学科逐个推进，并注重营造创新人才培养的良好环境和改革创新人才培养模式。但现有创新人才教育政策还存在诸多问题，突出表现在两个方面：第一，现有创新人才教育政策仅针对高等教育领域，并且仅在医学、法学等领域制定了比较具体的创新人才培养与扶持计划，并未涉及基础教育阶段和职业教育阶段，总体上体现的是直接价值、现实价值和显性价值。创新人才培养不是在某一特定教育阶段就能够完成， 也并非一朝一夕，需要通过具有连贯性和系统性的教育才能实现。创新人才教育政策范围应从高等教育领域逐步拓展到整个教育阶段和所有教育领域，尤其是基础教育，要持续地、充分地激发学生的创新潜能，让学生从小就具有创新的意识、精神、思维和人格。第二，现有创新人才教育政策还缺乏创新人才评价的通用标准和专业标准，创新人才培养体制机制还缺乏具体的、可操作性的规范。我国人文社会科学领域的核心问题是如何切实保障学术自由。学术自由的宗旨是保护批判思维和批判理性，对尝试错误采取宽容态度，允许多样性和差异性。比较而言，创新人才的个性更加独立、心灵更加自由、好奇心更加强烈、观察力更加敏锐、思维更加独特、意志更加顽强、批判精神与超越欲望更加强烈。为此，我国创新人才教育政策一定要重视相关政策的间接价值、理想价值和隐性价值，防止各种各样的规范性文件和政策把学术自由的内涵抽空。

（五）教育国际化政策

随着经济全球化的发展，教育国际化日益成为教育改革和发展的热点话题。《国家中长期教育改革和发展规划纲要（2010—2020 年）》明确指出要提高我国教育国际化水平，适应国家经济社会对外开放的要求，培养大批具有国际视野、通晓国际规则、能够参与国际事务和国际竞争的国际化人才。国际化人才就是具有国际化意识、具有国际一流知识结构，而且视野和能力达到国际化水准，在全球化竞争中善于把握机遇和争取主动的高层次人才。国际化人才的产生不仅是高等教育的责任，基础教育国际化的奠基作用不可忽视。教育国际化如此急迫，关键还在于我国经济社会的快速发展与优质教育的相对滞后。其中，基础教育阶段的理念、方法和内容不能适应国际化需求，这成为制约国际化人才培养的瓶颈。教育国际化不是西方化或欧洲化，而是当前国际教育发展的潮流。其实，欧美等教育发达国家也在提倡教育国际化。如英国学校很重视学生的多元化，会让来自不同国家的学生在多元文化的氛围中扩大国际视野，学会理解包容，树立全球意识。为此，英国一些学校特别注意吸纳亚非裔学生，专门留出一定的留学名额给他们，还开设多个国家的语言课。除此之外，学校还尽可能聘用来自不同地区、不同种族的教师，以提高国际化程度。目前我国教育国际化政策大多还停留在中外合作办学、办国际班、组织国外游学等拓展和丰富教学资源的浅显层面，凸显的是政策的显性价值，忽视了政策的隐性价值。教育国际化政策最根本的是教育理念的国际化。教育理念是否体现育人的国际意识和视野，是否体现以人为本、民主、平等、理解、尊重等国际精神，才是衡量一所学校是否真正走教育国际化道路的标志。

（六）“管办评分离”政策

目前我国教育管理体制中政府、学校和社会的定位模糊不清，政府既是办学主体，也是管理主体，同时还是评价主体，集学校教育的管理权（包括立法权、监管权、各类项目批准权、政策法律解释权等）、经营权（包括执法权、办学权、校产经营权等）和评价权（包括监督权、制定标准权、奖惩权等）于一身，决策行为、执行行为、监督行为混同一体。其结果是，国家几乎把控了办学的全过程和全领域，限制了各级各类学校和社会办学力量的积极性、创造力甚至责任心，部分政府及其主管部门的不合理作为、教育管理体制的局限性已逐渐成为教育领域改革和发展的障碍。《国家中长期教育改革和发展规划纲要（2010—2020年）》明确提出要"推进政校分开、管办分离"，"建设依法办学、自主管理、民主监督、社会参与的现代学校制度，构建政府、学校、社会之间新型关系"，"鼓励专门机构和社会中介机构对高校学科、专业、课程等水平和质量进行评估"[①]。2012年我国成立国务院教育督导委员会，审议通过了《教育督导条例（草案）》，在法律法规、体制机制方面取得重要突破，为深入推进教育管理体制改革奠定了坚实基础。但其中没有完全在政府行政管理职能与督导评价工作的归属问题、督导评价机构职责、政府购买第三方服务流程等方面为管办评分离做好顶层设计。党的十八届三中全会通过的《中共中央关于全面深化改革若干重大问题的决定》首次提出了"管办评分离"的概念，要求"深入推进管办评分离，扩大省级政府教育统筹权和学校办学自主权，完善学校内部治理结构。强化国家教育督导，委托社会组织开展教育评价监测"[②]。2014年国家接连推出三项重要政策举措：一是教育部取消"国家重点学科行政审批"，开展了重点学科评审改革试水；二是国务院教育督导委员会出台《深化教育督导改革转变教育管理方式的意见》，提出了深化教育督导改革的总体思路和工作目标，明确了深化教育督导改革的主要任务，强调要加强组织领导、教育督导机构建设、督学队伍建设和经费保障；三是国务院颁布了《国务院关于深化考试招生制度改革的实施意见》。但其中对督导评估的对象、机构尚未有明确的法律条文，对社会评价教育的内容、渠道、属性尚不明确。2015年教育部颁布了《教育部关于深入推进教育管办评分离促进政府职能转变的若干意见》，再度强调推进依法评价，建立科学、规范、公正的教育评价制度。在此期间，各地结合实际积极开展教育督导体制机制改革试点工作，如潍坊坊子区简政放权探索、上海市浦东新区公共教育服务"管办评联动"机制探索等[③]，但仍存在评价主体不明确、政府管理与评价职能边界不清、国家督导机构自身缺乏执行力、社会评价机构质量与数量有待提升等一系列问题。管办评分离政策涉及的主体有政府相关部门、学校和社会，其实质是三种主体利益

① 国家中长期教育改革和发展规划纲要工作小组办公室. 国家中长期教育改革和发展规划纲要（2010—2020年.教育部网站. http://old.moe.gov.cn/publicfiles/business/htmlfiles/moe/info_list/201407/xxgk_171904.html[2016-09-16].

② 中国共产党第十八届中央委员会. 中共中央关于全面深化改革若干重大问题的决定. 中华人民共和国中央政府网. http://www.gov.cn/jrzg/2013-11/15/content_2528179.htm[2016-09-16].

③ 刘利民. 新形势下我国基础教育管办评分离思考. 中国教育学刊，2015，（3）：1-6.

的表达与整合。管办评分离政策的显性价值在于形成政府、高校、社会三个主体相互制约、和谐共生的治理体系，其隐性价值在于政府能切实将权力下放给学校，使学校能够真正自主办学的主体。但现有政策在政府权力清单、学校自主发展和自我约束的运行机制、第三方评价机构资格认证等方面尚无明确而具体的规定，没有充分认识和体现该政策的隐性价值。

三、对策建议

教育政策的价值应当是一种整体性体现，即教育政策价值主体通过教育政策实践活动，关照所有主体的需要，使教育政策价值全面而完善地体现出来。教育政策价值满足所有主体的需要，起到良好的利益表达与整合作用，达成利益的集中和分配方案。具体来说，第一，提升教育政策的内在价值，做到外在价值与内在价值的统一；第二，重视教育政策应然价值，做到实然价值与应然价值的统一；第三，重视教育政策的隐性价值，做到显性价值与隐性价值的统一。

第八章　教育政策未来的前瞻性研究

《中华人民共和国国民经济和社会发展第十三个五年规划纲要》明确提出了有关教育发展的总体战略，即“推进教育现代化”。这就要求，到 2020 年中国的教育现代化要取得重要进展，教育总体发展水平要迈入发达国家行列，为全面建成小康社会作出重大贡献。未来的 2030 年，更是我国“两个一百年”奋斗目标的关键阶段。毋庸置疑，教育对于全面建成小康社会，以及中华民族的伟大复兴而言，都具有重要的战略地位。

第一节　教育政策内容的未来展望

在教育政策的前瞻性视野中，我们可以看到中国教育的大脑已经呼吸到了最清新的思想，感应到了富有激情的召唤，但教育的身体仍沉溺在“应试教育”的泥潭中难以自拔，学校在整体上还处于 20 世纪之前以传授知识为主的“教育工厂”的状态，摧残学生想象力、创造力的“应试教育”野蛮而猖獗。[①]无疑，中国的教育改革正在艰难前行，转变应试教育，需要国家政府对教育改革进行顶层设计，需要认识教育变革的新机制。今天，我们越来越清楚地认识到，源于教育内部自下而上的、基层的、民间的教育生长会形成越来越多的真正动力，这应当就是中国教育政策未来到 2030 年的发展新动向与新特征。

① 杨东平. 遥望 2030 年的中国教育. http://blog.sina.com.cn/s/blog_492471c80102v85q.html[2016-11-21].

一、横向教育政策内容的未来展望

横向教育政策内容的展望分析，主要是指整体性、全局性的教育政策，它相对来说内容丰富、视野宏观，更具有政策的战略性特征。

（一）中国未来的教育政策是激发教育创新的政策

中国未来的教育不是循规蹈矩的教育，定是充满新意、开拓创新的教育。有人预测，有两件大事将深刻影响中国未来的命运，一是能不能通过创新驱动实现经济发展的转型升级；二是能不能实现融合了工业化和信息化的新型城镇化。而创新驱动，再一次呼唤创新人才的培养。①2030 年，国与国之间激烈的竞争将越来越集中体现于人才的竞争，人才的竞争将越来越集中体现于创新人才的竞争，实施创新人才培养将成为一项国家战略。

1. 继续支撑创新驱动，提高人力资本水平，培养具有国际竞争力的高质量人才

首先，进一步实施和完善《创新人才培养实施方案》。教育创新的目的是使学生在生理、心理、思想、智力等方面得到健康、愉快的发展，要保障教育创新是以学生的自主发展为本，要保障教育创新能够使学生的个性充分得到展示，要保障教育创新能够平等地对待每一个学生。其次，到 2030 年，我们要形成创新型教师的培养模式。未来的教育政策要使教师具有进行创新实践的动力，有设计创新行动方案的能力，培养教师的改革意识、开拓精神和开创意识。教师的教育创新要立于独创基础之上，创造出富有自己独特个性的，又适合学生实际的教育教学内容、形式、手段、方法，使学生的个性能得到充分的体现和发挥，让学生在一种创造的氛围中求知、求学、求进取、求创造，教师的教育创新还要有敢于抛弃已往固有模式的求新精神，我们的教师应当使学生敢于发问，培养学生思维的灵活性，能从根本上推动我国中小学教育的改革，促进教育的发展。最后，未来的 15 年，应进一步加强拔尖创新人才的培养，培养适合 2030 年社会发展需要的高素质、有能力、有思想的人才。

---

① 刘彭芝. 创办具有中国特色的未来教育. 中国教育报，2014-03-28（7）.

2. 建立与社会主义现代化建设要求相适应的教育创新体系

通过创新学校人才培养体系，将道德、科学创新和国际意识贯穿教育体系，为在校学生提供通识教育。到 2030 年，形成适应国家和社会发展的教育思想，通过深化改革，不断健全和完善与社会主义现代化建设要求相适应的教育创新体制。通过教育创新推进素质教育，提高教育质量，形成完善的教学创新内容，不断改进教学创新方法手段，落地创新人才培养模式，建立符合受教育者全面发展规律、能激发受教育者创造性的新型教育教学模式，形成相互激励、教学相长的师生关系，努力创造有利于创新人才成长的良好教育环境和社会环境，使每一个受教育者都能充分发挥自身潜能，激发学习成长的主动性，最终实现全面发展。

（二）中国未来的教育政策是促进教育公平的政策

在全球经济迅猛发展，信息化大力前进的环境下，未来的教育政策要促进教育的相对公平，避免信息鸿沟，阻断教育贫困代际传递。

1. 保障到 2030 年可以使每个人的受教育权利相对公平

到 2030 年，消除教育上的性别差异，确保残疾人和弱势儿童等弱势群体享有平等接受各层次教育和职业培训的机会。未来的教育政策会切实致力于“消除在入学、参与和学习成果中任何形式的排斥、边缘化、不一致和不平等”，通过重点关注最弱势群体的入学机会、性别平等和教育质量等问题，真正建立起服务于包容全纳与平等优质教育的政策环境和学生友好型的学校与学习环境，以满足所有人基本和多样化的学习需求。2030 年要更加注重运用法治思维和法治方式来推进涉及教育公平的各项改革，不仅不让任何人掉队，而且要制度化地保障每个人都有机会获得成功。未来的教育政策、部门计划和预算一定是反歧视的，确保教育公平的，还要为弱势及被排斥的群体开发有针对性的紧急策略。未来的教育政策一定是可以保障提高女童和妇女接受素质教育机会的，提高她们的参与度的。

2. 保障到 2030 年可以使每个地区的教育资源相对公平

到 2030 年，缩小教育差距，公共教育投入要进一步加大向中西部和边远、贫困地区倾斜，进一步完善统一城乡义务教育经费保障机制和改善薄弱学校和寄宿制学校办学条件等制度。消除城乡、区域、学校之间的差距，促进教育均衡、协调发展，推进基本公共教育服务均等化。还要明确落实提高乡村教师待遇政策，既包括全面实施《乡村教师支持计划（2015—2020 年）》、落实连片特困地区乡村教师生活补助政策，也包括继续实施特岗计划、推动城镇优秀校长教师向乡村学校流动、落实城乡统一的中小学教职工编制标准等。到 2030 年，希望看到中等职业教育免除学杂费，对于贫困家庭的学生免除普通高中学杂费，继续坚持在免费教育方面作出的进步，扩大重点高校面向贫困地区农村招生规模，要继续坚持阻断贫困代际传递，进一步“落实和完善农民工随迁子女在当地就学和升学考试政策”，这是适应新型城镇化进程、促进教育公平的重要任务。到 2030 年，不再让择校成为热门话题，可以使优质的教育资源得到合理的配置。在国家经济迅速发展的今天，对教育的更多投入是实现优质教育资源公平分配刻不容缓的重要手段。政府进行宏观的政策导向，对教育资源的投入进行重新分配，可以在考察各个学校之后，撤出一些对名校的支持，转而将政策倾斜到一些原本普通但有发展潜力的学校上，促进它们成为优质教育资源，以扩大优质教育资源的范围和数量，让更多人有机会享用优质教育资源。到 2030 年，要建立一个完善有力的社会监督体系。这一体系包括社区和用人单位，他们在作为监督者的同时，也作为合作者，能与学校一起扩大和丰富优质的教育资源。另外，要加大教育信息化，扩大优质教育资源覆盖面。

（三）中国未来的教育政策是迈向教育现代化的政策

到 2030 年，教育理念得到真正转变、教育治理得到实质加强、教育条件得到根本落实、教育公平得到切实体现、教育质量得到有效保障、教育水平得到整体提升，全国初步建成能为每个人提供包容全纳、公平优质学校教育及终生学习机会的教育体系，更加关注教育治理体系和治理能力的现代化。

1. 管办评分离改革，与现代学校制度的建立紧密结合，明确学校独立法人的权利地位

要根据现代教育分工，加快推进管办评分离，落实政府宏观管理教育、学校依法自主办学和社会多元参与的具体目标和各方责任。教育管办评分离改革，其实质就是在“去教育行政化”，增强学校办学自主权与办学活力。只有真正落实学校的独立法人地位，才能实质性地构建现代学校制度。因此，管办评分离改革，应当与现代学校制度的建立紧密结合，明确学校独立法人的权利地位，在此基础上，进一步加强政府的监管职能与社会评价体系建设。未来的教育政策可以

直接明确各级教育行政部门的权利清单内容，做到“权由法定，依法行政”，避免各地教育部门相互观望、层层推诿，打通教育管办评分离的“最后一公里”。未来的教育政策可以进一步明确现代学校制度的基本内涵与特征，以提升学校法人治理能力，明确赋予办学自主权的内容与方式。与此同时，扩大学校自主权与政府监督及社会评价相结合，避免个别领导权力的膨胀，还可以考虑进一步明确第三方评价机构的资质条件与认证方式、评价规范、结果发布等操作规程。另外，未来的教育政策可以最大程度地保护学校的权利。

2. 重视学校章程建设及学校内部治理体系和质量保障机制的建设

在继续推进简政放权和实施“三张清单”管理的同时，要切实重视学校章程建设及学校内部治理体系和质量保障机制的建设，为现代学校制度的完善创造良好的制度环境，为培育安全、健康的养育式学校氛围和促进学生全面且有个性的发展提供政策保障，真正落实学校的办学自主权和质量主体责任及地位。

（四）中国未来的教育政策是实现教育信息化的政策

教育信息化正步入从点到面整体推进的发展阶段，对中国未来的教育将有重大的影响。在信息化建设中，人们的生活方式已经发生了巨大的变化，面向 2030 年，教育信息化将影响学与教的方式，并将重构教育服务产业。

1. 到 2030 年要解决信息化与教育教学“两张皮”的现象

推进教育信息化的积极性，加大提高教育信息化的力度。要重视高科技的发展，在未来的十五年让中国大部分的课堂都有宽带，让学生和教师能够享受到高质量的数字教学内容，并把教育技术从教育领域提升到国家战略层面。要更加关注如何运用技术来改善学习，强调教育技术领导力的作用，鼓励培养学生终身学习能力，促进学生非认知能力的提升，通过技术创建全方位的教与学的环境，让学习随时发生，让学生随时拥有正式或非正式的学习环境；创建多样化、人性化、个性化的评估体系；利用技术进行潜力开发，对教育效果进行多维度评价，确保教育者拥有全面的技术支持，可以随时随地与数据、资源、专业知识连接。

2. 建立有效和全纳管理的教育信息化制度

政府应该加强教育体系建设，建立和改善适当的、有效的和全纳的管理和问责机制；建立教育管理信息系统和透明有效的融资程序和机制；进行制度化管理，确保及时可用的数据资源，创新和信息通信技术必须融入教育体系和知识传播的过程。到 2030 年完成教育信息化基础设施的建设，避免小而乱的信息化平台建设，推动信息化国际标准体系建立，拥有完善的学习资源、学习环境及教育管理等信息的标准建设，形成统一协调的教育信息化管理机构。

（五）中国未来的教育政策是形成教育国际化的政策

随着信息革命与经济全球化的发展，特别是我国“一带一路”倡议的推进，教育国际合作日益广泛与密切。事实上，教育国际化发展水平，既是世界经济一体化的发展需要，同时也是彰显一个国家国际形象与国际地位的重要内容。未来的教育国际化发展不再是单方面的吸取借鉴，更是全方位的国际参与。提升一国教育的国际化水平，一方面要培养本国人口的国际教育交流与事务参与能力；另一方面也要着力打造本国文化的国际影响与辐射力，增强国际认同与国际地位。从这种意义上看，教育国际化既是一种教育战略，更是整个国家国际化战略的重要组成部分。

面向 2030 年，从教育政策上要完善教育机构的国际合作办学。中国可以和更多的国际大学合作建设一流大学，进一步突破体制性障碍，依靠法律来完善国际合作办学。面向 2030 年，从教育政策上要平衡国际留学生，充分发挥留学生的作用。一方面要努力发展留学生教育事业，使其留在中国，发挥所长；另一方面要从政策上，鼓励留学人员归国，为祖国作出更大的贡献。面向 2030 年，从教育政策上要加强教育水平的国际认同。进一步提升国家教育水平的国际化，包括教育学历资格证书的国际认同，也包括教育内容的国际接轨；打造全球教育高地，既拥有本国的教育国际水平，又拥有强大的参与国际教育事务的治理能力及相应的教育话语权。

（六）中国未来的教育政策是保障教育终身化的政策

中国未来的教育是终身化的教育，到 2030 年所有人都能接受公共经费支持的 12 年有质量的初等和中等学校教育；所有人都能平等获得教育和学习的机会，特别是因为性别、贫困、灾难、地理位置、种族、语言或残疾等因素造成的弱势群体；所有人都可以拥有有效而具有适切性的学习成果，至少包括能够支持终身学习的基础读写和计算能力。还要建立从幼儿到老年的终身教育体系，提升我国全民素质，构建学习型社会。到 2030 年，我国应发展政策和项目来促进可持续发展教育（Education of Sustainable Development，ESD）和全球公民教育（Global Citizenship Education，GCE），并通过教育系统内的干预措施、教师培训、课程改革和教学法支持，使它们成为教育的主流；为所有年龄段的学习者提供能终身获得知识、技能和价值观的机会；创建并在国家内部和国家之间推广可持续发展教育和全球公民教育的良好实践，以便更好地实施教育项目，加强国际合作和理解；让学习者和教育者参与到社区和社会中来；确保教育承认文化在实现可持续发展中所起的关键作用。

1. 进一步实施《终身学习法》

通过《终身学习法》保障公民能不断地掌握与更新有关职业的知识和就业的技能，并使他们能够适应或引领社会、经济、政治及文化的不断发展，而最终达到促进国力不断增强的目的。要落实公民终身教育权，单纯的学校教育已经远远不能满足其生活和工作的实际需要，因而继续学习、终身学习已经成为谋求生存的手段，只有通过促进人的不断学习、终身学习，才能适应社会、科技和经济的不断变化。还要明确终身教育发展方针，完善不同类型学习成果的互认和衔接。

2. 建立全民终身学习活动周制度

到 2030 年，中国将拥有全民终身学习活动周制度，树立终身学习理念，拥有终身学习的协调机制，进一步完善终身教育“立交桥”的建设，全面实行学分银行制度，实现教育资源共享，打造“互联网+”教育学习模式。

二、纵向教育政策内容的未来展望

（一）未来的教育政策要保障学前教育的幸福和质量

中国未来的学前教育要拥有优质的幼儿教师队伍，在师生比、班额的达标率、学前教育入园率等方面都有所保障。这意味着到 2030 年，首先，我国的学前教育发展要有完善稳定的师资，要大力发展在职培训、课程建设等，以促进学前教育质量的提升。其次，在未来 15 年，我国各级政府的学前教育财政投入至少要占 5%～7%才能保证学前教育有质量的发展。最后，我国政府倡导的办园体制是“政府主导、社会参与、公民办并举”，这意味着社会力量在我国学前教育的未来发展中仍会发挥重要作用。未来 15 年有必要对学前教育开展分地区、有重点的规划，明确政府应该履责的边界，预留社会力量参与学前教育的可能空间，将办园体制的差异转化成学前教育多元发展的良性格局。

1. 到 2030 年全面落实普惠性幼儿园制度

各级政府要建立可获得、付得起、有基本质量的普惠性幼儿园制度。这种普惠性幼儿园主要从现有的公办幼儿园、民办幼儿园转变而来。这意味着政府要做好这两类幼儿园的规划设计与转轨安排。政府需要不断通过政策调控等手段，引导民办幼儿园变为普惠性幼儿园。对现有公办幼儿园而言，各级政府要进一步加大对辖区内集体办、部门办、企业办、街道办等幼儿园的扶持意识。

2. 面向 2030 年加大生均财政拨款和生均公用经费拨款制度

我国未来的学前教育财政投入制度应从“跟着编制走”转向“跟着儿童走”，即建立起生均财政拨款制度和生均公用经费拨款制度，确立“儿童本位的财政投入导向”。在生均财政拨款和生均公用经费拨款的制度设计上，遵循城乡有别和弱势补偿原则，即在西部地区、农村地区和贫困地区实行财政投入为主的成本分担机制，降低家长的成本分担比例，以实现学前教育在全国范围内的公平普及。

3. 面向 2030 年实现非编教师同工同酬制度

说到底，解决非编教师同工同酬问题的最佳办法便是取消编制，抹平在编教师与非在编教师之间的身份差异，通过以儿童为本的财政投入方式彻底实现同工同酬。这既是我国事业单位人事制度改革的方向，也是世界学前教育的共同发展方向。

4. 面向 2030 年实现过程导向的幼儿园质量评价制度

在我国现有通常以行政为主导的幼儿园办园质量评价系统中，结构性质量指标往往具有压倒性权重。结构性质量评估体系导致管理者的目光过多投向硬件，导致幼儿园教师在一定程度上忽视师幼互动过程的质量，忽视儿童在日常生活、游戏、教育教学中的需求与兴趣。建立过程导向的幼儿园质量评价制度，既有利于建立质量导向的学前教育财政投入机制，也可以在微观层面增强教师对儿童心理认知的敏感度，提高教师对幼儿回应与接纳的适宜性水平。

应落实整合的、全纳的政策及法律法规。保证至少一年有质量的免费学前教育，通过幼儿保育和教育，关注最贫困及最弱势的儿童；通过营养、健康、社会和儿童保护、卫生和教育等部门的合作协调，落实整合多部门的政策及战略；设计和实施全纳、可实施、整合的计划和服务，并建设儿童早期教育的优质基础设施，包括健康、营养、安全保护和教育需要，特别是对残疾儿童，倡导父母是儿童的第一照顾者。未来 15 年，随着我国经济的稳步发展，社会公众对学前教育的需求将会从关注数量，包括收费标准、入园远近、班级规模等，转移到关注教师队伍、课程品质、家园合作等质量上来。

（二）未来的教育政策要保障义务教育的公平和高水平

“教育 2030”的目标清晰地勾勒出全球教育的未来蓝图，鼓励各国努力加快发展。各国政府根据教育优先、国家发展战略及计划、制度能力和资源可利用性，将全球教育目标转化为可实现的国家目标。其中目标 1 提到，到 2030 年，确保所有青少年完成免费、公平及优质的小学和中学教育，并获得有效的学习成果。落实政策和法规，确保提供 12 年免费的、公共资助的、全纳的、公平的、有质量的初等和中等教育，其中至少包含 9 年义务教育，更加公平地在优势和弱势学校中分配资金，为处于小学及中学年龄段的失学儿童及青少年提供多样化的学习和教育方式；到 2030 年，我国的基础教育可以实现均衡发展，实现教育的民主化、公平化，也就是尊重每一个学生接受优质教育的权利。此外，还可以合理配置教育资源、全面提升教师整体素质，办好每一所学校，教好每一个学生，最终通过教育促进全社会每个人的全面发展。

1. 解决留守儿童保障问题

国家建立农村留守儿童社会保障制度，涵盖基本生活、照管、教育、医疗等领域。国家应以适度国家观为理念，以国民连带为基础，遵循需求原则，努力推进制度的法定化，完善机构设置，保障资金筹措，协调不同机构关系。适度的国家观是指国家是现代儿童社会保障制度的主要责任承担者，但却不是唯一的责任者，市场领域、社会领域的诸多主体也应发挥积极作用。国民连带的实质是以国家为中心的全民性连带，国民连带是国家联系全体国民的纽带，是国民意志上升为国家责任的通道。[①]因此，农村留守儿童社会保障制度中，国民连带的主导性

---

① 董溯战. 论农村留守儿童社会保障制度中的国家责任. 宁夏社会科学，2011，(6)：22.

为突出国家责任提供了有力保障。

2. 解决随迁子女入学问题

未来的教育政策应保证随迁子女享有公平的入学机会，保证随迁子女的就学率，包括：推进制订居住证为主要依据的随迁子女义务教育就学政策，对随迁子女做好义务教育免试就近入学的工作；深化城乡统一的义务教育经费保障机制，落实并完善进随迁子女在当地升学考试政策。从长远看，需要在国家层面改革高考计划招生体制，打破集中录取的制度，建立分类考试、综合评价、多元录取的考试招生制度，实现招考分离。一方面，逐步推行按地区考生人数投放高考招生计划，从源头上实现公平、公正。另一方面，把高考现在的选拔功能转变为评价功能，适当增加高校自主考试招生的权力，使高校能够更合理地选拔符合需要的人才，使考生能有更多符合自己个性化发展的考试录取机会、途径和方式。其次，推行中考与高考成绩的省际认证制度，对考试成绩进行标准化处理以实现不同省市间考生成绩的可比性，保障跨省流动的随迁子女能够在异地参加中考与高考。

3. 推进中小学核心素养课程

学科课程标准要体现学生核心素养的培养内容、路径与方法。为此，基于目前的学科课程标准的现实状况，要跟进基于核心素养的学业标准研究。第一，要选择与确定落实到学科层面的学生发展核心素养的关键要点；第二，要结合课程的特色，深入细化与丰富学科层面的核心素养要点内涵，即遵循从学生发展核心素养基本内涵—学生发展核心素养主要表现—学生发展核心素养学科要点与内涵这样一个脉络，层层细化，将学生发展核心素养落实到学科；第三，将核心素养学科要点与学科学习领域建立联系，研制基于核心素养的学业标准。在课程实施方面，以基于核心素养的学业质量标准改善课堂教师教与学生学。引导教师由单纯关注学科知识教学、考试教学转向全面关注学科能力教学、学生发展素养教学，要鼓励教师改革教学方式，特别要探索跨学科学习、情境学习，从而真正实现课程从学科本位发展为育人本位，落实学生发展核心素养。

（三）未来的教育政策要保障高中阶段教育的普及和多样化

中国未来的高中阶段教育应以“世界一流”为办学目标和人才培养为根本目

标，在学生培养、教师管理、国际化战略、联盟建设、质量评价等方面积极改革，形成以提升教育质量为核心的多样化教育。

1. 进一步实现高考招生考试多元化录取机制

当前我国的高考招生制度仍然以国家统一考试为主，以考察学生的知识掌握程度为录取标准。在总结当前高校自主招生制度实施经验的基础上，到 2030 年要进一步探索其他形式的高考招生录取方式，在公平、公正的基础上，力求做到综合考核人才，最终达到人尽其才的目标。

2. 加强课程教材体系建设

中国未来的教育政策应围绕多样化人才培养需求，构建内容丰富、形式多样、开放共享的课程教材体系；创新教育教学方法。倡导启发式、探究式、讨论式、参与式教学，鼓励研究性教学；加强理论与实践融合，推行基于问题、基于项目、基于案例的教学方法和学习方法；加强综合性实践科目的设计和应用，支持学生开展研究性学习、创新性实验；建立能力和素质等多方面结合的学生学业成绩综合评价体系，探索创新型、应用型、复合型、技能型人才培养的不同类型和层次要求的评价方式，突出学习、实践、科研、创新等多方面素质和能力的考评，使形成性评价和终结性评价相结合。

3. 提升教师教学水平

中国未来的教育政策应完善教师培训和进修管理制度，有计划地开展教学培训、教学咨询等，满足教师个性化发展需求，提升教师专业水平和教学能力；完善教师分类管理和分类评价办法，按照不同类型教师的岗位职责和任职条件，制定聘用、考核、晋升、奖惩办法。

4. 推进优质教学资源共建共享，实现普及多样化

中国未来的教育政策应加快信息技术与教学的融合；推进学校数字校园建设，全面实现教学、管理、服务和文化建设的网络化、信息化和数字化，充分利用信息技术加速实现各种优质教育资源的集成共享；构建学校联动发展平台；依托区域学校教学联盟、教学联合体、整合区域性或同类型高等学校相关教学资源，探索优质教育资源共建共享机制。

（四）未来的教育政策要保障高等教育的创新和国际化

从高等教育大国走向高等教育强国是我国当前乃至今后很长一段时期的历史使命，为了完成这一重大历史使命，十八大以来政府出台了一系列政策，以推动高等教育的快速发展。面向 2030 年，我国高等教育应大力培养高层次创新人才、深化高校创新创业改革，使高等教育走向国际化。通过政策引领，使高校培养出大批高水平创新人才，形成有利于自主创新的体制机制，大力推进理论创新、制度创新、科技创新，不断巩固和发展中国特色的社会主义伟大事业。另外，国际化是大学服务国家战略的使命要求，国际教育、人文和学术交流是国家公共外交的重要手段，是我国面向全球传播中国声音、汇聚中国精神、宣传中国道路、凝聚中国力量的重要战略举措，国际化是衡量大学办学水平的重要指标，是世界一流大学的基本特征，世界一流大学在服务本国、面向世界方面有着强烈的使命感。

1. 未来的教育政策要赋予高校选择的自主权，充分释放自身分类发展的活力

到 2030 年，我国要继续深化高校综合改革，破除各种体制机制束缚，释放高校分类发展活力。到 2030 年，我国要建立以高校科学分类为前提，以政府分类指导、分类管理为根本举措，以各类高校自主发展、特色发展、可持续发展为目标的政策体系。制定分类发展政策既是高校健康发展的需要，也是建设“双一流”大学和高等教育强国的需要。我国高校的分类发展需要充分发挥政府的引导作用，颁布相应政策、落实有关责任、创新管理机制。高校分类发展需要在正视地区差异的基础上，发挥地方政府在资源调动、制度创新等方面的作用，创新高校管理机制，推动高校分类发展。在高校管理发展的基础上，未来还将推进高校分类评估，引导高校分类发展。首先，制定多样化的指标体系，既要反映高校的共性又要反映不同类型高校的个性。不同类型的高校可以设置大体相同的一级指标体系，同一类型的高校要设置相同的二级指标体系，反映高校的共性。其次，强化使命与特色，确立分类评估的关键标准。每一种类型与层次的高校在不同的发展阶段其使命、目标与追求是不同的，其确立的标杆也各异，学术型与应用型两大类型高校分别有其共同的关键标准。重学术型人才培养、重原创、国际化等是学术型高校的典型特征，学术型人才培养水平、原创性成果、国际化水平与国际竞争力、服务国家或区域创新战略的水平是其关键标准；重应用型人才培养，

重应用，地方性或行业性是应用型高校的基本特征，应用型人才培养水平、应用研发成果及其转化、服务地方或行业水平是其关键标准。再次，考量投入和产出，综合评估高校办学绩效。考核内容既考量投入和产出总量，也考量其生均投入与人均产出。在设计指标体系时，区分竞争性资源与非竞争性资源，将财政拨款、学费收入等非竞争性资源作为投入因素，而将科研经费、经营性收入等看作竞争性资源，把它们界定为学校的产出。最后，实现将现实评估与发展评估相结合。评估时既要考虑现实的综合实力和办学水平，与同类型、同层次高校作横向比较；又要考虑发展历史和基础水平，评估周期内的提升幅度和发展增量及未来发展态势，与自身作纵向比较，将水平与努力、实力与进步、履职与特色等综合起来进行评估。

2. 完善探索多样化创新人才培养模式

首先，健全协同培养机制。以提高实践创新能力为重点，推动学校、政府、行业企业、科研院所多方联手，共同制订培养目标、共同建设课程体系和教学内容、共同实施培养过程、共同评价培养质量、共同促进学生就业创业。建设一批创新人才培养基地和青年英才培养基地，探索拔尖创新人才培养模式。其次，构建寓研于教的培养模式。把科研成果对人才培养的贡献度作为科研工作评价的重要因素之一，努力把科研优势转化为教学优势，把科研成果转化为教学资源，促进科研与教学的融合，促进科研团队与教学团队的融合，促进科研基地与教学基地的融合，重点实验室、研究基地等向本专科学生开放。支持本专科学生参与科研活动，让学生早进课题、早进团队、早进实验室，在科学研究和工程、社会实践中培养人才。最后，重视培养国际化人才。加强国际交流与合作，办好一批示范性中外合作办学项目，借鉴国际先进的教育思想理念和教育经验，引进国外优质的教育教学资源，着力培养一大批具有国际视野、通晓国际规则、能够参与国际事务和国际竞争的国际化人才。

3. 扩大研究生招生规模

与发达国家相比，我国的研究生与本科生的比例还处于较低水平，研究生是高层次创新人才的生力军，是初级科研人员的重要组成部分，因此，面向 2030 年，继续扩大硕士和博士的招生规模必将成为高校创新人才培养的首要环节。我国在研究生入学考试制度方面，主要以考察研究能力为主，以知识考察为辅。尤其是在博士生入学考试制度的改革中，全面实施免试推荐制度，同时，提高免试推荐的条件，使那些具备较强科研能力的社会考生得到进一步学习深造的机会。

同时，制定相关制度规范考核程序，避免参与免试考核的专家学者利用学术权力进行寻租和学术腐败。

4. 加快高等教育国际化进程

当今的国际形势有一个突出的特点，即多极化趋势。无论是在全球范围还是在地区范围，无论是政治领域还是经济领域，多极化趋势都在加速发展，而且这种趋势已成为不可阻挡的历史潮流。人类正步入一个以和平、发展为主题的相对平稳时期，世界各国政治、文化、科技、教育等领域的交流与合作日益加强。到2030年，我国的教育政策要树立全球视野，加强国家战略的顶层设计，要把教育国际化特别是高等教育国际化纳入国家发展战略，有针对性地进行整体布局。另外，赋予高等教育国际化优化的法治环境。一方面，要加快法律制度建设；另一方面，明确政府与大学之间权利义务的边界，确立政府"权力清单"，同时提高教育开放层次和水平。

（五）未来的教育政策要保障职业教育的技能性和适应性

面向2030年，我国的职业教育将通过融合中等职业院校、高等职业院校和应用型本科院校，形成现代职业教育体系，未来的教育政策应进一步推进校企合作、产教融合，提高应用型人才的培养质量，扩大和落实职业学校办学自主权，进一步解决职业教育校企融合难、职业教育产教结合、中高职衔接等问题。到2030年，将全面增加拥有相关技能的人员数量，使学生具有就业、获得体面工作及创业的职业技术技能。

1. 进一步培养探索技术技能型人才，建立现代职业教育体系

发挥高等职业教育对中等职业教育的引领作用，开展中职与高职分段培养、高职与本科分段培养、高职与应用型本科联合培养的教育模式，通过学制衔接、课程衔接、招生考试制度改革等多种途径，贯通技能型人才成长立交桥，依托各类职教集团、行业协会开发制定中高职衔接的专业标准和课程标准，探索构建中等职业学校—高等职业学校—应用型本科分工协作、有机衔接的现代职业教育体系。

2. 进一步以就业为导向，加快专业改革与建设

面向2030年，各级教育行政部门可以通过信息技术手段及时发布各专业人

才培养规模变化、就业状况和供求情况，调控与优化专业结构布局，职业院校可以及时跟踪市场需求的变化，主动适应区域、行业经济和社会发展的需要，根据学校的办学条件，有针对性地调整和设置专业，建立以重点专业为龙头、相关专业为支撑的专业群，辐射服务面向的区域、行业、企业和农村，增强学生的就业能力。地方和学校共同努力，形成国家、地方、学校三级重点专业建设体系，推动专业建设与发展。发挥行业企业和专业教学指导委员会的作用，加强专业教学标准建设。逐步构建专业认证体系，与劳动、人事及相关行业部门密切合作，使有条件的职业院校都建立职业技能鉴定机构，开展职业技能鉴定工作。

3. 继续推进产学结合，落实实践能力培养

要积极推行与生产劳动和社会实践相结合的学习模式，把工学结合作为高等职业教育人才培养模式改革的重要切入点，带动专业调整与建设，引导课程设置、教学内容和教学方法改革。要重视学生校内学习与实际工作的一致性，校内成绩考核与企业实践考核相结合，探索课堂与实习地点的一体化；积极推行订单培养，探索工学交替、任务驱动、项目导向、顶岗实习等有利于增强学生能力的教学模式；引导建立企业接收高等职业院校学生实习的制度，加强学生的生产实习和社会实践，高等职业院校要保证在校生至少有半年时间到企业等用人单位顶岗实习。

4. 实现“双师型”教师队伍

职业院校教师队伍建设要适应人才培养模式改革的需要，按照开放性和职业性的内在要求，根据国家人事分配制度改革的总体部署，改革人事分配和管理制度。面向 2030 年，要增加专业教师中具有企业工作经历的教师比例，安排专业教师到企业顶岗实践，积累实际工作经历，提高实践教学能力。同时要大量聘请行业企业的专业人才和能工巧匠到学校担任兼职教师，逐步加大兼职教师的比例，逐步形成实践技能课程主要由具有相应高技能水平的兼职教师讲授的机制。另外，重视教师的职业道德、工作学习经历和科技开发服务能力，引导教师为企业和社区服务。最后，逐步建立“双师型”教师资格认证体系，研究制定职业院校教师任职标准和准入制度，重视中青年教师的培养和教师的继续教育，提高教师的综合素质与教学能力。

5. 进一步加强教学评估，完善教学质量保障体系

面向 2030 年，职业院校要更加强化质量意识，尤其要进一步加强质量管理

体系建设，重视过程监控，吸收用人单位参与教学质量评价，完善以学校为核心、教育行政部门引导、社会参与的教学质量保障体系。在评估过程中，要将毕业生就业率与就业质量、“双证书”获取率与获取质量、职业素质养成、生产性实训基地建设、顶岗实习落实情况及专兼结合专业教学团队建设等方面作为重要考核指标。

（六）未来的教育政策要保障民办教育的活力和公益性

2016 年 11 月 7 日，第十二届全国人民代表大会常务委员会第二十四次会议审议通过了《关于修改〈中华人民共和国民办教育促进法〉的决定》，该决定为深化教育领域综合改革、促进民办教育健康发展提供了法律保障，是民办教育改革发展的新的里程碑。在未来的时间里，国家层面应继续鼓励社会力量兴办教育，推动地方政府因地制宜地研究制定具体办法，保证修改决定确定的原则和要求在实施层面尽快予以落实。

1. 面向 2030 年，民办教育要确立分类管理的法律依据

未来的教育政策，应明确实行非营利性和营利性民办学校分类管理，允许举办实施学前教育、高中阶段教育、高等教育及非学历教育的营利性民办学校。实施分类管理，破解民办教育发展瓶颈，使民办学校的法人属性、产权归属等方面存在的问题和矛盾，在法律层面得以澄清和解决；可以按照民办学校的法人属性，分类落实财政、税收、土地等方面的扶持政策，有利于拓展民办教育发展空间。非营利性民办学校可以获得政府更多扶持，提高办学质量，培育一批高水平的民办学校；营利性民办学校可以利用市场机制，创新教育产品，增加教育供给。

2. 进一步保障举办者权益

未来的教育政策可以规定民办教育的举办者可以自主选择设立非营利性或者营利性民办学校，根据学校章程规定的权限和程序参与学校的办学和管理。

3. 进一步完善师生权益保障机制

未来的教育政策可以提出民办学校应当依法保障教职工的工资、福利待遇和其他合法权益，并为教职工缴纳社会保险，鼓励民办学校按照国家规定为教职工

办理补充养老保险。县级以上各级人民政府可以采取助学贷款、奖学金、助学金等措施保障民办学校学生的权益。

4. 进一步完善国家扶持政策

未来的教育政策要强调民办学校与公办学校具有同等的法律地位，规定非营利性和营利性民办学校在财政、税收优惠、用地、收费等方面的差别化扶持政策，明确国家鼓励方向，实现民办公办平等地位。

5. 进一步健全民办学校治理机制

未来的教育政策应规定民办学校必须设立理事会、董事会或者其他形式的决策机构并建立相应的监督机制。教育行政部门及有关部门建立民办学校信息公示和信用档案制度。

（七）未来的教育政策要保障特殊教育的投入和阳光性

发展特殊教育是推进教育公平、实现教育现代化的重要内容，是坚持以人为本理念、弘扬人道主义精神的重要举措，是保障和改善民生、构建社会主义和谐社会的重要任务。到 2030 年，我国特殊教育整体水平要大力提高，实现均衡发展。尤其是要提高农村残疾儿童少年义务教育的普及率，改善特殊教育学校办学条件，加大特殊教育教师和康复专业人员的数量并提高其专业水平，帮助残疾人全面发展和更好地融入社会，使广大残疾人共享改革发展成果，在全面建成小康社会和中国梦的进程中实现幸福人生。具体体现为：①为特殊教育提供切实的法律保障，保障需要特殊教育的儿童可以平等地进入公立学校包括特教学校与普通学校，保证需要特殊教育的儿童接受义务教育及高中阶段教育和高等教育的权利；②为特殊教育的师资培训进行系统的规定，明确各级师范院校及教育培养机构的各级学位教育、教师培训课程中应包含特殊教育课程模块；③提高对残疾儿童教育的财政投入，保障残疾儿童的教学资源及基础设施等，针对特殊儿童需要建立资源教室，对资源教室教师的数量与资格进行详细的规定；④对残疾儿童教育的教育安置形式、入学条件、学制、教材、教学内容与方法、课程调整、教学评估手段、升学、职业教育的形式等进行详细规定；⑤对残疾儿童离校后的生活，即学校与相关就业指导、康复、福利部门的衔接进行规定。

第二节　教育政策过程的未来展望

未来教育政策过程的制定，总体上应体现出社会的民主性与技术的现代化。在不同的过程环节，它们都会有不同的时代特征与民族色彩，这可以通过教育政策的制定过程、执行过程与评价过程等几个方面加以探讨。

一、教育政策制定的未来展望

（一）教师会成为教育政策制定的重要力量

教师在教育系统中处于核心的位置，具有特殊的身份。随着民主进程的不断推进、人本思想的不断深入，在教育政策制定过程中，教师扮演得角色越来越重要。解决问题要抓住问题的主要矛盾，民众参与教育政策制定中的主要矛盾就是教师参与。从主体需求来讲，教师参与既是教师的利益诉求，也是教师的义务担当；从客体需求来讲，教师参与可以提高教育政策的合法性，促进其专业化发展，提高政策的制定质量，有效避免政策失真。另外，从世界发达国家教育政策的制定过程看，教师均是参与教育政策决策的主体之一。因此，未来在我国的教育政策制定过程中，教师会在制定主体中占据很大比例。教师参与教育政策制定的途径主要有以下三种。

1. 以提供教育政策问题信息为目标的中小学教师参与路径

这种路径以满足中小学教师对教育政策的期望和要求，属于基础层面的教师参与。这一层面的教师政策参与路径具体包括提出教育政策问题和教育政策问题进入政府政策议程两种。以提供信息为目的的教师参与主要以确保中小学教师参与的代表性和畅通性为主，这样才能充分发挥广大教师的特殊身份作用，进而保证政府获得的教育政策问题信息全面、真实、有效。以提供信息为目标的教师参与路径主要以中小学教师个体参与为主，他们的目的在于为政府发现和认可教育政策问题提供事实基础，这种层次的教师参与关系到中小学教师乃至教育的整体利益，能够充分调动广大教师参与的积极性，而非真正与其分享教育政策制定的决策权。因此，此类参与形式应保证教育政策问题信息的完整性、信息沟通过程的多样性和便捷性。

2. 以增进政策接受性为目标的教师参与路径

以增进政策接受性为目标的教师参与路径指关键教师参与政策制定。这一层面的教师参与路径具体包括拟定教育政策方案和科学论证教育政策方案两种。中小学教师是一个庞大的社会群体，不可能每个教师都能参与到更高一级的教育政策制定中。因此，需要从教师群体中选择那些对教育政策问题了解更深入、政策问题处理能力更强的关键教师参与到高一级的教育政策制定中。以增进政策接受性为目标的教师参与路径可以以教师个体身份参与，也可以以教育团体的身份参与，其主要目的在于促进教师对教育政策的理解和接受，使中小学教师对教育决策的认同形成集体意识或共识，从而保证教育政策的顺利执行。

3. 以分享政策决策权为目标的教师参与路径

以分享教育政策决策权为目标的教师参与主要由核心教师参与到教育政策制定中来，是中小学教师参与教育政策制定的高级层面。该层面的教师参与路径主要由核心教师进行教育政策决策，发挥核心教师对教育政策决策的制衡作用，并在信息支撑、决策支撑的基础上将中小学教师的意愿诉求反映到教育政策文本中。

（二）互联网会成为诸多利益相关者参与教育政策决策的媒介

根据国外的经验及我国政治、经济社会发展的现状，在教育政策制定的过程中，吸纳更多利益相关者的建议是未来我国教育政策过程发展的必然趋势。而互联网的快速发展为多元利益主体的参与提供了技术支持。

随着网络的不断普及，民众对于互联网的认可度不断提升，网络已逐渐成为民众表达思想、诉求利益、参与政策制定的重要渠道，大家可以通过政府信息网、网络论坛、网络评论等方式表达自身的利益诉求。由于网络的开放性、平等性，降低了公众参与的门槛，任何人都可以通过网络来表达自己的观点、意见。在互联网环境下任何人只要拥有一个上网平台，同时掌握基本的上网技术，即使足不出户也可以在网络上获取信息、表达自己的利益诉求，省去了中间很多冗杂的环节，降低了公众参与的成本、精力及时间。由于网络的虚拟性，民众在网络中无所顾忌，可以畅所欲言地表达自己的观点、与他人相互交流、讨论，为公共政策的制定建言献策，克服了传统情况下面对面交流时不能说、不敢说、不方便说的困境，同时也节省了时间、成本，使得民众参与效率达到最大化。在网络环境下，公众可以参与任何自己感兴趣或者涉及自身利益或公共利益的事情，包括社会生活的方方面面，上至国内外大事，小到私人问题都可以通过网络这一渠道表达，有效践行自己的知情权、参与权、表达权。网络为公众提供了一个表达利益诉求的平台，使得管理者在政策问题确认阶段搜集到的信息更加全面丰富，政策问题的确认更加符合民意，政策更加科学合理。

为了提高效率、保障公平，在未来的一段时期，作为教育政策制定的主导者，政府需要建设一系列便于公众参与教育政策制定的平台，以及出台一些规范互联网参与教育政策制定的配套管理制度。

1. 加强政府网站建设

政府网站作为公众参与的一个重要平台，在公众参与政策制定及其他公共事务中起着功不可没的作用。当然也存在一些问题需要进一步的完善，如很少有政府部门在政府网站设立在线讨论、公共论坛等“方便公众参与的模块”。因此，为了确保公众更好地参与政策制定和社会公共事务，需进一步加强各级政府网站的建设。

首先，在政府网站建设方面，应配备专门的技术人员来实现对政府网站的管理，定期维护并不断地完善政府网站。一方面，在政府网站的模块设置方面，要合理地设置政府网站的各个模块，并突出公众参与、信息公开、在线访谈、公共论坛等模块，以方便公众的参与及政府信息的搜集。另一方面，要将公众通过政府网站写下的留言和提出的诉求及时向上级汇报，并在最短的时间内予以反馈，以提高公众参与的积极性。

其次，随着微博的不断普及与发展，越来越多的人开始使用微博，大家在微博上获取信息、发表观点、相互交流、参与话题讨论，并进行大量的转载、扩散。而且，微博上的话题涉及社会生活的方方面面，小到个人琐事、大到国内外要闻都可以通过微博来参与并交流讨论。

因此，为了顺应时代的潮流，方便公众的参与，政府部门应加大力度推行政府官方微博，通过政府官方微博来引导网络舆论、反映民情民意、树立政府形象、完善信息公开、吸引公众网络参与，并加大对政务微博的宣传力度，使得更多的公众知道并对之关注，从而进行互动。当然，微博作为一个新生事物，还在不断地调适阶段，不可避免地会出现一些问题，还须通过不断完善和规范制度来引导公众有效的参与。

2. 加强互联网基础设施建设

互联网在世界各地的发展表明：人类在互联网的利用方面正在创造一个新的数字鸿沟，即信息富有者和信息贫困者之间的鸿沟，信息富有者拥有众多的网络资源，因此通过互联网的发展获得了越来越多的好处，而在互联网资源中处于弱势地位的信息贫穷者则愈发边缘化。我国农村地区的互联网建设相对来说普遍落后于城市地区，很多农村地区甚至没有基本的互联网接入，更无法实现公众的网络参与。

总的来说，巨大的数字鸿沟横亘在我国的城与乡、东部与西部及高收入群体和低收入群体之间，制约了公众平等地表达自己的利益诉求，政府也难以搜集各个阶层的利益表达与需求，这就使得我国公众通过网络参与政策问题认定时存在一定局限性，造成政策问题的认定有失偏颇。然而，数字鸿沟不仅是一个技术问题，更是一个发展问题。当务之急是采取有效措施以缩小互联网的数字鸿沟，改善公众网络参与的基本条件。由此，应该在以下几方面加强互联网基础设施建设，以保证互联网和网络参与能力的均衡发展，进一步缩小数字鸿沟。

首先，完善农村基础设施建设。完善基础设施建设，提高网络覆盖率是公众网络参与的前提条件。目前来说，我国农村普遍存在信号不好、网络覆盖率低等问题，加强农村基础设施建设迫在眉睫。因此，政府要加快农村及偏远地区的网络基础设施建设，尤其要在网络覆盖率相对较低的地方加大资金投入，进一步完善网络体系，扩大网络的覆盖范围。

其次，要推进落后地区的网络信息技术教育。掌握一定的网络运用技术是公众参与的基础，而现阶段，我国部分农村居民对计算机等硬件设施了解甚少，更谈不上掌握相关的技术，而他们却往往是政策的利益相关者。因此，一方面，政府要引入人才，加大对网络技术的宣传培训力度，对落后地区或偏远地区的农村居民提供了解和熟悉网络的帮助，引导并扶持他们逐步熟悉网络这一新型的参与渠道，掌握互联网的基本使用技巧，了解如何通过互联网获取信息及如何参与政策制定。另一方面，应将网络信息等相关知识纳入中小学的素质教育中，并将其设置为主要课程，使得更多的人熟悉互联网，利用互联网参与政策制定。

最后，推进当地经济发展，为网络的发展奠定基础。数字鸿沟的出现是由于网络的普及不平衡，其深层原因则是地区经济发展不平衡。经济发展水平的限制，造成了地区间的发展不平衡，导致互联网的普及率出现较大的差距。因此，对于网络普及率较低且相对贫穷的地区，要大力发展当地经济，努力缩小城乡差距，提高人们的生活水平。发达的经济基础是网络普及的硬件环境，只有人们的基本生活有了保障，才会有进一步的需求。同时，中央和政府部门要对网络覆盖率低的偏远地区或者经济发展较落后的地区予以一定的补贴或优惠。由于偏远地区的网络运营成本较大，企业的投资积极性较低，所以需要政府相关政策及资金的支持，来促进这些地区的网络覆盖。

3. 加强网络立法

随着网络的快速发展，有些规定滞后于现实的需要，且缺乏可操作性。因此公众在参与政策议程过程中不可避免地会表现出非理性、情绪化、不规范的参与，导致影响政策议程的最终确立。为了进一步规范公众的网络参与，合理引导公众通过网络参与政策制定，必须将公众网络参与纳入法律体系。

一方面，在我国现有关于网络立法的基础上，根据当前网络参与中存在的问题，查漏补缺，尤其是针对网络参与中出现的法律空缺部分，应尽快出台相关法律予以弥补，对公众网络参与过程中哪些是应该做的、哪些是不应该做的以法律的形式作出明确规定，确保公众的权利和义务相统一。同时，明确规定公众通过互联网这一渠道参与的内容及参与的范围，所有公众都应该在法律规定的范围内参与，一旦违反了相关法律法规，就要承担相应的法律责任，并加大惩处的力度。同时，加大对法律法规的宣传，使得人人懂法、守法，在法律规定的范围内合理有序地参与政策制定，不做违反法律的行为。

另一方面，加大对网络本身的管理，网络的虚拟性，使得网络环境鱼龙混杂，给参与者带来诸多不便。因此，要尽快出台对网络管理的相关规定，规范网络这一虚拟平台，为公众合理有序的参与政策制定创造良好的条件。

（三）教育政策的制定程序将走向规范化

教育政策制定的程序主要是指政策制定主体在制定教育政策过程中应经历的阶段、步骤和先后顺序。各阶段有其内在规律性，并且为了使每一个步骤规范化，还必须有一套适当的技术方法予以保证。一般来说，程序公平具有以下三方面的作用和意义。

一是有助于限制教育政策主体对权力的不正当运用。公平的程序一般都体现出民主化、科学化，有一整套的公民参与制度、监督制度和运行步骤。在普遍实行代议制的今天，权力都有较大程度的集中，有时会出现异化的现象，即滥用权力，使权力成为获取权力集团自身利益的工具。于是，教育政策在运行时就会表现出特定的利益偏好，损害公众的利益。

二是有助于减少公平实现过程中的技术性失误，弥补经验决策的不足。在教育政策制定过程中，政策主体有较大的自由裁量，而公平的程序可以减少政策活动中因操作不当出现的技术失误，给政策活动提供一种有序的步骤，从而最大限度地实现结果的公平。科学决策是与经验决策相对立的一对范畴。经验决策的一个明显弊端就是决策的随意性，由此而来的是政策的制定往往与决策者个人紧密联系，同一政策问题由不同人处理，会制定出不同的政策，使得政策缺乏连续性。同时，它又可能致使某些领导在政策制定中滥用职权，盲目拍板。这种不按决策程序办事的现象在教育政策的制定中也不少见，这就要求我们在教育政策的制定中应注意决策的科学化问题，而决策科学化能有多大程度的实现又有赖于教育政策的制定能否按程序来办。程序规定了教育政策制定主体应当和必须如何去制定政策，它是一种设于决策系统内的防错、纠错机制，它对于滥用权力可以起到防患于未然的作用。

三是有助于公平、公开地制定政策。公平是决策科学化的一个特征，而要实现教育政策制定的公平，首先必须有公平的教育政策程序为其作保障。这是因为公平的程序是制定教育政策的外在形式，它能为决策当事人提供一种共同的准则、平等的地位，能使各方面的力量接近平衡，使正反意见都能表达，各种选择都能得到充分权衡。程序有助于公平、公正地制定教育政策，同时程序作为政策制定的表现方式，又具有使政策制定活动公开化的功能，从而使外界监督和检查教育政策的制定有了一个聚焦点和着眼处。

程序规范化主要体现在以下几个方面。

1. 加大程序公开化程度

程序的公开可以防止偏私和秘密交易，公开能增加公众对教育政策公平的信任。一个公平的程序必须是开放的程序，其规则和标准对运用它的人来说应该是透明的，它应该为每个对象所知晓和了解，这是实现程序公平的前提。公众对于政策制定缺乏公平感，一个程序方面的原因就是政策过程的“暗箱化”。对于政策利益相关者而言，由于不知道政策制定过程，所以他们对政策的走向就不能作出相对准确的判断，因而也就不可能有较高的政策预期值和产生较高的政策认同。摆脱这种困境的出路在于努力提高政策过程的公开性和透明度。这就要求政府需要将各项管理工作与政策制定制度和内容向社会公布，以增强政策制定的透明度，扩大社会公众的监督力度，确保教育政策制定的公平性。政策过程的公开性和透明度不是一定要将政策制定的所有议程及所有可能的方案都公布于众，而是可以就现行政策的利弊得失进行公开评估，使所有政策相关人员了解政策调整的背景和必要性。因此，可以将政策调整的不同计划和方案交由社会公开讨论，向社会公开征集政策方案，群策群力，集思广益。其中最重要的就是要向社会公开政策选择的制度程序。

2. 程序参与的广泛性增强

利益相关者参与教育政策制定是保证教育政策公平性的有效手段。这是因为利益集团数量众多且互相制约，利益相关者广泛参与教育政策使决策者不可能完全地受制于某一个集团，任何集团的要求也不可能不折不扣地得到满足。教育内部存在着多元的利益格局，教育政策制定者都是以“经济人”的身份出现的，代表了不同利益集团。教育政策最终是各利益集团“相互妥协”的结果。如果教育政策制定时利益相关者缺席，则有可能出现少数人利用国家政权，借助制定教育政策的机会，实行行政内部的“单边主义”，以“公共”名义“秘密地”剥夺弱小团体和弱势群体教育利益的现象。利益集团互动的结果是相互之间的妥协，使社会大多数人实现其部分利益。因而利益集团之间的互动，也是社会利益协调的过程。

3. 实行听证制度

听证制度是程序公开和程序参与的有效途径，指行政机关在制定条例、法规或作出具体裁决时广泛听取有关人士的意见，以使决定公正合理的制度。要建立一个现代的教育决策体制，其基本价值趋向和本质要求应是决策民主化、科学化的统一。听证制度与这一要求相适应，无论在决策民主化还是决策科学化方面，听证制度都为它们提供了制度上和实践上的保证。听证制度为公众参与决策提供了渠道，保证了教育决策的公开化、民主化。另外，听证制度还保证了教育决策的科学化。听证制度为教育决策提供了大量的信息源，有助于决策者在全面、准确的信息基础上作出符合客观的决策。而且教育政策是在教育利益相关者参与下形成的，符合了他们的利益要求，因此在执行过程中的阻力将会大大减少。

二、教育政策执行的未来展望

（一）互联网将成为教育政策执行过程中的有效手段

政策执行是一种极其复杂的社会活动，它一般包括准备、宣传、实验和推广四个阶段。

准备包括物质准备、组织准备、思想准备、计划准备。一项教育政策的顺利执行，必须经过精心的准备、力度大且有效的政策宣传、顺利的政策实验和推广才能得以完成。庞大的网民数量及新媒体的自身特性，使得新媒体能够对教育政策执行的各个阶段产生影响。在准备阶段，新媒体会影响政策舆论环境。新媒体的出现给传统媒体带来了巨大的冲击，使整个传媒的环境发生了翻天覆地的变化。新媒体具有交互性和平等性，在这种特性下，每个新媒体用户都具有信息的传播者和接收者的双重身份。论坛、博客、微博、微信等新兴的交流工具，使各种信息地传播更加便利、迅捷。任何网络的使用者都可以在网络平台上通过发布信息和言论等进行交流，而且同一层面和不同层面之间又形成错综交织的传播网络。借助互联网，公众可以很方便地进行利益表达，因此网络参政议政在近年来越发受到政府和公众的重视。教育问题与大多数公众的利益息息相关，新媒体每年发布的教育问题也数不胜数。

对于教育政策的执行而言，在执行之前和执行过程中有一个良好的舆论环境非常重要。与公众关系越密切、被人们谈论最多、被媒体报道最多的政策往往执行起来阻力会越小。新媒体的交互性和平等性能够影响教育舆论环境的创造。在宣传阶段，新媒体会影响教育政策的传播效果，政策宣传的力度、广度与深度会很大程度地影响正常执行的效果。政策执行的前提是目标群体对政策的认同与接受程度，这离不开该群体对政策的认知与理解。这种政策认同不仅包括对政策本身的认同，而且包括对政策制定主体及作为政策执行者的官员的认同。政策认同与人们的政策认知、政策情感、政策信仰和政策评价等心理活动有着密切关系。通过政策宣传可以让他们了解、认同并自愿地执行政策。新媒体的多元性、便捷性、海量特性给教育执行者提供了丰富的政策传播工具。综合利用互联网、数字电视、手机等新媒体，能够使教育政策的内容和内涵迅速地为人们所知道。

（二）教育政策执行的程序仍然会坚持试点与示范并举

教育政策试点与示范是国情特色。政策试点是我国政策执行环节的一个重要原则，试点政策与示范性突破也是我国公共政策过程中的一大特色。所谓“试点”，即选择一定的政策对象进行典型试验，在试行中观察、分析、总结经验教训。

政策试点的合理性在于：政策执行存在资料缺乏、认知有限、经验不足及现实中主客观因素限制的问题，因此，很难预料一项政策的目标是否正确、政策执行的最终结果是否与当初设想的政策目标一致。“在政策试点、实验过程中，既可以检验政策的正确与否，发现问题与偏差，及时向政策制定者反馈信息，修改和完善公共政策；又可以从实验中获得带有普遍指导意义的信息，如执行的程序、方法、步骤、注意事项等”，可见，政策试点就是要为公共政策的全面实施取得有益的经验。我国受教育人口众多，地域环境与经济文化差异很大，各种影响教育的因素可谓错综复杂。这就决定了我国教育政策多少都会带有“摸着石头过河”的模式特征。

教育政策的试点与示范性突破是政策决策者为了验证其决策的正确性、可行性，并在全面施政之前掌握实施该政策的执行方案，而在一定范围内选择一定对象进行一种局部性决策的实施活动。一项教育政策的启动，意味着新的改革探索的开始，既然是探索就会有不确定因素，因此需要试点积累经验，渐次推进。教育试点政策的意义在于探路，从试点中逐步明确政策目标，形成成熟的政策，从而成为下一阶段政策推广的先行政策。多年来，在国家制定的教育政策执行上，基本坚持了先行试点，再次推广的程序。例如，我国于 1999 年启动的第八次课程改革便坚持“先实验，后推广”的实施原则。2000 年我国新一轮基础教育课程改革工作从 2001 年秋季第一批试点，到 2005 年全面推开，大体分为酝酿准备、试点实验和全面推广三个阶段。再如 2007 年，国务院办公厅转发《教育部直属师范大学师范生免费教育实施办法（试行）》，中央政府通过对部属师范大学的直接资助，率先垂范。地方各级政府在条件成熟时以此为仿效，对其他师范院校开展资助，由经费扶持逐步扩大到其他政策制度方面的优待。“政策试点成功以后，有望迅速推广，以彻底缓解现阶段教师队伍的资源短缺状况。除首批试点的六所部属师范大学外，以西北师范大学、四川师范大学为代表的一批地方师范院校已经开展师范生免费教育试点。”

在党和政府的政务行为中，“典型示范，逐步推广”或“先立后破，先实验后推广”是一种惯常做法，这种政策调整中所采取的渐进原则和方法，也易于被人接受。教育政策试点中的重点突破常以示范性政策和重点建设（支持）性政策的方式推行，这是一类颇具本土特色的教育政策过程现象。教育政策重点突破与政策试点有相似之处，如二者都是在局部范围内、针对少数对象实施的教育政策。但二者仍有区别，“试点”当然是不成熟的，有待后效观察和改进；而“示范”性地推行的政策，则强调该政策本身的成熟性、带头性与扩散性，尽管该政策可能也是一项新实施的政策，但政策制定者赋予了它“点”上率先突破的功能。我国重点建设或示范性教育政策的出现与我国教育大国国情、教育政策面广人多有关，需要“集中资源办大事”。

此外，教育改革是一项复杂的社会系统工程，也必须坚持重点推进。从政府和教育职能部门的角度来讲，当然希望有一些典型的样板性政策出现，以起到带头促进作用。以招生考试政策改革为例，像这样关系到“千家万户”的政策，几十年的改革似乎总是处于“试点”之中。20 世纪 90 年代后期的“3+X”高考招生制度改革；2014 年，以上海、浙江为先行试点所启动的招生考试制度改革，均为重点教育政策试点的典型。我们相信，在“十三五”期间乃至未来很长一段时期内，我国重要的教育政策在出台之前，遵循先行试点、继而完善推广的执行程序将成为越来越固定的模式。

（三）教育政策执行路径向整合化发展

教育政策执行是对教育政策决定的贯彻和落实，是政策的“现实化过程”。当一项教育政策通过立法程序或合法的行政途径之后，各级各类执行机构（教育行政主管部门、学校、社会组织等）会通过政策输出影响目标群体（教师、学生等）。执行机构对政策的认知和理解决定了政策执行的效果，目标群体对政策的接受程度反过来会促进政策的修正和改进。“自上而下”、“自下而上”和整合途径是政策执行的三种分析路径。

“自上而下”的政策执行模式是一种理性模式，承袭逻辑实证主义的理论路数。在这种模式下，政策目标与政策执行存在线性关系，即通过设定政策目标、实现条件、政策工具和实施路径，形成一种理想化的政策过程。“自上而下”政策执行的结果可以在一定程度上实现政策理想，但也可能因为对阻碍因素的判断不力，导致与政策设计的初衷南辕北辙。“自下而上”政策执行模式是对“自上而下”模式的补充和批判性回应，它“关注政策执行者对政策目标的诠释和理解，以及他们在执行过程中形成的网络和互动过程”。

“自下而上”模式认为，政策并非政府独立制定并单向度传递，基层政府和官员也并非被动接受和遵循既定政策。在政策执行过程中，基层部门相比高层政策制定者更接近现实，也更能够发现具体的政策问题；同时，基层部门拥有的自由裁量权对政策执行可以发挥积极作用。

第三种整合途径是综合“自上而下”和“自下而上”两种路径的理论成果，解决了前两种途径单向线性思维的不足，建立了更加多元的分析框架，挖掘了更多影响政策执行的因素。国内学者根据决策层与大众的互动，针对整个政策过程所提出“上下来去”模型即是这类整合路径的代表。

三、教育政策评估的未来展望

（一）教育政策评估将会走向制度化

教育政策评估制度化是指有关政府部门或决策部门构建起政策预测评估、执行评估和结果评估相结合的一套完整的政策评估体系，并将教育政策评估作为一项经常性的制度纳入政府的工作日程，克服了以往只注重政策制定而忽视政策评估的积弊。从国外教育政策评价的发展趋势及我国教育政策过程的需要来看，教育政策评估制度化是从根本上保障教育政策评估走上正常发展轨道、逐渐消除政策过程的盲目状态和主观随意性的有效途径。为了保障教育政策评估走向制度化，未来我们还需要在以下几个方面进行完善和改革。

1. 提供足够的财力和人力

教育政策评估本身要耗费大量的人力、物力、财力，且不会带来任何直接的经济效益。当前，我国的教育政策评估工作刚刚起步，财政支持力度小，经费来源渠道单一，容易影响评估工作的顺利展开，因此资金来源问题是要解决的关键问题。首先，可以多方筹措资金：一是建立政策评估基金，拓展资金来源渠道，鼓励社会各界注入资金，以促进政策评估的开展；二是政府专门划拨，即将政策评估资金直接划拨到政策实施预算中；三是鼓励成立营利性的政策评估机构。科学的政策评估对政策本身有价值贡献，政府可以为第三方评估创造市场，鼓励民间的评估组织以较少的成本赢得政策价值回报。同时，评估主体是教育政策评估系统中的核心要素，评估主体专业水平高低直接决定了教育政策评估质量的高低。

教育政策覆盖了教育领域的方方面面，对评估主体的专业素质和个人能力要求较高，评估主体的知识结构中必须包含专业的教育学知识和评估专业知识。我国评估人员多来自高校教师和政府官员，来源单一。培养专业的教育政策评估人才是教育政策评估事业发展中最基本的要求，可以参考国外政策科学较发达国家的做法：一是从高校学科建设入手，开设层次、门类齐全的政策评估学专业，并逐步构建起政策评估专业规范和系统的课程体系；二是建立专门的政策评估师培训学校，负责培养专门的教育政策评估人才；三是实施教育政策评估师认证制度，即将其职业资格化，提高社会对政策评估人才的重视。

2. 推进政策评估程序科学化

从运行程序来看，教育政策评估包括准备阶段、实施阶段和总结阶段。不同的评估阶段，评估主体需要考虑的问题不同。首先，准备阶段。评估主体应明确这项政策评估的侧重点是对政策的阶段性评估还是对具体目标实现程度的评估，以及评估的方案该如何设计等。其次，实施阶段。评估主体应按照设定的评估方案收集政策过程的详细信息，包括政策环境相关资料（社会政治、经济、文化背景）、政策决策资料（书面资料、影音资料）、政策执行数据资料等，政策过程中每一阶段信息的搜集都至关重要。最后，在总结阶段，要对信息进行汇集整理、综合分析，得出评估结论。还要对评估过程本身进行元分析，积极听取政策相关人员的意见，不断调整评估的信息和过程，最终将评估报告呈递有关政府部门或公之于众。为保证政策评估的质量，这几个阶段应该是一个循环的动态过程。

3. 健全政策评估的制度保障体系

辅以制度法规方面的保障是政府加强教育政策评估事业发展的关键所在。制度化使教育政策评估工作的规范性加强，真正转变其在政策过程中“局外人”的身份。许多发达国家根据自身的政府管理体系制定了相关的法律法规以明确教育政策评估的合法地位，并通过对教育政策评估的职能机构、人员、预算、操作流程等具体内容的规定，构建了一套系统化、一体化的常态机制，以保证教育政策评估的顺利进行。这种做法，一方面提高了评估活动的科学性；另一方面，为上述评估程序的良好运行提供了制度保障。例如，由于教育政策评估需要得到评估资金、评估信息等方面的资源，通过法律法规形式进行保障，首先要确保资金、资源能按时、按要求到位，同时加强对这些资源的合理运用及有效管理，进而避免因随意性带来的资源短缺或资源浪费。

（二）教育政策评估方法将会走向科学化

方法是人类认识世界和改造世界的思路、方式、程序和途径。方法的优劣决定了事情的结果是“事半功倍”还是“事倍功半”。具体到教育政策评估活动，评估的对象和内容是教育政策的客观事实，对客观事实描述的方式和手段构成了政策评估的方法，方法的选择在很大程度上决定了教育政策科学研究的质量和深度。

拉斯韦尔认为，政策科学应该是、也必须是为“人”服务的，因此，他强调在研究方法的使用上“规范研究”和“实证研究”应具有同等地位，人文关怀和自然科学方法的使用互相渗透，最终都应指向“服务于人本”。在教育政策评估中使用定量评估与定性评估相结合的方法完全出于“服务于人”的需要。

教育政策评估中的定性评估方法指教育政策评估主体根据自己所拥有的专业知识和经验，运用逻辑思维对评估对象的性质等各方面进行分析，最终形成对教育政策实施效果、过程和体系的基本评判。这种评估方法对评估主体的个人专业素质要求较高。评估者要有教育学和评估学专业背景，有发散思维的能力和睿智的眼光，既可以观察出教育政策可衡量的显性效果，还能够把握政策实施后的隐性效果，并通过访谈、实地考察等质性研究方法证明其正确性。例如，有学者呼吁的西部教师特殊津贴政策，内容是财政政策，目的是提高西部教师的待遇，但从政策的深远影响看，政策的实施能为西部留住甚至吸引大量的优秀教师资源，政策的隐性效果是实现东西部优秀教师资源的公平配置，有利于促进东西区域教育发展的均衡。

在政策评估的方法设计上，可以对西部学校进行实地考察，明确师资结构的变化，并对教育质量进行政策实施前后的对比分析，通过访谈历任校长、问卷调查教师对政策实施的满意度等方式了解政策促进教育均衡发展的效果。教育政策评估中的定量评估方法指依据对教育政策实施情况的调查研究和资料搜集获得政策实施的相关信息，并运用数学、统计学和经济学等学科方法对获得的数据进行整理，最后对政策实施效果作出评判的一种方法。量化方法得出的结论直观、具有说服力，是逻辑实证主义者推崇的方法，在实践中应用较多。在教育政策评估中将定性和定量的方法结合使用，一方面，更加关注政策利益相关者的主观感受，做到尽量全面收集政策实施效果的数据，能扩大教育政策实施效果的评估范围，更“人性化”；另一方面，数据结果经过统计学等方法的处理，一目了然，可以提高政策效果评估的真实性和科学程度。

（三）教育政策评估组织构成将会实现多元化

评估组织是教育政策评估活动的载体，是整合评估资源的平台，其实践发育程度是一个地区乃至一个国家政策评估总体水平的标志。

目前，我国的教育政策评估组织主体单一，一类是政府中的政策研究组织，另一类是政策科研单位。前者隶属于国家政策决策机关，评估结论往往由于受到其上级影响而欠缺客观性。后者在评估过程中，虽然在理论上摆脱了决策机构的权力束缚，但在资料收集和结果呈现方面上由于其地位缺乏组织制度上的保障，仍然可能遭到来自决策机构的干预。此外，很多政策科研单位是受决策机构委托对政策进行评估，存在变相的“雇佣关系”，科研单位也会为了迎合“雇主”而作出失去客观公正性的评估结论。

实现评估组织多元化是解决这一问题的最佳途径。政策评估市场化是鼓励民间评估组织发展的关键。在西方发达国家，教育政策评估已经发展为一个产业，政策评估机构普遍存在于民间和政府内部，并且这些评估机构的评估专业水平普遍较高，我国在这方面可以借鉴西方发达国家教育政策评估的做法。首先，教育政策评估项目实行社会范围内的招标，建立健全政策评估市场机制。其次，在我国培育独立的第三方民间评估机构，一方面，可以保证评估组织的独立地位，另一方面，还可以利用其发展空间获得广泛的社会关系资源，使民间评估组织和隶属于政府的政策评估组织各司其职、各负其责。最后，“人人对教育都有话可说”，充分利用被誉为“第四种力量”的大众媒体。鼓励公众、报纸及电视媒体积极参与教育政策的评估，使所有政策利益相关的声音得到表达，从而加深对教育问题的挖掘，充分传递民意，调解纠纷。

（四）教育政策评价标准将更加趋于合理化

教育政策评估标准的非系统性问题，已经严重影响了当前我国政策评估结果的全面与完整。未来的教育政策评估发展，应当是以形式、事实、价值三方面为基点构建教育政策的评价标准，涵盖教育政策评估的各方面。

形式标准是以教育政策具体的外部表现形态和政策产生的方式为标准，即教育政策文件的形式、政策体系的形式和教育政策程序的形式。这三方面的评价标准具体包括：教育政策文件文本是否具有确定性，在政策语言使用上有无含混不清；与现行的教育政策体系是否具有一致性，与体系内部的其他政策有无冲突和重复之处；教育政策程序是否具有法定性，即教育政策的决策程序和执行程序是否符合程序规定，决策过程和执行过程是否做到了科学民主。

事实标准是指能够反映被评估对象存在状况的客观指标。包括教育政策实施的效益标准、教育政策目标的达成程度和政策主体的满意程度等。依据这些客观指标对教育政策进行评估，可以揭示教育政策在运行期间对国家、社会和个人产生了怎样的影响或起到了什么样的作用。

价值标准是指在教育政策评估过程中评估主体所持有的具有个人倾向性的准则和原则，是评估主体理想、信念和价值追求的反映。教育政策作为一种特殊的公共政策有其自身的特点，教育政策的终极价值是人的价值，教育政策制定的目的在于促进受教育者的发展。从应然层面来讲，这种“教育性”是深深渗透在教育政策评估中的，因此，教育政策的价值标准应体现在促进教育的发展和人的发展两个方面。

我国正处于全面建设小康社会的关键时期，在社会主义核心价值观的指导下，教育政策所追求的更多的是对民生的关注和实现更高层次的教育公平，在这种情况下，教育政策评估标准的建构应做到与时俱进，及时引入新的评价标准，如教育的均衡发展、公平、民主等。教育政策评估事业在我国的发展速度已与目前教育政策发展程度严重脱节。教育政策评估环节的缺失已经成为削弱教育政策实施效果的一大因素，同时，也削弱了教育政策为教育改革和教育事业发展所提供的助力。环视世界范围内各国教育政策评估事业的不断发展与进步，无不得益于政策制定者对教育政策评估的重视。评估组织的建设、人员的配备、评估资金的筹措等各个环节运作成熟，教育政策评估制度趋于完善，市场化明显，已经形成水准较高的教育政策评估产业，这些都与我国教育政策评估提供有效服务水平不高的现实形成了鲜明对比。现实提醒我们，我国的教育政策评估已经成为教育政策科学发展中的短板。一方面，存在国家内部制度保障力度不够的缺陷，另一方面，评估自身发展的不足使其作用难以得到有效发挥。例如，评估方法的单一取向、评估人员专业性不强、评估标准的系统性不足等。

目前，加强政府执政能力建设已经提上政府日程，制定科学且行之有效的政策并使其得到强有力的执行，也是政府执政能力提升的一种表现。从我国教育改革的现状看，国家教育政策对教育改革的推动力还没有完全展现出来，如何使教育政策实施达到预期的政策目标，探明我国教育政策评估理论的不足及评估实践中的难题，从而逐步找到走出评估困境的路径，是教育政策研究者们义不容辞的责任。

第三节　教育政策环境的未来展望

“十三五”是我国“两个一百年”目标达成的关键阶段，无论是全面建成小康社会还是实现中华民族的伟大复兴，教育都起着非常重要的战略作用，可以说对于社会的发展有很重要的影响。对于未来教育政策来说，需要一种怎样的社会环境才能使教育政策发挥真正的作用非常值得关注。随着社会的多方面发展，未来教育政策改革所面临的诉求和制约也相应演化，这不仅是未来教育的机会，也将成为未来教育面临的挑战。

一、教育政策改革外部环境展望

无论是着眼于现在还是遥望未来，教育要想起到良好的促进作用，必须依据社会大环境对教育政策进行改革，这就需要对教育政策改革外部环境进行详细的解读，即未来的教育政策一定是以经济、政治、文化这些大环境为基础的。

（一）教育政策改革的经济环境展望

任何一项教育政策的制定和实施都要与当下的经济环境相联系，一方面教育政策的制定和实施成本是由社会承担的；另一方面经济条件对教育政策的制定和实施存在一定制约。因此，教育政策改革不仅要以教育经费为物质基础，同时还要遵循当下经济环境中的规律。不考虑当前经济发展水平而盲目地制定和实施对教育政策的改革，不仅不能促进教育事业的发展，还会影响社会的良性发展。当前我国所处的经济发展水平不能完全保障教育的需要，这就使得教育政策在实施过程中并未完全落实，在教育政策改革的路上还需要认清现在的经济环境。

1. 经济总量进一步提升

“十二五”期间，面对复杂的国际环境和国内艰巨的改革发展任务，党中央带领各部门、各地区坚持稳中求进的工作基调，引领新常态，不断推进供给侧结构性改革，积极鼓励“大众创业、万众创新”，使得市场的活力得到激发。据国家统计局数据显示，“十二五”以来，我国的国内生产总值2011年达到489 300.6亿元，2012年达到540 367.4亿元，2013年达到595 244.4亿元，2014年达到643 974亿元，2015年达到689 052.1亿元，2016年达到744 127亿元。这一系列数据充分说明我国的经济总量一直在增长，未来在世界经济全球化、多元化不断发展扩大的条件下，国内经济将在经济发展水平上呈现越来越好的趋势。随着经济总量的不断提升，经济规模的不断壮大，新型经济结构的稳步构建和良好经济运行，国家财政收入将形成稳定增长的趋势，教育领域会进一步得到更多的经济支持。

2. 地区发展不断均衡

国内经济的高速发展是建立在各地区经济均衡发展基础之上的，2015年5月18日，国务院发布《国务院批转发展改革委关于2015年深化经济体制改革重点工作意见的通知》，通知指出要加快推进城镇化、农业农村和科技体制等改革，推动经济结构不断优化。2016年3月31日，国务院发布的《国务院批转国家发展改革委关于2016年深化经济体制改革重点工作意见的通知》也指出，要全力推进新型城镇化和农业农村等体制创新，促进城乡区域协调发展，强化区域协调发展体制保障。由此看出，国家对于地区间发展不均衡的问题十分重视。在未来，东、中、西部各地区之间的经济发展差距将越来越小，教育资源的均衡发展也会有十足的保障。中央政府也将加大对各地区在教育上的财政支出，同时给地方财政税收更多的自主权，减轻地方教育的财政压力。

3. 个体收入进一步增加

经济发展水平的有效提高，不仅对国家、地方的教育有深远影响，也为家庭教育提供了良好的经济支撑。从统计数据来看，2014年到2015年，各省（自治区、直辖市）人均收入在地区上存在差异，但是每个省（自治区、直辖市）都呈现出人均收入逐年递增的趋势，如上海从2014年的47 710元到2015年的52 962元，甘肃从2014年的24 487元到2015年的26 356元等。《国务院批转国家发展改革委关于2016年深化经济体制改革重点工作意见的通知》指出，要“守住民生底线和社会稳定底线，深化收入分配制度改革，统筹推进各类群体的增收措施，完善最低工资制度，合理确定最低工资标准调整幅度"[①]。社会经济发展迅速，居民收入进一步增加，使得家庭对于教育的投入有所增加，在源头上提高了受教育的可能性和质量。

所以，无论从国家整体层面还是地方层面，抑或个体层面，未来经济高速稳定发展会使教育政策的改革形成稳定的经济支撑，增大教育政策改革的可行性，为教育政策的改革奠定坚定的经济基础。相应地，教育政策改革成功，教育发展得好，也为经济领域提供了理论知识和优秀人才，促进我国经济领域的长足发展。

（二）教育政策改革政治环境展望

所谓教育政策改革的政治环境，就是教育政策改革在制定、执行、评价及价值分析过程中所面对的政治状态，它是国家政治体制、政治结构、政治关系的总和。任何一个教育政策改革必须与现实的政治目标和政治制度相吻合。未来教育政策改革要依靠越来越完善的政治环境，具体地说，主要有政治体制进一步完善、政治民主化不断发展、政治结构进一步扁平化。

1. 政治体制进一步完善

人民代表大会制度是我国的根本政治制度，党的十八大报告用了较大篇幅阐述政治体制改革，首先要积极稳妥推进政治体制改革，进一步发展更加广泛而健全的人民民主；其次制度建设处于突出位置，要充分发挥我国社会主义政治制度的优越性，借鉴人类政治文明的有益成果，坚决不照搬西方的政治制度。未来，政治体制会进一步组织得更好、更为完善，中国共产党领导下的政府、国家会越来越稳定，法制化程度将进一步加深。政治体制改革不可能一蹴而就，但只要循序渐进地推进，一定会不断取得进展，人民享有的民主权利和自由也必将越来越广泛。

2. 政治民主化不断发展

2010 年 3 月 25 日国务院发布的《国务院关于落实〈政府工作报告〉重点工作部门分工的意见》指出，要"发展社会主义民主，切实保障人民当家做主的民主权利，进一步扩大基层民主，健全基层自治组织和民主管理制度，拓宽群众参

---

① 国务院. 国务院批转国家发展改革委关于 2016 年深化经济体制改革重点工作意见的通知. 中华人民共和国中央政府网. http://www.gov.cn/zhengce/content/2016-03/31/content_5060062.htm[2017-05-18].

与管理基层公共事务的渠道和形式”①。党的十八大以来，以习近平同志为核心的党中央一直坚持“以人民为中心”的发展思想。随着政治民主化的不断发展，基层民主进一步扩大，市民社会逐步构建，党内民主进一步完善，在此基础上要逐步健全国家的根本宪政体制，落实各级人大职权，改革代议机关和选举制度，完善宪法对于公民权利的保障，并在制度上保证宪法内容能够切实得到遵守。政治上的民主化，使人们能够充分获得权利，还可以通过媒体助力，汇聚各方声音，增强舆论力量。

3. 政府结构进一步扁平化

党的十八届三中全会提出的《中共中央关于全面深化改革若干重大问题的决定》指出，要“全面正确履行政府职能。进一步简政放权，深化行政审批制度改革，最大限度减少中央政府对微观事务的管理”，“优化政府组织结构。转变政府职能必须深化机构改革。优化政府机构设置、职能配置、工作流程，完善决策权、执行权、监督权既相互制约又相互协调的行政运行机制”，“统筹党政群机构改革，理顺部门职责关系……严格控制机构编制，严格按规定职数配备领导干部，减少机构数量和领导职数，严格控制财政供养人员总量。推进机构编制管理科学化、规范化、法制化”。②由此，未来在政府结构上将进一步呈现扁平化的趋势，精简行政部门结构层次，优化上下级隶属关系，利用信息技术的现代化手段优化管理和工作程序，进一步提高各部门的办事效率，达到用最少的人、最科学的手段获得最高效的工作效果。

放眼国际政治局势，随着我国在世界经济政治体系中影响力的增强和外交环境的优化，各个层面的对外交流日益丰富，未来的国际学术交流也将不断有所突破，中国教育事业的发展从中吸取优秀的思想和方法，教育领域先进概念的产生和交流探讨将不断涌现。

教育政策改革一定是基于我国政治环境和国际政治局势基础之上的改革，未来的教育政策改革也将随着我国政治体制的不断完善，政治民主化的不断充实和政府扁平化趋势而形成相应的改革，同时教育政策改革也将对我国政治环境的持续优化有所助益。

---

① 国务院. 国务院关于落实《政府工作报告》重点工作部门分工的意见. 中华人民共和国中央政府网. http://www.gov.cn/zhengce/content/2016-03/29/content_5059540.htm[2017-05-18].

② 中国共产党第十八届中央委员会. 中共中央关于全面深化改革若干重大问题的决定. 中华人民共和国中央政府网. http://www.gov.cn/jrzg/2013-11/15/content_2528179.htm[2017-05-18].

（三）教育政策改革文化环境展望

在人类历史发展中，文化环境不仅对教育有制约作用，同时也受到教育的影响。一方面文化环境本身就孕育着一种教育力量，特定时空中的文化构成了文化环境、氛围，对生存在其中的人以不同的方式产生潜移默化的教育作用。未来的教育政策改革会受到文化的重要影响，影响教育目的的确立、教育内容的选择、教育教学方法的使用等。教育政策改革的实践者及受用者都体现着文化的特质，如思想观念、价值倾向和行为方式，这都是文化本体的表现。另一方面教育本身就是一种特殊的文化现象，文化环境的形成通过教育活动得以传递和深化，通过教育发展得以丰富。教育具有筛选、整理、传递、保存、更新和创造文化的作用，教育政策改革也有助于文化环境的进一步优化。未来社会的文化随着经济、政治的进一步发展，逐渐形成多元化的趋势，人们的思想观念也随之产生巨大的变化，未来教育政策改革将基于社会形成的文化环境进行下去。

1. 文化自信进一步加强

2017 年 1 月 6 日，习近平同志在十八届中央纪委七次全会上发表的重要讲话指出，“要依靠文化自信坚定理想信念”。文化自信越强理想信念越坚定，中华优秀传统文化、革命文化和社会主义先进文化，是中国文化的根本，深植于国人的内心，潜移默化地影响着国人的行为方式。因此，必须进一步保持对文化的高度自信。文化自信也将进一步成为未来教育政策改革的指引，教育政策改革更要牢记中国文化的根，历史积淀的宝贵优秀文化要继续弘扬，要进一步加强文化自信，加强理念信念，为教育政策改革奠定坚实的观念基础。文化自信对教育政策改革的影响必将反哺于社会的发展，有助于我国更加坚定地走中国特色社会主义道路，更快实现中华民族的伟大复兴。

2. 国际交流进一步形成多元文化

随着经济全球化的进一步加深，科学技术的飞速发展，几乎没有哪个角落能够被世界遗忘从而“独善其身”，跨民族、跨地域的文化交流也会更加频繁。不同国家的不同文化之间的交流碰撞，带来了新的思想、新的观念，对人们原有的思想观念是一种冲突，这种冲突是有利有弊的，这就要求人们要能够“去其糟粕，取其精华”，无论对方取得了什么样的成就，不要盲目照搬。2012 年 2 月 15 日，中共中央办公厅、国务院办公厅印发了《国家“十二五”时期文化改革发展规划纲要》，该纲要指出要加强对外文化交流与合作，“积极吸收借鉴国外优秀文化成果，坚持以我为主、为我所用，学习借鉴一切有利于加强我国社会主义文化建设的有益经验、一切有利于丰富我国人民文化生活的积极成果、一切有利于发展我国文化事业和文化产业的经营管理理念和机制”①。多元文化成为未来文化发展的趋势，在大势所趋的国际环境下，在我国经济得到长足发展的同时，前进的脚步也逐步迈向全球各地，更加频繁的文化交流会让国内民众的视野更加广阔，对多元文化的接纳能力也更加强大，因此应对各种文化冲突的方式也会更加完善。作为培育人的教育系统，教育政策是实现教育目标、完成教育任务、协调教育内外关系的一种战略性、准则性的规定，其改革必将受到多元文化的影响。

二、教育政策改革内部环境展望

教育政策改革不仅要基于社会整体外部环境，同时更要依据教育事业的内部环境。在经济环境、政治环境和文化环境作用下的教育内部环境是孕育教育政策改革的基础，因此对教育政策改革内部环境的展望也是极有必要的。

（一）政府和民间对教育经费的投入进一步增加

随着经济的飞速发展和对教育越来越重视，无论是国家的教育经费投入还是民间的教育投入都将进一步增多。在当前的经济新常态下，对于教育领域而言，最大的问题是财政收入增长乏力，而支出存在刚性，收支矛盾突出，支出结构面临新的调整，教育经费投入存在较大的不确定性，这样的现状已经引起国家和社会的高度重视。

从政府力量角度看，未来在经费投入上将大幅提升，一方面政府投资教育经费的比例要占国内生产总值的 4%；另一方面，政府投资教育经费的比例要占整个财政支出的 15%，从而稳步赶上世界发达国家政府投入教育经费的水平。2011 年 7 月 1 日，国务院印发了《国务院关于进一步加大财政教育投入的意见》。《国家中长期教育改革和发展规划纲要（2010—2020 年）》也明确提出，2012 年国家财政

---

① 国务院. 中办国办印发国家“十二五”文化改革发展规划纲要. 中华人民共和国中央政府网. http://www.gov.cn/jrzg/2012-02/15/content_2067781.htm[2017-05-18].

性教育经费支出要占国内生产总值的 4%。据统计，2012 年国家财政性教育经费支出占国内生产总值比例达到 4.28%，2013 年国家财政性教育经费支出占国内生产总值比例为 4.3%，2014 年这一比例也超过 4%。由此可以看出，我国政府对教育经费投入会进一步增加。

从社会力量角度看，民间资本对教育经费的投入进一步提高。民间投入是教育投入中非常重要的组成部分，目前我国已经初步形成以政府投入为主，扩大社会资源进入教育，多渠道增加教育经费投入的局面。2015 年初，全国教育工作会议和 2015 年教育部工作要点对民办教育改革提出了一系列部署，鼓励社会力量兴办教育，出台鼓励社会力量兴办教育的政策文件。2017 年 1 月 18 日国务院发布《国务院关于鼓励社会力量兴办教育促进民办教育健康发展的若干意见》，为鼓励社会力量兴办教育，促进民办教育健康发展提出总体要求和各种意见。改革开放以来，作为社会力量兴办教育主要形式的民办教育不断发展壮大，形成了层次类型多样、充满生机活力的发展局面，有效增加了教育服务供给，为推动教育现代化、促进经济社会发展作出了积极贡献。未来政府在进一步增加投资的同时，民间对教育事业的投入也将进一步增加，教育经费投入的进一步增多，对于教育政策的改革而言无疑是有了更为强大的经济支持，有利于教育政策在制定、执行时更好地达到预期的教育目标，形成更加坚实的经济基础，进一步促进教育事业的蓬勃发展。

（二）教育资源配置进一步优化均衡

教育资源的配置关系到教育的公平，目前我国在教育资源的分配和使用上都存在问题。就当前的教育现状来看，义务教育相较于其他层次的教育在资源配置发展上更加受重视，对于农村和贫困地区的资源配置问题更加关注，但即使如此，仍然存在很大的资源配置问题。早在 20 世纪末，我国就在各种教育会议和文件中提到要优化配置教育资源，刘延东同志在全国教育工作会议上提到，教育资源的分配既要讲效率，更要讲公平。要注重教育资源的合理配置与优化布局……把有限的教育投入使用好，教育公平是社会主义制度的本质要求，是由教育的公益性质所决定的。[①]2015 年李克强同志在国家科技教育领导小组第二次全体会议上指出，要通过深化改革加快发展，进一步缩小教育资源配置的城乡、区域、校际差距，特别是要加强中西部农村教育能力建设，使更多的孩子能受到良好的基础教育。[①]2016

① 刘延东在全国教育工作会议上的总结讲话. 人民网. http://edu.people.com.cn/GB/12778190.html[2017-05-18].

① 李克强：既要保障教育公平又要提升教育质量. 新华网. http://news.xinhuanet.com/politics/2015-12/06/c_128503 4 66.htm [2016-12-06].

年9月9日，习近平同志在北京市八一学校考察时强调要优化教育资源配置，逐步缩小区域、城乡、校际差距，特别是要加大对革命老区、民族地区、边远地区、贫困地区基础教育的投入力度，保障贫困地区办学经费，健全家庭困难学生资助体系。[①]教育公平是社会公平的重要基础，要不断促进教育发展成果更多更公平惠及全体人民，以教育公平促进社会公平正义。由此，教育资源优化均衡配置是教育工作中持续关注的问题。未来，我国的中部、西部各地区教育资源将逐渐与东部地区缩小差距，尤其是“老少边贫”地区的教育资源进一步得到均衡配置。教育资源不断均衡配置，进一步解决了教育公平问题，进一步缩小了教育政策实施地区的差距，进一步扩大了教育政策的普适性，同时也可以逐渐减少教育政策的数量，强调教育政策质量，有助于教育领域的均衡发展。

（三）政府教育职能逐渐走向监管与服务

教育是政府公共管理中极为重要的一块，涉及千家万户的利益，教育的公共服务水平在一定程度上也是社会的稳定所在。教育的改革极为复杂，市场规律与教育规律、人的发展不平衡与教育的公平原则，以及教育和经济、社会、人口等领域关系之间的复杂性，都决定了政府所负有的教育管理责任和履行的职责方式必须转向。《国家中长期教育改革和发展规划纲要（2010—2020 年）》指出，要转变政府教育管理职能，各级政府要切实履行监督管理和提供公共教育服务的职责，建立健全公共教育服务体系，逐步实现基本公共教育服务均等化。党的十八届三中全会通过的《中共中央关于全面深化改革若干重大问题的决定》，围绕党的十八大报告提出“深化教育领域综合改革”，进一步指出深化教育领域综合改革必须构建政府学校社会新型关系。深化教育领域综合改革，大的方向是构建政府、学校、社会之间的新型关系，落实和扩大学校办学自主权，建设依法办学、自主管理、民主监督、社会参与的现代学校制度。政府将更多地运用法规、规划、标准、政策、公共财政、信息服务等手段引导和支持学校发展。2015 年 5 月 6 日，教育部颁发了《教育部关于深入推进教育管办评分离 促进政府职能转变的若干意见》，党中央、国务院高度重视政府职能转变工作，国务院专门成立了推进职能转变协调小组，对简政放权放管结合职能转变作出重要决策部署，这是教育部门面临的一项重大政治任务。袁贵仁同志在 2016 年全国教育工作会议上指出，转变教育治理方式要系统谋

① 习近平在北京市八一学校考察时强调 全面贯彻落实党的教育方针 努力把我国基础教育越办越好. 中华人民共和国人民政府网. http://www.gov.cn/xinwen/2016-09/09/content_5107047.htm[2017-05-18].

划管办评分离路径，加快形成政府依法管理、学校依法自主办学、社会各界依法参与和监督评价的教育公共治理新格局。2017 年 1 月 10 日，国务院发布的《国务院关于印发国家教育事业发展“十三五”规划的通知》强调，要推进政府职能的转变，构建有效的监管体系，深化教育行政审批制度改革，优化政府服务，健全民主决策机制，通过多形式多渠道听取公众和社会各界对重大教育决策的意见建议，可以更好地强化教育政策。中央反复强调要简政放权、放管结合、优化服务，这是释放教育活力、提高教育质量的关键，国家的逐渐重视必将促使政府教育职能成功转变。

从管理走向治理，政府要按社会发展的要求调整自己的角色，对教育发展要有敏锐的判断。党的十八届三中全会提出的《中共中央关于全面深化改革若干重大问题的决定》，要求逐步取消学校、科研院所、医院等单位的行政级别。政府教育职能的转变同时对于教育去行政化起到了关键作用，未来教育去行政化将更加深入，逐渐形成“教授治校”的良好局面，将行政权力下放，会更好地激发学校自主办学的活力。在教育去行政化的进一步深入的环境下，教育政策面对的教育问题将更为直观，同时更多教授、教师会参与到教育问题的提出和解决中，教育政策提出的解决方法也将更为有效，对教育政策改革产生巨大的推动作用。因此政府工作将逐渐走向监督和服务，成为服务型政府，从大包大揽的单向度管理转向政府、社会与公众等多元主体的共同治理。

（四）终身教育观进一步形成

多元文化下，需要形成多元教育观。《国家中长期教育改革和发展规划纲要（2010—2020 年）》要求构建灵活开放的终身教育体系，搭建终身学习的“立交桥”。以此来促进各级各类教育的衔接和沟通，为人们提供更多的选择机会，这样可以满足个人多样化的学习发展需要。教育部副部长朱之文在 2016 年全民终身学习活动周全国总开幕式上的讲话中强调，“要以终身学习理念为指导，更新教育观念，大力推进教育内容、教学方法的改革创新，使学校教育从单纯传授知识的教育，逐步向为学习者终身学习打基础的教育转变”[①]。由此看出，国家有关政策对“终身教育体系构建”的要求在逐步明晰，并呈现出趋于实操性和具体化的倾向，这就需要人们形成终身教育观。学校教育传授的知识主要

① 推进全民终身学习 加快学习型社会建设——教育部副部长朱之文在 2016 年全民终身学习活动周全国总开幕式上的讲话. 教育部网站. http://www.moe.gov.cn/jyb_xwfb/moe_176/201610/t20161020_285772.html[2017-05-18].

是基础性的，而且是有限的，它的功能主要是对基础知识的掌握和学习能力的训练，而从迈出校园的那一刻起，人们就要开始主动学习，才能适应社会发展的需求。人们终身教育观的进一步形成与逐渐深化是教育政策改革影响的结果，由此形成了学校、家庭和社会三者的有机结合。在终身教育观的影响下，将进一步形成学习型社会和整套的教育体系，人们的科学文化素质将得到很大的提升。

（五）教育国际化进一步发展

随着全球化的不断深入，信息技术的飞速发展和多元文化的进一步形成，教育上的国际交流也进一步加深，这必然促进教育国际化的进一步发展。2017 年 1 月 13 日，陈宝生在《2017 年全国教育工作会议工作报告》中指出，未来教育政策改革必将基于这样一种背景，逐渐适应多元化的状态，进一步形成多元化的教育政策，尤其在协调教育内外关系上，更能够迎合教育国际化的大趋势，届时教育政策的制定和执行较现在将更为复杂。“加强与大国、周边国家、发展中国家、多边组织的务实合作，充分发挥教育在‘一带一路’建设中的重要作用，形成重点推进、合作共赢的教育对外开放局面。”提高留学生教育质量，深化中外学校间的交流与合作，积极参与全球教育治理，统筹推进中外人文交流。真正的国际化，并不是全盘照搬，而是一种理念、形式和方法上的借鉴，是用国际意识和视野来把握和发展教育，是培养心系祖国、胸怀天下、汇通中西、兼容文理、个性自由而全面发展的人才。教育国际化，最根本的是教育理念的国际化。未来的教育将是与国际高度接轨的教育，人们不仅可以学习自己国家的优秀文化还能够充分学习国外的优秀文化，吸取他们的长处，进一步推动全球化，打造国际交流平台。而教育政策的支持将为教育国际化提供强有力的支持，多元化的教育政策改革将会进一步促进教育国际化的发展。

综上所述，无论是教育政策改革外部的经济、政治、文化的大环境，还是在外部环境影响下的各种内部环境，都为教育政策改革提供了优渥的土壤。未来的教育政策改革环境一定是更加适合教育发展的，国内外经济的飞速发展，政治的不断加强完善，文化上潜移默化的影响，教育内部的人、财、物、时空、信息等方面的环境都是教育政策改革的坚实基础。今后的教育政策，总体上来说并不是越多越好，需真正做到着眼于科学的、前瞻的、精准的标准，切实解决教育领域出现的实际问题，这样的教育政策改革才能够对教育事业的发展乃至社会的发展作出应有的贡献。

第四节　教育政策价值的未来展望

教育改革是促进教育发展的重要方式，也是世界各国关注的永恒话题。在不同的历史时期，教育政策也不尽相同。不同时代的教育政策体现的是特定时代的价值观念，是特定时代教育政策主体对各种利益群体不同价值取向的选择。随着我国社会主义市场经济体制改革地不断深入，教育领域也随之逐渐由封闭走向开放，人们对教育的需求也在不断增加，这种变化对教育改革造成了一定的影响。在教育环境迅速发展变化的今天，对于教育政策价值的研究至关重要，因为它担负着为教育发展指明方向的重大责任。

一、以政府为主体的多元治理的主体教育观的整合

随着全球化的到来，我国的经济、政治、文化发展速度一直居于世界前列，综合国力大为增强。随之而来的是国内社会民主化程度不断提高，社会公民要求参与政策决策的愿望进一步加强，政府垄断政策决策的时代已经结束。所以，研究者和决策者需要在反思和借鉴以往教育政策改革的教训和世界各国教育政策改革经验的基础上，用长远的眼光和国际化的视野，结合自身发展放眼未来。教育政策是主体意志对象化的产物，因此，其价值受主体需要的规定，受主体认识水平和实践能力的制约，并随着主体构成的变化、主体价值观念的整合，以及主体认识和实践水平的提高而获得新的特性。因此，对于未来教育政策价值的展望，必然主要集中于教育政策主体的构成和主体的价值观念。

在教育政策主体教育观念整合方面，我国在改革探索的道路上积累了很多有益的经验。由于不同主体的教育观念不尽相同，而不同的教育观念关乎各个利益主体的切身利益，因此利益诉求的表达尤为重要。在以往某些教育政策制定执行过程中，由于教育政策相关利益主体的缺位，教育政策实施出现了不公平现象，从而引

发了一系列社会问题。因此，未来教育政策制定执行过程中应尽可能吸纳更多的政策利益相关者，让各个利益主体充分表达自己的诉求，只有这样才能够体现多方主体的利益，从而形成以政府为主体，多方参与的教育政策主体结构。这种以政府为主体的多方参与的结构能够激发各个主体参与教育政策决策的积极性，通过相关渠道表达他们对教育政策改革的诉求。另外，不同利益主体的教育观念的碰撞可能会激发更多的活力，使人们的教育观念得到不断的更新。只有整合了各个利益主体的教育观念，才能够在教育政策实施过程中充分调动各个利益主体的积极性，从而使未来的教育政策体现出更加公平、更加创新和全纳的主体性教育政策观念。

在未来教育政策的制定执行过程中，涉及的利益主体有：中央和地方各级政府、市场资本、学生和家长、学校、社会组织等。只有在保证多方主体利益的前提下，才能够保证教育政策改革的成效，推动教育的民主化进程。

1. 中央和地方各级政府

纵观世界各国教育政策改革，政府部门的引领作用不可或缺。因此，在未来教育政策制定执行过程中，我们仍需要政府发挥引领作用，在各个主体的利益之间进行调控与整合。政府部门不仅要注重强势群体的利益，更要重视弱势群体的利益的表达。政府既要注重强势群体的政策支持，更要对弱势群体进行政策支持。因此，未来教育政策的制定，会更加注重公平与公正。政府部门主要有三个方面的职能：首先，对高等教育市场进行合理引导、培育和监管，确保市场环境健康有序；其次，借助办学能力评估、教育质量评估等手段，评价高等学校的办学能力、管理行为和教学质量，从而形成有效的制度约束；最后，政府部门通过教学科研经费拨付等宏观调控手段，全面调控高等学校的日常运转。①

2. 学生和家长

学生和家长一直都是教育政策的受用主体，也是教育改革的直接参与者，更是教育政策改革的直接利益相关者。随着人民生活水平地不断提高，家长对子女的教育问题也越来越重视，对教育产品的消费也在不断增加。但是，由于教育资源是相对有限的，家长和学生对教育资源的需求迫切希望得到满足，那么如何缓解教育资源的有限和人们的迫切需求之间的矛盾是我们需要解决的问题。在未来教育政策制定的过程中，应该充分考虑到学生和家长这一直接受用主体的利益，

---

① 尹丽春. 基于多元主体参与的高等教育治理模式研究. 黑龙江高教研究，2014，(7)：46-48.

保障了学生和家长的利益，教育中出现的很多矛盾也就会自然而然地得到解决。同时，学生和家长也应该积极地参与到教育政策的制定执行和评价过程中来，通过合法的渠道积极为教育政策改革建言献策。

3. 学校

学校是教育服务最基本的提供者，也是国家教育政策贯彻实行的载体。随着社会的发展和教育改革的不断深入，在教育资源相对有限的前提下，学校与学校之间的竞争也日趋激烈，学校自主权不断得到提升，学校的主体地位也日趋明确。学校的管理者和教师作为教育政策的执行者，他们有权利也有义务作为学校利益的代表被纳入教育政策制定主体中来，来表达教师和学校的利益。

4. 社会组织

社会组织是指非营利、非政府的第三部门组织。第三部门组织是指处于代表市场力量的第一部门（企业）和代表公共力量的第二部门（政府）之间的社会组织，常被称为中介组织、非政府组织、非营利组织等。由于政府失灵和市场失灵的存在，第三部门作为一种中间调节机制，在一定程度上很好地弥补了政府和市场两方面的不足，充当了宏观国家和微观市场之间的一个中观协调角色，在利益表达、利益分配、社会纠偏等方面起了重要作用。实际上，共同治理的本质是第一、二、三部门对于公共事务的共同治理。[①]随着教育主体多元化趋势的逐步增强，社会组织在沟通政府与学校、学校与社会之间发挥着重要的作用，不但弥补了高等教育产品供给不足、增强了高等学校的自主权，还提升了高等教育多元化水平。改革开放以来，我国民办教育的兴起改变了政府垄断办学的格局，教育资源供给主体趋向多元化，这不但为我国广大的受教育者提供了更多选择的机会，同时也激发了我国教育事业的活力。随着民办教育的不断发展，市场资本在教育改革与发展过程中的利益主体地位也越来越明显。因此，我们有必要将市场资本纳入到教育政策主体中来，充分了解和听取市场资本的意见和需求。这样不但能保证教育政策制定的公平合理，还能够使教育政策执行能够更加接地气，增强其可操作性和实用性，从而推动市场资本能够更加高效运作、健康发展。

在如今这个大数据时代，信息技术的飞速发展也为各个利益主体提供了参与的渠道。政府要积极开拓各种渠道，为学生和家长、学校、社会组织等相关主体表达自己的诉求提供尽可能多的方式，从而制定出更加科学和以人为本的教育政策。

---

① 褚宏启，贾继娥. 教育治理中的多元主体及其作用互补. 教育发展研究，2014，(19)：1-7.

二、以学生为中心的主体教育观的整合

随着社会的不断发展，人们的生活发生了巨大变化，社会分工逐渐多样化，文化也出现了多元发展取向，这就迫切需要不同才艺和丰富个性的社会成员，因此，学生个性发展越来越受到人们的重视。显而易见，近代学校教育的传统班级授课制教学形式和人才培养的批量生产模式已经逐渐显露弊端，传统的“批量生产”和“统一模式”已经不能满足时代发展的需求，而且与人的个性发展是相违背的。以学生为中心的主体教育观应该是适合学生发展的教育，这就要求我们要明确学生的主体性，关注每一位学生，关注他们的情绪状态、情感体验、道德和人格培养等。以学生为中心就是把学生作为学校教育和管理的中心，时时处处把学生的切身利益放在学校改革和发展的首位，就是从学生的立场和角度出发开展工作。①

（一）课堂教学：由教师为主体转向教师为导向、学生为中心

传统的以教师教学为主体的课堂教学方式已经无法满足时代的发展，以学生为中心的主体教育观越来越受到教育管理者的重视。随着网络科学技术的发展及翻转课堂的广泛应用，现代课堂教学中的学生逐渐转变了学习方式，由教师为主导转向了自主学习，更多地侧重于学生之间、师生之间协作互动的学习，这是学习方式的转变。另外，学生获取知识的来源不再只有书本，所以尊重学生的多元化，以学生为中心的学习方式才能确保和促进学生的学习成效。因此，为了提高学生学习的积极性和主动性，学校应该继续深入推行教师和学生互动协作的学习形式。一方面，培养学生良好的学习习惯和创新精神。鼓励学生大胆质疑，敢于创新和提出与众不同的见解，这种探索精神正是当今社会所推崇和需要的。教师应该从思想上引导学生，使其正确地认识到任何人都有发现新知识的可能，鼓励学生独立思考，在教学上要发扬民主，为学生独立思考创造应有的条件。另一方面，要将学习的主动权交给学生。现代科技的发展，极大地丰富了学生获取知识的来源。应鼓励学生通过不同的手段获取知识，激发学生智慧的潜能和内在的学习动机。

---

① 王月红. 本科生转专业问题研究. 东北师范大学硕士学位论文，2012.

（二）学校管理：以人为本，凸显学生的主体性

传统的学校管理往往忽视以人为本的理念，在管理观念、管理制度、管理方法等方面有着不同程度的缺失和局限。首先，在管理观念方面，传统的学校管理往往从领导者的意愿出发来确定管理的目标、计划和实施，学校管理目标的实现仅仅是领导者的意愿。在教学活动、教育内容、教室和学生管理等方面均由少数领导决定，很少或者根本不考虑教师和学生的需要、兴趣爱好，把管理当作管制，缺乏民主性和服务意识。[①]其次，在管理制度和管理方法上对学生的重视不够，比如我国高等教育本科阶段换专业的难度很大，往往会有名额、成绩等限制，无法满足所有学生的需求等。传统的学校管理过于严格死板确实不利于学生的积极性、创造性发展和学校的发展。那么，时代的不断发展就要求学校综合考量教学资源、专业布局、学生合理需求等，积极稳步地推进以人为本的管理制度和管理方法的改革。因此，一方面，学校的制度建设和实施要体现以学生为本的教育理念，充分地尊重学生的自由，凸显学生的主体性。学校在教育教学、后勤管理中，应该确保以学生为中心，把学生和家长的满意度作为衡量学校管理业绩和各类人员业绩的关键指标，这样才能使学生的主体地位得到提升。[②]另一方面，学校管理应该凸显学生的主体性，树立学生为教育资源的消费者的主体思想。学生需要哪些学习资源和学习便利，学校就应该满足学生的需求，提供相应的学习资源和学习便利。

三、教育政策价值的形式和内容进一步完善

随着社会政治、经济、文化的飞速发展，经济全球化的程度进一步加深，人们的认识水平和实践水平得到了进一步提升，价值观念也随之发生了一系列变化，从而使人的主体性得到了相应的解放和弘扬。那么教育政策价值的形式和内容也随之悄然发生转变。我们知道，教育政策价值从效用关系的范围可以划分为个体价值和社会价值；从性质层面可以分为政治价值、社会价值、教育价值和人的价值；从内容上可以分为政治价值、经济价值和文化价值；从形式上可以分为

---

① 张祥鸿. 以人为本学校管理模式的创新. 华中帅范人学硕士学位论文，2004.

② 陈信雄. 学校管理制度的人文性. 福建教育学院学报，2008，(6)：70-71.

理想价值和现实价值，直接价值和间接价值，显性价值和隐性价值。我国当前对教育政策价值还存在一些错位认识，如重社会价值、轻个体价值，重外在价值、轻内在价值，重显性价值、轻隐性价值等。那么，未来的教育政策主体在教育政策制定、执行和评价过程中应注重科学和人文的融合，才能使教育政策价值的内容和形式不断得到完善和发展。教育政策价值内容和形式的完善也就是追求教育政策价值的复归，是教育政策价值主体（人）通过教育政策实践活动，关照所有主体的价值，使教育政策价值全面而完善地体现出来的过程。具体来说，教育政策的全面复归包括两层含义：首先，对第一主体的满足。教育政策的价值满足了教育政策决策主体、咨询主体、执行主体、评价主体的需要，起到了良好地协调利益表达的作用，达成了利益的集中和分配方案。其次，对第二主体的满足。教育政策价值满足了教育政策对象的需要，教育政策对象的利益要求是有效的，利益的分配和再分配被证明是可满足的。①

（一）充分重视个体价值，做到社会价值和个体价值的统一

过去我们制定教育政策的出发点大多是社会价值，更多考虑的是教育政策是否能够推动社会的发展，对社会政治有什么样的推动作用，对社会经济有什么样的作用，而忽视了对个体价值的重视，由此看来，教育政策主体观念对个体价值的关注程度还远远不够。随着社会的发展，人们的价值观念也在不断得到更新，人们越来越追求个性的解放和个体价值的彰显，这种趋势决定了人们的教育观念，因此，未来的教育也会越来越重视教育政策的个体价值。社会价值和个体价值之间怎样平衡是我们制定未来教育政策的重点。所以，未来教育政策改革需要协调好二者之间的关系，在重视社会价值的同时，给予个体价值充分的重视。也就是说，我们在制定教育政策的时候，应该从个体价值出发，以人为本，体现人文关怀，通过个体价值的实现推动社会的发展及社会价值的实现。这样才能充分地调动个体的积极性，激发社会发展的原动力。

（二）充分重视教育的内在价值，做到内在价值和外在价值统一

众所周知，从政治价值到经济价值到教育价值再到人的价值是一个从低到高

① 孙绵涛，邓纯考. 错位与复归——当代中国教育政策价值分析. 教育理论与实践，2002，(10)：17-20.

的价值层级。我们以往制定教育政策的时候，过于重视教育的外在价值和工具性价值，往往会忽略教育的价值和人的价值。这是不全面的、不科学的。社会政治要发展，经济要发展，教育也要发展，人也要发展，所以教育政策价值的发展趋势也会由较低的层级（政治、经济价值）走向较高的层级（教育的价值、人的价值）。教育是培养人的活动，未来教育政策的制定要有利于人得到全面的、自由的发展，即教育政策要基于人的本性来发展人，而不能一味强调教育政策的政治价值和经济价值。所以，教育政策制定和执行要注重教育内部关系的协调，尊重教育发展的规律，着重解决教育活动的内部矛盾，突出人的主体价值的实现和人文关怀。要把教育的价值和人的价值实现放在首位，改变教育是其他社会子系统的附属品的观念，这样才能够真正地促使教育得到发展，最终达到使受教育者全面自由和谐发展的目的。

（三）充分重视教育的文化价值，做到政治、经济价值，文化价值的统一

以往我们在制定教育政策的时候，通常过于重视政治价值、经济价值，也就是注重教育政策对社会的政治作用和经济作用，而对教育政策文化价值有所忽略。教育政策的文化价值表现在哪里？我们过去对文化的理解包括物质文化、精神文化和制度文化。物质文化价值可以包含到经济价值中，制度文化价值可以包含到政治价值中，而精神文化的价值可以被政治价值包含甚至超脱了政治价值，这是对于传统文化价值的理解。随着社会的发展和人们对于文化研究的深入，有学者发现文化和科技、文明之间存在着密切的联系，它包括价值信仰、认知系统、规范系统、行为系统在内的四大系统。文化的这四大系统表现出来的价值是传统的政治价值和经济价值所包含不了的，因此未来的教育政策应该在注重传统的政治价值、经济价值的同时，充分重视教育政策的文化价值，三者缺一不可，这样制定出来的教育政策才更加科学。

（四）教育政策的价值形式得到不断完善

1. 重视理想价值，做到理想价值和现实价值的统一

在制定和执行教育政策时，要处理好理想价值和现实价值的关系。理想价值是

制定教育政策要达到的目的，引领着教育政策的方向，但是教育政策在执行过程中往往会偏离方向，也就是教育政策的理想价值和现实价值往往会出现偏差，这是不可避免的。理想价值和现实价值两者之间是对立统一的，有理想价值必然有现实价值，有现实价值必然会有理想价值。因此，教育政策主体在制定执行评价教育政策的时候要看到现实价值也要看到理想价值，只有看到这两者之间的差距，才能够对症下药，有效地调整和修订教育政策，使教育政策实现预期的理想价值。

2. 充分重视间接价值，做到直接价值和间接价值的统一

教育政策主体要处理好直接价值和间接价值之间的关系。一个教育政策的出台不单要考虑它的直接价值，还要全方位考虑它的间接价值。比如一项新的教师政策的出台，在给教师带来影响的同时，还会对社会其他行业的工作者带来间接的影响。间接价值有正面的影响也有负面的影响，因此在未来教育政策主体制定教育政策的过程中，在认识到直接价值的同时，还要充分重视教育政策的间接价值，这样在实施过程中对社会也会产生正面的影响而不至于引发社会矛盾。也就是说，只有将二者结合起来考虑才能保证教育政策改革的正确方向。

3. 充分重视隐性价值，做到显性价值和隐性价值的统一

未来的教育政策主体要处理好显性价值和隐性价值的关系。我们过去制定教育政策往往过于注重显性价值而忽略隐性价值。显性价值只是整个教育政策价值的一个片段，隐性价值可能会给社会带来正面影响也可能是负面影响，如果一项政策的出台给社会造成负面影响，就不能称其为好的教育政策。因此，应当用系统的眼光和整体的视角，追溯事件从动态向静态发展的整个过程，深刻理解显性价值和隐性价值的紧密关联，理性把握显性价值与其背后所沉淀的隐性价值的统一。通过显性价值与隐性价值的统一，避免因断章取义使教育政策的价值失去其应有之义。因此，我们在制定执行教育政策的时候，既要重视显性价值又要重视隐性价值。理想价值和现实价值，显性价值和隐性价值，直接价值和间接价值，两两之间是对立统一、缺一不可的。可以预计的是，将来教育政策主体在制定执行和评价教育政策的时候，会充分重视每一对价值，即教育政策价值的内容和形式将会得到进一步完善。

参 考 文 献

白贝迩，司晓宏. 教育政策评估的困境及其超越. 教育理论与实践，2016，(1)：20-24.

柏杨. 现阶段我国教育公平存在的问题与对策探究. 学理论，2014，(16)：103-104.

包海芹. 教育政策执行中的委托代理问题. 江苏高教，2004，(3)：14-17.

毕正宇. 教育政策执行模式研究. 华中师范大学博士学位论文，2006.

曹能秀. 近十年来日本幼儿教育改革政策：演进及特色. 外国教育研究，2013，(6)：3-10.

陈佳. 主体性教育政策实践观研究. 沈阳师范大学，2017.

陈立鹏，郭晶. 我国现行异地高考政策分析. 国家教育行政学院学报，2013，(4)：30-34.

陈文美. 我国高校教师聘任制政策研究——基于政策内容分析的视角. 高等职业教育（天津职业大学学报），2009，(2)：73-74，85.

陈振明. 政策科学. 北京：中国人民大学出版社，1998.

成有信. 教育政治学. 南京：江苏教育出版社，1993.

邓旭. 教育政策民意表达的逻辑框架. 中国教育学刊，2013，(08)：5-8.

丁学森. 我国高校创业教育政策的内容分析. 沈阳师范大学硕士学位论文，2011.

高影. 教育国际化，何去何从. 中国教师报，2012-05-09（010）.

郭玲. 我国终身教育体系建构现状及其构建路径. 继续教育研究，2015，(10)：4-6.

郭苏豫. 我国农村终身教育体系问题研究. 继续教育研究，2016，(1)：34-36.

国卉男. 中国终身教育政策研究. 华东师范大学博士学位论文，2013.

国家教育考试指导委员会关于高考改革前期调研工作情况的汇报. 2012：2-3.

韩梦洁，宋伟. 21 世纪美国高等教育政策改革述评——基于 Spellings 委员会报告的分析. 中国高教研究，2012，(7)：65-68.

韩喜平，曲海龙. 教育领域寻租特征、原因及其治理. 东北师大学报（哲学社会科学版），2014，(4)：153-157.

核心素养统领下，课程教学如何变革. 中国教育报，2016-09-21（009）.

胡春梅. 教育政策执行概念的分析. 辽宁教育研究，2005，(1)：45-46.
胡福贞，吴梅芬. 学前教育政策执行偏差的归因及其矫正. 现代教育管理，2014，(7)：55-59.
胡佳佳. 描画全球未来教育的模样. 中国教育报，2015-11-15（003）.
胡悦. 我国教师资格政策研究：一种政策内容分析的视角. 理论观察，2008，(3)：95-96.
黄昏. 我国义务教育均衡发展的历史及走向分析. 沈阳师范大学硕士学位论文，2012.
黄蔚. 创客教育别成“唐僧肉”. 中国教育报，2016-06-11（003）.
黄蔚. 教育信息化的国际趋势与启示. 中国教育报，2016-07-08（005）.
建立什么样的教育决策机制. 新华网. http：//www.xinhuanet.com/politics/2016-03/30/c_128847695.htm[2016-05-18].
江苏省教育厅关于全面提高高等学校人才培养质量的意见. 江苏省教育厅网站. http：//www.ec.js. edu. cn/art/2013/1/28/art_4267_107448.html[2017-02-27].
李钢，蓝石，等. 公共政策内容分析方法：理论与应用. 重庆：重庆大学出版社，2007.
李佳颖. 改革开放以来我国特殊教育政策的变迁与发展研究. 沈阳师范大学硕士学位论文，2012.
李腾达. 关于教师参与教育政策决策的研究. 沈阳师范大学硕士学位论文，2011.
李文苑. 环境法上的环境概念探析. 能源与环境，2007，(4)：67-69.
李莹. 教育政策评价的发展脉胳及启示. 中国高等教育评估，2006，(2)：23-26.
刘孙渊. 我国教育政策评估存在的问题及对策. 扬州大学学报（高教研究版），2002，(2)：40-44.
刘晶. 论“上下互动”的教育政策执行——以师范生免费教育政策为例. 教育发展研究，2016，36（10）：8-13.
刘欣. 由教育政策走向教育公平——我国基础教育政策的公平机制研究. 华中师范大学博士学位论文，2008.
刘艳君. 教育供给侧改革视野下的外语课堂教学改革探究. 当代教育实践与教学研究，2018，(5)：64-65.
刘玉华. 谈改革与发展的关系. 北方经贸，2000，(4)：40-41.
庞文，于婷婷. 我国特殊教育法律体系的现状与发展. 教育发展研究，2012，32，(4)：80-84.
祁型雨. 超越利益之争：教育政策的价值研究. 北京：高等教育出版社，2003.
祁型雨. 利益表达与整合. 华中师范大学博士学位论文，2003.
祁型雨. 论教育决策过程的质量判别与质量保障. 上海教育科研，2006，(02)：19-22.
钱再见. 现代公共政策学. 南京：南京师范大学出版社，2007.
曲洁. 义务教育改革与发展的政策工具研究. 复旦大学博士学位论文，2013.
沈亚平，陈良雨. 现代化视域下中国教育治理体系的重构. 湖北社会科学，2015，(8)：153-159.

史华楠. 教育管办评分离的条件、目标和策略分析. 中国教育学刊，2015，（7）：65-72.

斯图亚特·S. 那格尔. 政策研究百科全书. 林明等译. 北京：科学技术文献出版社，1990.

孙菲. 关于我国高校英语学科政策内容分析的探讨. 吉林省教育学院学报，2008，（4）：35-37.

孙杰. 我国高等教育质量政策内容的问题分析. 辽宁教育行政学院学报，2009，（5）：40-42.

孙绵涛. 关于教育政策分析若干理论问题的探讨. 教育研究与实验，2002，（2）：1-6，72.

孙绵涛. 关于教育政策内容分析的探讨——以中国 1978 年后教育体制改革政策内的分析为例. 教育研究与实验，2007，（3）：39-45.

孙绵涛. 教育政策学. 武汉：武汉工业大学出版社，1997.

孙绵涛，康翠萍，朱晓黎. 改革开放以来中国就近入学政策的内容分析. 教育理论与实践，2009，（25）：16-20.

孙霄兵. 《义务教育法》修订：背景、进程和主要突破. 教育发展研究，2006，（15）：11-17.

孙霄兵. 新《义务教育法》：为保证顺利实施义务教育提供法律保障——解读新《义务教育法》的立法背景和重要原则. 中国民族教育，2006，（10）：4-7.

唐君，任平. 对我国幼儿园教师资格制度的思考——台湾幼儿园教师资格制度之启示. 沙洋师范高等专科学校学报，2012，13（3）：26-30.

陶学荣，崔运武. 公共政策分析. 武汉：华中科技大学出版社，2008.

汪大海. 现代公共政策学. 北京：清华大学出版社，2010.

王成龙，侯进仁. 2015 年民族教育政策回顾与传播路径分析. 中国民族教育，2016，（3）：19-21.

王凤娥，杨克瑞. 公共权力与教育寻租. 当代教育科学，2007，（11）：11-12，39.

王海英，江夏，王友缘. 我国面向 2030 年的学前教育中长期发展目标及推进策略构想. 幼儿教育，2016，（27）：3-10.

王培峰. 我国特殊教育政策：总体结构及其问题——基于特殊教育政策文本的分析. 基础教育，2016，13（2）：11-20.

王世岳. 教育政策的执行与激励——以高中招生指标到校政策为例. 湖南师范大学教育科学学报，2015，14（6）：23-29.

王世忠. 关于教育政策执行的涵义、特征及其功能的探讨. 湖北教育学院学报，2001，（1）：64-68.

王曙光，李维新，金菊. 公共政策学. 北京：经济科学出版社，2008.

王素荣. 教育政策评估指标体系研究. 教育理论与实践，2006，（6）：8-10.

王文源. 优化政策环境：转型期中国民办教育健康发展的期待. 第四届中国科学家教育家企业家论坛和 2005 中国教育热点问题研讨会论文集. 2005：12.

王晓菲. 我国学前教育立法的内容研究. 沈阳师范大学硕士学位论文，2015.

王秀军. 稳步推进普通高中多样化发展. 中国教育报，2015-12-17（006）.
王影影. 布莱尔执政时期英国教育政策改革研究. 山东大学硕士学位论文，2016.
王有升. 中国教育治理体制的历史演变、现实问题与改革动力探析. 华中师范大学学报（人文社会科学版），2016，55（6）：167-174.
吴鲁平，彭冲. 中国青少年校外教育政策研究——一种文本内容分析. 中国青年研究，2010，（12）：30-35.
吴霓，朱富言. 流动人口随迁子女在流入地升学考试政策分析. 教育研究，2014，35（4）：43-52.
吴志宏，等. 教育政策与教育法规. 上海：华东师范大学出版社，2003.
吴遵民. 教育政策学入门. 上海：上海教育出版社，2010.
伍宸. 《统筹推进世界一流大学和一流学科建设总体方案》政策分析与实践对策. 重庆高教研究，2016，（1）：12-17.
萧宗六. 教育方针、教育政策和教育法规. 人民教育，1997，（11）：35-36.
谢志薇. 政策环境对大学生思想政治教育的影响及对策研究. 湖北大学硕士学位论文，2012.
熊丙奇. “双一流”需要一流管理. 中国高等教育，2016，（7）：1.
徐力，徐辉. 加强我国高等教育政策研究的若干思考. 高等教育研究，2001，（1）：58-62.
徐元善，居欣. 公众参与公共政策制定过程的问题及对策研究. 理论探讨，2009，（5）：143-146.
徐赟. 教育政策评价分析的理论构建与实践反思. 沈阳师范大学硕士学位论文，2011.
杨启光. 西部教育政策宏观环境构建问题探析. 探索，2001，（3）：116-118.
杨雯娟. 强化职业教育特点高职英语课程建设改革实证研究. 包头职业技术学院学报，2016，17（1）：75-77，96.
杨雄，刘程. 关于学校、家庭、社会“三位一体”教育合作的思考. 社会科学，2013，（1）：92-101.
杨雪琴. 互联网环境下公众参与公共政策制定研究. 西北大学硕士学位论文，2015.
衣华亮，李北群. 教育政策执行偏离的利益分析. 教育理论与实践，2010，30（16）：20-23.
游忠永. 教育行政学. 成都：成都电讯工程学院出版社，1988.
袁振国. 教育政策分析与当前教育政策热点问题. 复旦教育论坛，2003，（1）：29-32.
袁振国. 中国教育政策评论 2012. 教育研究，2013，（3）：2.
岳金霞. 关于思想政治教育环境的界定分析. 学校党建与思想教育，2004，（12）：12.
曾天山. 如何把管办评分离落在实处. 中国高等教育，2015，（20）：1.
谌红桃. 对我国现行素质教育政策的初步分析. 当代教育论坛，2004，（2）：73-74.
张家勇，朱玉华. 优化教育决策需要体制机制创新——以考试招生制度改革为例. 当代教育科学，2015，（13）：36-38，45.

张雷生. 韩国高等教育政策改革最新动向. 现代教育管理，2010，（8）：112-115.
张力. 2002年中国教育绿皮书：中国教育政策年度分析报告. 北京：教育科学出版社，2002.
张新平. 简论教育政策的本质、特点及功能. 江西教育科研，1999，（1）：37-42.
赵海利. 高等教育公共政策. 上海：上海财经大学出版社，2003.
赵军. 新制度主义视角下美国高等教育入学政策的研究. 哈尔滨理工大学硕士学位论文，2011.
赵淼. 美国少数民族高等教育政策研究. 沈阳师范大学硕士学位论文，2013.
赵盼，杨挺. 新媒体对教育政策执行的影响研究——以“阳光工程”政策为例. 教育导刊，2016，（9）：49-52.
赵强，赵磊. 西北少数民族地区劳动力文化素质状况分析——以新疆为例. 西南民族大学学报（人文社科版），2016，37（6）：35-40.
赵欣. 马来西亚教育政策改革对华族国家认同的影响. 暨南大学硕士学位论文，2010.
周海涛. 以深化综合改革增强民办教育发展活力. 教育研究，2014，35（12）：109-114.
周小佩. 试论我国优质教育资源的公平分配问题. 创新，2009，3（9）：70-72.
朱丽. 教育改革代价研究. 华东师范大学博士学位论文，2008.
朱永坤，白永. 教育政策制定程序：教育政策公平性的重要影响因素. 现代教育管理，2011，（10）：52-56.
Dunn E. Public Policy Malysis：An Introduction. Enlewood Ciffs：Prentice-Hall，1994.
Griffiths M. Re-thinking the relevance of philosophy of education for educational policy making. Educational Philosophy and Theory，2014，46（5）：546-559.
Grosvenor I，Myers K. Progressivism，control and correction：local education authorities and educational policy in twentieth-century England. Paedagogica Historica，2006，42（1-2）：225-247.
Hajisoteriou C. Intercultural education? An analysis of Cypriot educational policy. Educational Research，2012，54（4）：451-467.
Hogwood B W，Gunn L A. Policy Analysis for the Real World. London：Oxford University Press，1984.
Tipenko N G. The economics of education and educational policy. Russian Education and & Society，2005，47（11）：7-21.

附录一 教育政策类文献汇总

附表 1 “十二五”“十三五”期间教育政策文献汇总 （截至 2017 年 5 月）

序号	颁布日期	颁布机关	政策名称
1	2010 年 1 月	教育部	《教育部关于贯彻落实科学发展观 进一步推进义务教育均衡发展的意见》
2	2010 年 2 月	中华全国妇女联合会、教育部、中央精神文明建社指导委员会办公室、民政部、卫生部、国家人口计划生育委员会、中国关心下一代工作委员会	《全国家庭教育指导大纲》
3	2010 年 2 月	教育部	《义务教育阶段盲校教学与医疗康复仪器设备配备标准》
4	2010 年 4 月	人力资源和社会保障部、教育部、财政部、中国人民银行、国家税务总局、国家工商行政管理总局	《关于实施 2010 高校毕业生就业推进行动大力促进高校毕业生就业的通知》
5	2010 年 4 月	教育部办公厅	《全国中等职业教育教学改革创新指导委员会章程》
6	2010 年 5 月	教育部	《教育部关于组织申报国家教育体制改革试点的通知》
7	2010 年 5 月	国务院	《国务院关于鼓励和引导民间投资健康发展的若干意见》
8	2010 年 7 月	国家中长期教育改革和发展规划纲要工作小组办公室	《国家中长期教育改革和发展规划纲要（2010—2020 年）》
9	2010 年 9 月	教育部	《留学中国计划》
10	2010 年 11 月	国务院	《国务院关于当前发展学前教育的若干意见》
11	2010 年 12 月	教育部办公厅	《2011 年全国中小学教学用书目录变动部分》
12	2010 年 12 月	教育部	《教育部关于推进中小学信息公开工作的意见》

续表

序号	颁布日期	颁布机关	政策名称
13	2011 年 1 月	中华全国妇女联合会、教育部、中央精神文明建设指导委员会办公室	《全国妇联 教育部 中央文明办关于进一步加强家长学校工作的指导意见》
14	2011 年 1 月	教育部	《教育部关于大力加强中小学教师培训工作的意见》
15	2011 年 2 月	教育部高等教育司	《教育部高等教育司 2011 年工作要点》
16	2011 年 2 月	教育部办公厅	《普通高等学校学生心理健康教育工作基本建设标准（试行）》
17	2011 年 3 月	财政部、教育部	《财政部 教育部关于实施农村义务教育薄弱学校改造计划的通知》
18	2011 年 3 月	第十一届全国人民代表大会第四次会议审议通过	《中华人民共和国国民经济和社会发展第十二个五年规划纲要》
19	2011 年 3 月	教育部办公厅	《教育部基础教育课程教材专家咨询委员会章程》
20	2011 年 4 月	教育部办公厅	《教育部办公厅关于在义务教育阶段中小学实施“体育、艺术 2+1 项目”的通知》
21	2011 年 4 月	教育部	《教育部关于“十二五”普通高等教育本科教材建设的若干意见》
22	2011 年 5 月	教育部	《教育部关于联合相关部委利用社会资源开展中小学社会实践的通知》
23	2011 年 6 月	国务院	《国务院关于进一步加大财政教育投入的意见》
24	2011 年 7 月	教育部、财政部	《教育部 财政部关于“十二五”期间实施“高等学校本科教学质量与教学改革工程“的意见》
25	2011 年 7 月	教育部	《教育部关于深入实施高校招生阳光工程的意见》
26	2011 年 7 月	教育部、人力资源和社会保障部、财政部	《国家中等职业教育改革发展示范学校建设计划项目管理暂行办法》
27	2011 年 7 月	教育部	《教育部关于印发〈切实保证中小学生每天一小时校园体育活动的规定〉的通知》
28	2011 年 8 月	国务院	《中国儿童发展纲要（2001—2010 年）》
29	2011 年 8 月	教育部	《教育部关于中小学开展书法教育的意见》
30	2011 年 8 月	中华全国妇女联合会儿童工作部	《全国家庭教育工作“十二五”规划》
31	2011 年 9 月	教育部、财政部	《财政部 教育部关于建立学前教育资助制度的意见》
32	2011 年 9 月	教育部办公厅	《教育部办公厅关于做好少数民族双语教师培训工作的意见》
33	2011 年 9 月	教育部	《教育部关于推进高等职业教育改革创新引领职业教育科学发展的若干意见》
34	2011 年 10 月	教育部	《教育部关于大力推进教师教育课程改革的意见》
35	2011 年 10 月	教育部	《教师教育课程标准（试行）》

续表

序号	颁布日期	颁布机关	政策名称
36	2011年10月	教育部	《教育部关于普通高等学校本科教学评估工作的意见》
37	2011年11月	教育部、财政部	《教育部 财政部关于实施职业院校教师素质提高计划的意见》
38	2011年11月	国务院办公厅	《国务院办公厅关于实施农村义务教育学生营养改善计划的意见》
39	2011年12月	教育部	《学校教职工代表大会规定》
40	2011年12月	教育部、中国教科文卫体工会全国委员会	《高等学校教师职业道德规范》
41	2011年12月	教育部	《教育部关于“十二五”期间加强中等职业学校教师队伍建设的意见》
42	2011年12月	教育部	《教育部关于印发义务教育语文等学科课程标准（2011年版）的通知》
43	2011年12月	教育部	《教育部关于规范幼儿园保育教育工作防止和纠正“小学化”现象的通知》
44	2011年12月	国家发展和改革委员会、教育部、财政部	《幼儿园收费管理暂行办法》
45	2012年	中华全国妇女联合会、教育部、中央精神文明建设指导委员会办公室、民政部、卫生部、国家人口和计划生育委员会、中国关心下一代工作委员会	《全国妇联、教育部、中央文明办、民政部、卫生部、国家人口计生委、中国关工委关于印发〈关于指导推进家庭教育的五年规划（2011—2015年）〉的通知》
46	2012年2月	教育部	《教育部关于建立中小学幼儿园家长委员会的指导意见》
47	2012年2月	教育部	《幼儿园教师专业标准（试行）》
48	2012年2月	教育部	《学前教育督导评估暂行办法》
49	2012年2月	中共中央宣传部办公厅、教育部办公厅	《中共中央宣传部办公厅　教育部办公厅关于进一步加强中小学时事教育的意见》
50	2012年2月	教育部、新闻出版总署、国家发展和改革委员会、国务院纠正行业不正之风办公室	《教育部 新闻出版总署 国家发展改革委 国务院纠风办关于加强中小学教辅材料使用管理工作的通知》
51	2012年2月	教育部、国家发展和改革委员会、审计署	《治理义务教育阶段择校乱收费的八条措施》
52	2012年3月	教育部	《教育部关于全面提高高等教育质量的若干意见》
53	2012年3月	教育部、财政部	《教育部 财政部关于实施高等学校创新能力提升计划的意见》
54	2012年3月	中华全国妇女联合会、教育部、中央精神文明建设指导委员会办公室、民政部、卫生部、国家人口和计划生育委员会、中国关心下一代工作委员会	《全国妇联 教育部 中央文明办 民政部 卫生部 国家人口计生委 中国关工委关于印发〈关于指导推进家庭教育的五年规划（2011—2015年）〉的通知》

续表

序号	颁布日期	颁布机关	政策名称
55	2012年3月	教育部	《教育信息化十年发展规划（2011—2020年）》
56	2012年3月	教育部	《高等学校“十二五”科学和技术发展规划》
57	2012年3月	教育部	《高等教育专题规划》
58	2012年3月	教育部、国家发展和改革委员会、财政部、人力资源和社会保障部、国务院扶贫开发领导小组办公室	《教育部 国家发展改革委 财政部 人力资源社会保障部 国务院扶贫办关于实施面向贫困地区定向招生专项计划的通知》
59	2012年3月	教育部办公厅	《教育部人才工作协调小组2012年工作要点》
60	2012年3月	教育部办公厅	《教育部办公厅关于加强涉外办学规范管理的通知》
61	2012年4月	教育部办公厅	《教育部办公厅关于中小学幼儿园安全工作2012年第1号预警通知》
62	2012年5月	全国农村义务教育学生营养改善计划领导小组办公室	《农村义务教育学生营养改善计划应急事件处理暂行办法》
63	2012年5月	教育部	《教育部关于加强督学责任区建设的意见》
64	2012年5月	教育部、卫生部	《教育部 卫生部关于实施卓越医生教育培养计划的意见》
65	2012年5月	卫生部、教育部	《农村义务教育学生营养改善计划营养健康状况监测评估工作方案（试行）》
66	2012年5月	教育部办公厅	《“国培计划”课程标准（试行）》
67	2012年5月	教育部 中宣部等十五部门	《农村义务教育学生营养改善计划实施细则》
68	2012年5月	教育部	《教育部关于加快推进职业教育信息化发展的意见》
69	2012年6月	教育部	《教育部关于鼓励和引导民间教育资金进入教育领域促进民办教育健康发展的实施意见》
70	2012年6月	国家食品药品监督管理局	《关于做好农村义务教育学生营养改善计划餐饮服务食品安全监管工作的指导意见》
71	2012年7月	财政部、教育部	《农村义务教育学生营养改善计划专项资金管理暂行办法》
72	2012年8月	国务院	《教育督导条例（草案）》
73	2012年8月	教育部办公厅	《普通本科学校创业教育教学基本要求（试行）》
74	2012年8月	国务院	《国务院关于加强教师队伍建设的意见》
75	2012年8月	教育部、国家发展和改革委员会、公安部、人力资源和社会保障部	《关于做好进城务工人员随迁子女接受义务教育后在当地参加升学考试工作的意见》
76	2012年9月	国务院办公厅	《国务院办公厅关于规范农村义务教育学校布局调整的意见》
77	2012年9月	国务院	《国务院关于深入推进义务教育均衡发展的意见》
78	2012年9月	教育部、国家发展和改革委员会、财政部	《教育部 国家发展改革委 财政部关于深化教师教育改革的意见》

续表

序号	颁布日期	颁布机关	政策名称
79	2012年9月	教育部、中央机构编制委员会办公室、国家发展和改革委员会、财政部、人力资源和社会保障部	《教育部 中央编办 国家发展改革委 财政部 人力资源社会保障部关于大力推进农村义务教育教师队伍建设的意见》
80	2012年9月	教育部、国家发展和改革委员会、民政部、财政部、人力资源和社会保障部、卫生部、中央机构编制委员会办公室、中国残疾人联合会	《教育部 中央编办 国家发展改革委 财政部 人力资源社会保障部关于进一步加强特殊教育事业的指导意见》
81	2012年9月	教育部	《教育部关于进一步加强中小学校督导评估工作的意见》
82	2012年10月	教育部	《3～6岁儿童学习与发展指南》
83	2012年11月	教育部办公厅	《教育部办公厅关于开展教师教育国家级精品资源共享课建设工作的通知》
84	2012年12月	教育部	《教育部关于进一步深化高校自主选拔录取改革试点工作的指导意见》
85	2012年12月	教育部	《中小学心理健康教育指导纲要（2012年修订）》
86	2012年12月	教育部办公厅	《教育部办公厅关于制订中等职业学校专业教学标准的意见》
87	2012年12月	教育部、财政部	《教育部 财政部关于进一步加强和规范农村义务教育学生营养改善计划学校食堂建设工作的通知》
88	2012年12月	教育部	《教育部关于进一步深化高校自主选拔录取改革试点工作的指导意见》
89	2012年12月	教育部、中央编办、国家发展和改革委员会、财政部、人力资源和社会保障部	《教育部 中央编办 国家发展改革委 财政部 人力资源社会保障部关于加强特殊教育教师队伍建设的意见》
90	2013年1月	教育部、中华全国妇女联合会、中央社会管理综合治理委员会办公室、共青团中央、中国关心下一代工作委员会	《教育部等5部门关于加强义务教育阶段农村留守儿童关爱和教育工作的意见》
91	2013年1月	教育部	《中小学书法教育指导纲要》
92	2013年1月	教育部	《教育部关于2013年深化教育领域综合改革的意见》
93	2013年2月	教育部	《教育部关于勤俭节约办教育 建设节约型校园的通知》
94	2013年3月	教育部、国家发展和改革委员会、财政部	《中西部高等教育振兴计划（2012—2020年）》

续表

序号	颁布日期	颁布机关	政策名称
95	2013 年 5 月	教育部办公厅、财政部办公厅	《职业院校教师素质提高计划中等职业学校专业骨干教师培训项目管理办法》
96	2013 年 6 月	教育部	《教育部关于推进中小学教育质量综合评价改革的意见》
97	2013 年 6 月	财政部、教育部、人力资源和社会保障部	《中等职业学校免学费补助资金管理办法》
98	2013 年 6 月	教育部	《高等职业学校专业目录》
99	2013 年 6 月	全国人民代表大会常务委员会	《中华人民共和国民办教育促进法》
100	2013 年 7 月	国务院办公厅	《国务院办公厅转发教育部等部门关于实施教育扶贫工程意见的通知》
101	2013 年 7 月	教育部、国家发展和改革委员会、财政部	《教育部 国家发展改革委 财政部关于深化研究生教育改革的意见》
102	2013 年 8 月	教育部	《中小学教师资格定期注册暂行办法》
103	2013 年 8 月	教育部	《中小学教师资格考试暂行办法》
104	2013 年 8 月	教育部办公厅	《教育部办公厅关于组织申报国家中小学教育质量综合评价改革实验区的通知》
105	2013 年 8 月	教育部	《中小学生学籍管理办法》
106	2013 年 8 月	教育部	《教育部关于扩大中小学教师资格考试与定期注册制度改革试点的通知》
107	2013 年 8 月	教育部	《教育部关于进一步加强中小学校长培训工作的意见》
108	2013 年 9 月	教育部	《关于建立健全中小学师德建设长效机制的意见》
109	2013 年 9 月	教育部	《教育部关于在中小学幼儿园广泛深入开展节约教育的意见》
110	2013 年 9 月	国务院办公厅	《国务院办公厅关于政府向社会力量购买服务的指导意见》
111	2013 年 10 月	教育部	《教育部关于实施全国中小学教师信息技术应用能力提升工程的意见》
112	2013 年 11 月	中共中央	《中共中央关于全面深化改革若干重大问题的决定》
113	2013 年 11 月	全国学生营养办	《关于印发〈农村义务教育学生营养改善计划学校食堂建设规划（2011—2015 年）〉的通知》
114	2013 年 12 月	教育部、国家发展和改革委员会、财政部	《教育部 国家发展改革委 财政部关于全面改善贫困地区义务教育薄弱学校基本办学条件的意见》
115	2013 年 12 月	中共教育部党组	《教育部工作规则》
116	2013 年 12 月	教育部	《教育部关于进一步做好村小学和教学点经费保障工作的通知》
117	2013 年 12 月	中共中央办公厅	《关于培育和践行社会主义核心价值观的意见》

续表

序号	颁布日期	颁布机关	政策名称
118	2013 年 12 月	教育部办公厅	《教育部办公厅关于进一步加强高校自主选拔录取改革试点管理工作的通知》
119	2014 年 1 月	教育部	《教育部关于做好 2014 年普通高校招生工作的通知》
120	2014 年 1 月	国务院办公厅	《特殊教育提升计划（2014—2016 年）》
121	2014 年 1 月	教育部	《教育部关于确定第三批全国社区教育示范区的通知》
122	2014 年 1 月	教育部	《教育部关于推进学校艺术教育发展的若干意见》
123	2014 年 1 月	教育部	《中小学教师违反职业道德行为处理办法》
124	2014 年 1 月	教育部	《教育部关于进一步做好小学升入初中免试就近入学工作的实施意见》
125	2014 年 2 月	国务院教育督导委员会办公室	《深化教育督导改革转变教育管理方式的意见》
126	2014 年 2 月	国务院学位委员会、教育部	《国务院学位委员会　教育部关于加强学位与研究生教育质量保证和监督体系建设的意见》
127	2014 年 2 月	教育部办公厅	《教育部办公厅关于教育信息化试点单位工作进展情况的通报》
128	2014 年 2 月	教育部办公厅	《教育部办公厅关于进一步做好重点大城市义务教育免试就近入学工作的通知》
129	2014 年 3 月	国务院	《国务院关于改进加强中央财政科研项目和资金管理的若干意见》
130	2014 年 3 月	教育部办公厅	《教育部办公厅关于实施中小学心理健康教育特色学校争创计划的通知》
131	2014 年 3 月	教育部办公厅	《中小学幼儿园应急疏散演练指南》
132	2014 年 3 月	教育部办公厅	《2014 年教育信息化工作要点》
133	2014 年 3 月	教育部	《教育部关于全面深化课程改革落实立德树人根本任务的意见》
134	2014 年 4 月	教育部、国家发展和改革委员会、财政部、审计署、国家新闻出版广电总局	《教育部等五部门关于 2014 年规范教育收费治理教育乱收费工作的实施意见》
135	2014 年 4 月	教育部	《教育部关于培育和践行社会主义核心价值观进一步加强中小学德育工作的意见》
136	2014 年 4 月	教育部办公厅、国家发展和改革委员会办公厅、财政部办公厅	《教育部办公厅　国家发展改革委办公厅　财政部办公厅关于制定全面改善贫困地区义务教育薄弱学校基本办学条件实施方案的通知》
137	2014 年 5 月	教育部办公厅	《中小学教师信息技术应用能力标准（试行）》
138	2014 年 5 月	教育部办公厅	《教育部办公厅关于加快推进高等学校章程制定、核准与实施工作的通知》

续表

序号	颁布日期	颁布机关	政策名称
139	2014 年 5 月	教育部办公厅	《中小学教师信息技术应用能力培训课程标准（试行）》
140	2014 年 5 月	国务院	《国务院关于加快发展现代职业教育的决定》
141	2014 年 6 月	教育部办公厅	《教育部办公厅关于启动实施中小学校长国家级培训计划的通知》
142	2014 年 6 月	教育部办公厅	《教育部办公厅关于开展教育行政执法体制改革试点工作的通知》
143	2014 年 6 月	教育部、国家发展和改革委员会、财政部、人力资源和社会保障部、农业部、国务院扶贫开发领导小组办公室	《现代职业教育体系建设规划（2014—2020 年）》
144	2014 年 7 月	教育部	《全国中小学生学籍信息管理系统运行维护管理规则》
145	2014 年 7 月	教育部	《全国中小学生学籍信息管理系统关键业务应用指南》
146	2014 年 7 月	教育部	《教育部关于确定职业教育专业教学资源库 2014 年度立项建设项目的通知》
147	2014 年 7 月	教育部	《普通高等学校招生违规行为处理暂行办法》
148	2014 年 7 月	教育部	《严禁教师违规收受学生及家长礼品礼金等行为的规定》
149	2014 年 7 月	教育部办公厅、国家发展和改革委员会办公厅、财政部办公厅	《教育部办公厅 国家发展改革委办公厅 财政部办公厅关于印发全面改善贫困地区义务教育薄弱学校基本办学条件底线要求的通知》
150	2014 年 7 月	教育部	《教育部关于做好全国中小学生学籍信息管理系统全面应用工作的通知》
151	2014 年 8 月	教育部	《义务教育学校管理标准（试行）》
152	2014 年 8 月	教育部办公厅	《教育部办公厅关于开展 2014 年国家级实验教学示范中心建设工作的通知》
153	2014 年 9 月	教育部、财政部、人力资源和社会保障部	《教育部 财政部 人力资源和社会保障部关于推进县（区）域内义务教育学校校长教师交流轮岗的意见》
154	2014 年 9 月	国务院	《国务院关于深化考试招生制度改革的实施意见》
155	2014 年 9 月	教育部办公厅、国家中医药管理局办公室	《教育部办公厅 国家中医药管理局办公室关于开展卓越医生（中医）教育培养计划改革试点申报工作的通知》
156	2014 年 9 月	教育部	《中小学教科书选用管理暂行办法》
157	2014 年 10 月	中共中央办公厅	《关于坚持和完善普通高等学校党委领导下的校长负责制的实施意见》

续表

序号	颁布日期	颁布机关	政策名称
158	2014 年 10 月	教育部办公厅	《教育部办公厅关于建立完善处理群众投诉中小学生学籍管理相关问题工作机制的通知》
159	2014 年 11 月	中央机构编制委员会办公室、教育部、财政部	《中央编办 教育部 财政部关于统一城乡中小学教职工编制标准的通知》
160	2014 年 11 月	教育部、国家发展和改革委员会、财政部	《教育部 国家发展改革委 财政部关于实施第二期学前教育三年行动计划的意见》
161	2014 年 12 月	国家教育体制改革领导小组办公室	《国家教育体制改革领导小组办公室关于进一步落实和扩大高校办学自主权完善高校内部治理结构的意见》
162	2014 年 12 月	教育部、国家民族事务委员会、公安部、国家体育总局、中国科学技术协会	《教育部 国家民委 公安部 国家体育总局 中国科学技术协会关于进一步减少和规范高考加分项目和分值的意见》
163	2014 年 12 月	教育部	《教育部关于改进和加强研究生课程建设的意见》
164	2014 年 12 月	教育部	《教育部关于普通高中学业水平考试的实施意见》
165	2014 年 12 月	教育部	《教育部关于加强和改进普通高中学生综合素质评价的意见》
166	2015 年 1 月	国务院办公厅	《国家贫困地区儿童发展规划（2014—2020 年）》
167	2015 年 1 月	教育部	《国别和区域研究基地培育和建设暂行办法》
168	2015 年 1 月	财政部、教育部	《农村义务教育薄弱学校改造补助资金管理办法》
169	2015 年 2 月	教育部办公厅	《2015 年教育信息化工作要点》
170	2015 年 3 月	教育部办公厅	《教育部办公厅关于加快问题学籍处理和建立数据质量核查机制的通知》
171	2015 年 4 月	教育部	《教育部关于做好自费出国留学中介服务机构审批权下放有关事项的通知》
172	2015 年 5 月	教育部	《教育部关于进一步做好全面改善贫困地区义务教育薄弱学校基本办学条件有关工作的通知》
173	2015 年 5 月	教育部	《教育部关于深入推进教育管办评分离 促进政府职能转变的若干意见》
174	2015 年 5 月	国务院办公厅	《国务院办公厅关于深化高等学校创新创业教育改革的实施意见》
175	2015 年 5 月	教育部	《中小学校艺术教育发展年度报告办法》
176	2015 年 6 月	国务院办公厅	《国务院办公厅关于印发乡村教师支持计划（2015—2020 年）的通知》
177	2015 年 6 月	教育部、文化部、国家新闻出版广电总局	《教育部 文化部 国家新闻出版广电总局关于加强新时期中小学图书馆建设与应用工作的意见》
178	2015 年 6 月	教育部	《严禁中小学校和在职中小学教师有偿补课的规定》

续表

序号	颁布日期	颁布机关	政策名称
179	2015 年 6 月	教育部	《教育部关于深入推进职业教育集团化办学的意见》
180	2015 年 7 月	教育部、人力资源和社会保障部	《教育部 人力资源社会保障部关于推进职业院校服务经济转型升级面向行业企业开展职工继续教育的意见》
181	2015 年 7 月	教育部	《中小学生艺术素质测评办法》
182	2015 年 7 月	教育部	《教育部关于深入推进职业教育集团化办学的意见》
183	2015 年 7 月	教育部、财政部、中国人民银行、中国银行业监督管理委员会	《关于完善国家助学贷款政策的若干意见》
184	2015 年 7 月	教育部、国家发展和改革委员会、财政部、新闻出版广电总局、国家体育总局、共青团中央	《教育部等 6 部门关于加快发展青少年校园足球的实施意见》
185	2015 年 7 月	教育部	《教育部关于深化职业教育教学改革全面提高人才培养质量的若干意见》
186	2015 年 7 月	教育部办公厅	《中小学心理辅导室建设指南》
187	2015 年 7 月	教育部、共青团中央、中国少年先锋队全国工作委员会	《教育部 共青团中央 全国少工委关于加强中小学劳动教育的意见》
188	2015 年 8 月	国务院	《国务院关于加快发展民族教育的决定》
189	2015 年 8 月	教育部办公厅	《教育部办公厅关于进一步扩大中小学教师资格考试与定期注册制度改革试点的通知》
190	2015 年 8 月	教育部与国家新闻出版广电总局、国家发展和改革委员会	《国家新闻出版广电总局 教育部 国家发展改革委关于印发〈中小学教辅材料管理办法〉的通知》
191	2015 年 8 月	教育部	《职业院校管理水平提升行动计划（2015—2018 年）》
192	2015 年 8 月	人力资源和社会保障部、教育部	《关于深化中小学教师职称制度改革的指导意见》
193	2015 年 9 月	教育部办公厅	《关于"十三五"期间全面深入推进教育信息化工作的指导意见（征求意见稿）》
194	2015 年 10 月	教育部	《普通高等学校高等职业教育（专科）专业目录（2015 年）》
195	2015 年 10 月	国务院	《统筹推进世界一流大学和一流学科建设总体方案》
196	2015 年 10 月	教育部、中国残疾人联合会	《残疾人参加普通高等学校招生全国统一考试管理规定（暂行）》
197	2015 年 10 月	教育部、国家发展和改革委员会、财政部	《教育部 国家发展改革委 财政部关于引导部分地方普通本科高校向应用型转变的指导意见》
198	2015 年 11 月	中共中央	《中共中央关于制定国民经济和社会发展第十三个五年规划的建议》

续表

序号	颁布日期	颁布机关	政策名称
199	2015 年 11 月	国务院	《国务院关于进一步完善城乡义务教育经费保障机制的通知》
200	2015 年 11 月	中共中央、国务院	《中共中央 国务院关于打赢脱贫攻坚战的决定》
201	2015 年 12 月	国务院教育督导委员会办公室	《全面改善贫困地区义务教育薄弱学校基本办学条件工作专项督导办法》
202	2015 年 12 月	全国人民代表大会常务委员会	《中华人民共和国教育法》
203	2015 年 12 月	教育部	《中小学生守则（2015 年修订）》
204	2016 年 1 月	教育部	《教育部关于做好普通高职（专科）招生计划管理工作的通知》
205	2016 年 2 月	国务院办公厅	《国务院办公厅关于印发全民科学素质行动计划纲要实施方案（2016—2020 年）的通知》
206	2016 年 2 月	国务院	《国务院关于加强农村留守儿童关爱保护工作的意见》
207	2016 年 3 月	中共中央	《中华人民共和国国民经济和社会发展第十三个五年规划纲要》
208	2016 年 3 月	教育部	《幼儿园工作规程》
209	2016 年 3 月	教育部	《教育部关于进一步规范高等教育招生计划管理工作的意见》
210	2016 年 4 月	国家新闻出版广电总局、商务部	《出版物市场管理规定》
211	2016 年 4 月	教育部、国家发展和改革委员会	《教育部 国家发展改革委关于做好 2016 年普通高等教育招生计划编制和管理工作的通知》
212	2016 年 5 月	国务院办公厅	《国务院办公厅关于加快中西部教育发展的指导意见》
213	2016 年 5 月	教育部办公厅	《教育部办公厅关于进一步做好高校毕业生就业创业工作的通知》
214	2016 年 6 月	教育部	《教育信息化“十三五”规划》
215	2016 年 6 月	中央网络安全和信息化领导小组办公室、国家发展和改革委员会、教育部、科学技术部、工业和信息化部、人力资源和社会保障部	《关于加强网络安全学科建设和人才培养的意见》
216	2016 年 7 月	国务院	《国务院关于统筹推进县域内城乡义务教育一体化改革发展的若干意见》
217	2016 年 7 月	教育部	《教育部关于新形势下进一步做好普通中小学装备工作的意见》
218	2016 年 7 月	教育部	《全国教育系统开展法治宣传教育的第七个五年规划（2016—2020 年）》
219	2016 年 8 月	教育部办公厅	《教育部办公厅关于校园篮球推进试点工作的通知》

续表

序号	颁布日期	颁布机关	政策名称
220	2016年8月	财政部、教育部	《财政部 教育部关于免除普通高中建档立卡家庭经济困难学生学杂费的意见》
221	2016年9月	教育部办公厅	《职业教育专业教学资源库建设资金管理办法》
222	2016年9月	教育部办公厅	《教育部办公厅关于统筹全日制和非全日制研究生管理工作的通知》
223	2016年9月	教育部	《教育部关于进一步推进高中阶段学校考试招生制度改革的指导意见》
224	2016年9月	教育部	《教育部关于深化高校教师考核评价制度改革的指导意见》
225	2016年10月	教育部办公厅	《促进高等学校科技成果转移转化行动计划》
226	2016年11月	人力资源和社会保障部、教育部	《人力资源社会保障部 教育部关于实施高校毕业生就业创业促进计划的通知》
227	2016年11月	教育部、财政部	《教育部 财政部关于实施职业院校教师素质提高计划（2017—2020年）的意见》
228	2016年11月	全国人民代表大会常务委员会	《中华人民共和国民办教育促进法（2016年修订）》
229	2016年11月	中华全国妇女联合会、教育部、中央精神文明建设指导委员会办公室、民政部、文化部、国家卫生和计划生育委员会、国家新闻出版广电总局、中国科学技术协会、中国关心下一代工作委员会	《关于指导推进家庭教育的五年规划（2016—2020年）》
230	2016年11月	教育部	《高等学校“十三五”科学和技术发展规划》
231	2016年12月	教育部	《盲校义务教育课程标准（2016年版）》
232	2016年12月	教育部	《聋校义务教育课程标准（2016年版）》
233	2016年12月	教育部	《培智学校义务教育课程标准（2016年版）》
234	2016年12月	教育部、人力资源和社会保障部、民政部、中央机构编制委员会办公室、国家工商行政管理总局	《民办学校分类登记实施细则》
235	2016年12月	国务院	《国务院关于鼓励社会力量兴办教育促进民办教育健康发展的若干意见》
236	2016年12月	国务院教育督导委员会办公室	《中小学（幼儿园）安全工作专项督导暂行办法》
237	2016年12月	教育部、人力资源和社会保障部、国家工商行政管理总局	《营利性民办学校监督管理实施细则》
238	2017年1月	国务院	《国务院关于印发国家教育事业发展“十三五”规划的通知》
239	2017年1月	中共中央办公厅、国务院办公厅	《关于进一步引导和鼓励高校毕业生到基层工作的意见》

续表

序号	颁布日期	颁布机关	政策名称
240	2017年1月	中共中央办公厅、国务院办公厅	《中共中央办公厅 国务院办公厅印发〈关于深化职称制度改革的意见〉》
241	2017年1月	教育部办公厅	《教育部办公厅关于开展〈国家教育事业发展"十三五"规划〉2017年度监测评估的通知》
242	2017年1月	教育部、国务院学位委员会	《学位与研究生教育发展"十三五"规划》
243	2017年1月	教育部、财政部、国家发展和改革委员会	《统筹推进世界一流大学和一流学科建设实施办法（暂行）》
244	2017年5月	国务院	《残疾人教育条例》

附录二　教育政策问题汇总

附表 2　教育政策问题汇总表

横向	教育创新 政策问题	（1）教育人才创新问题 （2）教育如何适应国家创新问题
	教育公平 政策问题	（3）优质教育资源共享及扩大问题 （4）全纳教育问题——针对残疾儿童的全纳教育问题针对少数民族拔尖人才问题
	教育体制 政策问题	（5）教育治理现代化问题 （6）终身教育体系问题 （7）家庭、社会、学校协同的问题
	教育未来 政策问题	（8）教育信息化的问题：如何利用教育信息和互联网的政策问题 （9）教育国际交流政策问题 （10）教育法制政策问题 （11）如何按照核心素养政策来制定相应的培养政策问题
纵向	综合性问题 （包含各级各类）	（12）教育法治和教育治理的关系问题，二者与教育现代化的联系问题 （13）创新评价模式 （14）课程整合和改革问题 （15）创新课程设置和教育方式问题 （16）教育扶贫问题 （17）学生资助政策问题
		（18）弱势群体（随迁子女、农村留守儿童等）教育权力的保障问题 （19）考试招生制度改革问题 （20）河南省各级各类教育经费缺口大 （21）教育投入制度保障问题 （22）农村教师绩效工资与激励机制 （23）教师队伍建设保障机制问题 （24）校际间师资差距问题

续表

纵向	综合性问题（包含各级各类）	（25）教师角色转变问题 （26）涉教部门职责权限不明晰 （27）健全教育法治环境 （28）管办评分离问题 （29）成果导向的教育质量评估与监测机制问题 （30）教育质量、公平、效果的保障机制 （31）河南省违规办学问题 （32）教育督导问题（北京市） （33）平安校园建设问题 （34）现代学校管理制度 （35）教育结构优化和区域融合发展问题 （36）河南省教育系统的教育观念滞后 （37）教育科研机构机制问题 （38）教育乱收费问题 （39）学校后勤管理问题 （40）办学体制改革问题 （41）公众素养水平提高问题 （42）教育结构优化和区域融合发展 （43）城乡劳动人口文化素质差距大 （44）地区劳动力文化水平不均衡 （45）学习化社会构建问题
	学前教育	（46）幼儿园“入学难” （47）学前教师紧缺 （48）普及学前教育的问题 （49）幼儿园小学化倾向问题 （50）幼儿教师编制和待遇问题 （51）学前教育免费相关政策制定问题 （52）无证园数量多，幼儿园安全隐患问题 （53）普惠性和优质幼儿园建设问题 （54）教育国家拨款标准缺失问题
	小学教育	（55）小学入学难择校热学费贵问题 （56）随迁子女教育问题 （57）城镇小学大班额，农村小学空心校问题 （58）农村小学教师紧缺 （59）小学教师结构性缺编 （60）农村小学教师培训长效机制建设问题 （61）小学教师资格准入制度问题 （62）小学教师专业发展问题

续表

纵向	初中教育	（63）城镇中学“大班额”，农村中学空心校问题 （64）农村寄宿制学校建设问题 （65）义务教育均衡优质发展问题 （66）随迁子女教育问题 （67）教师结构性缺编问题 （68）农村教师培训长效机制建设问题 （69）教师专业发展问题 （70）教师资格准入制度问题
	高中教育	（71）高中招生指标均衡分配问题 （72）教师资格准入制度问题 （73）教师专业发展问题 （74）教师结构性缺编 （75）教育国家拨款标准缺失 （76）高中教育多样化发展问题（加入职业教育课程） （77）高中教育普及和提升问题
	高等教育	（78）创新高校人才培养机制 （79）高精尖创新中心建设问题 （80）研究生创新能力培养 （81）人才创新能力与经济社会发展不协调 （82）东中部高等教育人才匮乏 （83）财政经费拨款机制改革 （84）高校人才培养层次结构不合理问题，如高校高层次人才培养规模较小，硕博招生指标少，本专科比例不合理 （85）高考录取公平问题 （86）招生考试多元录取机制问题 （87）高校办学自主权法律保障问题 （88）高校章程制定与高校治理 （89）高校专业评价问题 （90）高校专业结构不合理，同质化问题突出（重复率高） （91）高校分类评估制度 （92）高校舞弊问题 （93）中西部双一流建设 （94）重点高校建设问题 （95）重点学科建设问题 （96）优势特色专业建设问题
	职业教育（中等+高等）	（97）扩大职业学校校均规模问题 （98）职业院校办学体制改革问题 （99）社会对接受职业教育还存在一定偏见 （100）扩大和洛实职业学校办学自主权 （101）职业教育校企融合难的问题

续表

纵向	职业教育（中等+高等）	（102）职业教育产教结合，中高职衔接问题 （103）职教优化专业设置问题 （104）职业教育特色发展问题
	民办教育	（105）民办教育政策配套和创新问题 （106）激发民办教育活力问题 （107）民办学校分类管理问题
	其他	（108）特殊教育普及问题 （109）从业人员继续教育问题 （110）家庭教育立法问题